PAI 평가의 핵심

Leslie C. Morey 저 | 오상우 · 홍상황 · 박은영 공역

ESSENTIALS OF PAI ASSESSMENT

학지사 | 학지사 심리검사연구소

역자 서문

성격평가질문지(PAI)는 상당히 진보한 심리측정학적 속성을 갖추고, 진단에 필요한 정보뿐만 아니라 치료 장면에서 참고해야 하는 정보를 평가할 수 있도록 다양한 척도를 두루 포함하고 있다는 장점이 있다. 또한 대학생과 성인을 위한 검사를 개발한 후 청소년용과 단축형을 개발하였다. 이런 점에 힘입어 성격평가질문지가 국내에서 표준화된 이래 여러 장면에서 사용되고 있고, 다양한 표본을 대상으로 하는 연구도 많이 이뤄졌다.

하지만 성격평가질문지가 국내에서 활발하게 사용된 것은 불과 최근의 일이기 때문에 검사를 실시하고 해석할 때 참고할 수 있는 자료가 많지 않은 실정이다. 이러한 현실적 필요에 따라 『PAI 평가의 핵심(*Essentials of PAI Assessment*)』을 번역하여 출판하게 되었다. 이 책은 성격평가질문지에 대한 개략적인 설명과 각 척도와 하위 척도에 관하여 기술하였다. 검사의 타당성을 결정하는 데 적용할 수 있는 척도와 지표를 제시하고, 관련한 연구 결과에 대해 설명하므로 심리검사의 결과 해석에서 출발점인 검사 타당도 평가에 유용하다. 또한 진단에서 핵심적인 프로파일 특성과 척도를 제시하고, 치료 장면에서 참고해야 하는 다양한 측면을 평가할 수 있는 방법도 기술하므로, 성격평가질문지 검사 결과를 종합적으로 평가, 해석하는 과정에 유용하리라고 생각한다.

이 책에 소개된 연구가 모두 외국에서 이루어진 것이라는 점이 상당히 아쉬웠다. 앞으로 국내에서 PAI를 적용한 연구가 더 활발히 이루어져서 국내 연구 결과를 소개하는 PAI 참고도서가 빠른 시일 내 출판되기를 기대한다.

끝으로, 이 책이 출판되기까지 관심을 기울여 주고 노력해 주신 학지사 관계자들, 특히 전공서적 출판의 어려움을 알면서도 이 책이 출판될 수 있도록 힘써 주신 김진환 사장님께 감사드린다.

역자 대표

차 례

제1장

개관

Essentials of

PAI

Assessment

제1장

개관

성격평가질문지(Personality Assessment Inventory, PAI; Morey, 1991)는 성격 및 정신병리를 평가하기 위한 객관 검사로, 임상 장면에서 환자나 내담자에 대한 중요한 정보를 제공하기 위해 개발된 자기보고형 검사다. PAI는 네 가지 척도군으로 이루어져 있다. 즉, 타당도 척도(4개), 『정신장애의 진단 및 통계 편람(*Diagnostic and Statistical Manual of Mental Disorders: DSM*)』 분류와 일치하는 주요 병리를 포함하는 임상 척도(11개), 치료와 사례 관리와 관련이 있는 개념을 측정하는 치료고려 척도(5개) 및 대인관계 척도(2개)다. PAI가 처음 소개되었을 때 "심리측정학적 관점에서 볼 때 기존의 다른 검사보다 상당히 향상된 검사"(Helmes, 1993, p. 417), "새로 제작된 성격검사 중 가장 흥미로운 검사"(Schlosser, 1992, p. 12)라는 평을 들었다. 이러한 소개에 힘입어 PAI의 임상 및 연구 도구로서의 인기는 급속도로 증가했다. Piotrowski와 Belter(1999)는 연구 결과 PAI가 수련생이 성격검사 수련 과정에서 네 번째로 많이 사용하는 검사라고 보고하였다. 마찬가지로 Belter와 Piotrowski(2001)는 미국심리학회(Ameican Psychological

Association)가 승인한 수련 과정의 졸업 시험에서 4위로 많이 출제되는 객관적 검사라고 보고하였고, Boccaccini와 Brodsky(1999)는 PAI가 정서적 손상을 평가하기 위한 사례뿐만 아니라 법적 사례에서 가장 광범위하게 사용되는 검사 중 한 가지라고 보고했다.

역사 및 개발

PAI는 구성타당화에 초점을 두고, 임상적으로 중요한 개념을 평가하는 측정치를 제공하기 위해 개발되었다. PAI는 1987년부터 1991년에 걸쳐 개발되었고, 구성개념에 관한 주요 이론적 · 경험적 지식을 통합하는 데 초점을 맞췄으며, 이러한 구성개념을 자기보고형 도구 제작의 지침으로 사용하였다. 1991년 Psychological Assessment Resource(PAR)가 PAI 검사와 실시 요강을 출판했고, 채점 및 검사 결과에 대한 해석 보고서를 제공하는 컴퓨터 채점 프로그램도 함께 개발했다. 연구 결과가 축적됨에 따라 해석용 소프트웨어를 몇 차례 개정하였고, 비교적 최근에 출판된 개정판(Morey, 2000)은 검사자가 실시간으로 검사 결과에 관한 다양한 측면을 검색할 수 있도록 제작되었다. 1997년에는 PAR에서 선별용 PAI인 성격평가 선별도구(Personality Assessment Screener , PAS; Morey, 1997)를 출판하였다. PAS는 검사자가 선별 기제를 이해하고, 전체 PAI를 실시할 필요가 있는지를 결정하는 데 유용하다. 또한 컴퓨터용 PAS는 검사의 효율성을 촉진시키는 검사 적응 척도로도 적용할 수 있다.

PAI 기초: 이론 및 연구

PAI를 효율적으로 사용하려면 우선 검사의 개발 과정과 특성에 대해 이해하는 것이 중요하다. PAI는 구성타당화 개념에 근거해서 개발되었다. 구성타당화는 양적 방법뿐만 아니라 합리적 방법을 강조하는 척도 개발법이고, Cronbach와 Meehl(1955), Loevinger(1957), Jackson(1971)이 고전적 연구에서 기술한 구성타당화 모형을 바탕으로 한 것이다. 구성타당화 접근은 문항 개발과 선정, 시간적 안정성과 상관 평가에 관한 이론적 접근을 강조한다.

PAI에서 평가하는 구성개념은 두 가지 기준, 즉 정신장애의 개념화와 질병 분류에서 차지하는 중요성의 안정성 그리고 현대 임상적 실제에서의 중요성에 근거하여 선정된 것이다. 이러한 기준은 역사적 · 현대적 문헌을 근거로 선정된 것으로, 최종적으로 18개의 독립된 개념척도와 4개의 부가적인 타당도 척도를 포함한다. 이 척도들은 〈빠른 참조 1-1〉에 간략하게 요약되어 있다. 각 증후군을 평가하는 문항을 제작하기 위해 증후군의 구성개념에 관한 문헌을 검색하여 개념의 핵심적인 요소를 확인했고, 이러한 요소를 평가할 수 있는 방식으로 문항을 기술했다. 측정하려는 개념에 대해 이론적으로 명확하게 설명하는 것은 수집된 정보의 내용 및 이후 내용타당도 평가에서 하나의 지침이 될 수 있기 때문에 매우 중요하다. PAI 작동 기제를 이해하려면 구성타당화 접근과 준거-핵심 접근 또는 요인분석 접근과 같이 보다 순수한 경험적 접근을 구분할 필요가 있다. 구성타당화 관점에서 볼 때 도구의 타당화는 복잡한 과정이고, 단일 계수 또는 단일 판별식으로 압축하기는 어렵다. 오히려 다양한 구성개념 지표 간의 상호 관련성에 대한 명확한 가설을 설정하는 이론적 연결망

빠른 참조 1-1

PAI 전체 척도 및 약어	
타당도 척도	
비일관성 (inconsistency: *ICN*)	문항에 대한 반응 과정에서 수검자의 일관성 있는 반응 태도를 알아보기 위한 정적 또는 부적 상관이 높은 문항 쌍
저빈도 (infrequency: *INF*)	부주의하거나 무선적인 반응 태도 및 개인이 특이하게 반응하였는지 확인. 정신병적 측면에서 중립적이고, 극단적으로 인정하거나 인정하지 않는 문항
부정적 인상 (negative impression: *NIM*)	지나치게 나쁜 인상을 주거나 꾀병을 부리는 태도
긍정적 인상 (positive impression: *PIM*)	자신을 지나치게 좋게 보이려 하고, 사소한 결점도 부인하려는 태도
임상 척도	
신체적 호소 (somatic complaints: *SOM*)	건강 문제에 대한 집착과 신체화 장애 및 전환장애와 관련된 신체적 호소
불안 (anxiety: *ANX*)	불안의 상이한 반응 양상을 평가하기 위해 불안 현상과 객관적인 징후에 초점을 둔 문항
불안 관련 장애 (anxiety-related disorders: *ARD*)	공포증, 외상적 스트레스, 강박적 증상 등 구체적인 불안과 관련이 있는 증상과 행동에 초점을 둔 문항
우울 (depression: *DEP*)	우울의 증상과 현상에 초점을 둔 문항
조증 (mania: *MAN*)	조증과 경조증의 정서적 · 인지적 · 행동적 증상에 초점을 둔 문항
망상 (paranoia: *PAR*)	망상 증상과 망상형 성격장애에 초점을 둔 문항
조현병 (schizophrenia: *SCZ*)	광범위한 조현병의 증상에 초점을 둔 문항
경계선적 특징 (borderline features: *BOR*)	불안정하고 유동적인 대인관계, 충동성, 정서적 가변성과 불안정, 통제할 수 없는 분노 등을 시사하는 경계선적 성격장애의 특징에 관한 문항

(계속)

반사회적 특징 (antisocial features: *ANT*)	범죄 행위, 권위적 인물과의 갈등, 자기중심성, 공감과 성실성의 부족, 불안정, 자극 추구 등에 초점을 둔 문항
알코올 문제 (alcohol problems: *ALC*)	문제적 음주와 알코올 의존적 특징에 초점을 둔 문항
약물 문제 (drug problems: *DRG*)	약물 사용에 따른 문제와 약물 의존적 특징에 초점을 둔 문항
	치료고려 척도
공격성 (arggression: *AGG*)	분노, 주장성, 적대감 및 공격성과 관련된 특징과 태도에 관한 문항
자살관념 (suicidal ideation: *SUI*)	무력감에서 자살에 관한 생각과 구체적인 계획에 이르기까지 자살하려는 관념에 초점을 둔 문항
스트레스 (stress: *STR*)	중요 일상에서 최근 경험하는 스트레스와 관련된 문항
비지지 (nonsupport: *NON*)	접근 가능한 지지의 수준과 질을 고려해서 지각된 사회적 지지의 부족에 관한 내용
치료거부 (treatment rejection: RXR)	심리적·정서적 측면에서의 개인적 변화에 대한 관심과 동기 부족의 성질과 태도에 관한 문항
	대인관계 척도
지배성 (dominance: DOM)	대인관계에서 개인적 통제와 독립성을 유지하는 정도를 평가하기 위한 척도로 대인관계적 행동 방식을 지배와 복종이라는 차원으로 개념화. 점수가 높은 사람은 지배적이고 낮은 사람은 복종적임
온정성 (warmth: WRM)	대인관계에서 지지적이고 공감적인 정도를 평가하기 위한 척도로 대인관계를 온정과 냉담 차원으로 개념화. 점수가 높은 사람은 온정적이고 외향적이지만 낮은 사람은 냉정하고 거절적임

의 맥락 내에서 평가 기법을 평가해야 한다. 이러한 원칙을 바탕으로 개발한 도구의 각 척도는 개별 척도명이 시사하는 구체적인 구성개념을 측정하도록 설계된다는 점을 이해하는 것이 중요하다. 이와 같은 구조는 척

도명이 각 과제에 대해 기술하는 것(예: Wechsler 지능검사의 하위 척도)이거나 요인명(예: 16요인검사(16PF))이거나 또는 일련의 순서를 나타내는 것(예: 다면적 인성검사(MMPI))과는 대조적이다.

PAI 개발 과정에서는 문항의 개념적 속성과 경험적 적절성을 기준으로 최종 문항을 선정하였다. 문항의 내용 포괄성(coverage)뿐만 아니라 경험적 특성 등 바람직한 문항 파라미터 간의 균형을 이루어 다양한 장면에 척도를 적용할 수 있도록 하는 것이 목표였다. 검사 개발에서 파라미터의 중요성은 어떤 단일의 양적 문항 파라미터라고 하더라도 문항 선정에서 단일의 준거로 사용될 수 없다는 가정에 잘 반영되어 있다. 문항 선정에서 단일 파라미터에 지나치게 의존하면 그 척도는 한 가지 바람직한 심리측정적 속성을 가질 수 있겠지만 다수의 바람직하지 않은 심리측정적 속성도 포함될 것이다. 따라서 구성타당화 접근은 검사 개발에서 소위 순진한 경험주의적(naive empiricism) 실수를 방지하려는 것이다(〈빠른 참조 1-2〉를 보라).

내용타당도(content validity)와 **변별타당도**(discriminant validity)는 PAI를 개발하는 데에서 구성타당화의 다양한 요소 중 특히 중요한 역할을 담당했다. 도구의 개념적 원리를 이해하기 위해 이 두 가지 구성타당화 요소의 중요성과 심리검사 해석에서의 시사점을 살펴보는 것이 유용하다. 다음에서는 내용타당도와 변별타당도가 PAI 개발에 미친 영향에 대해 살펴본다.

빠른 참조 1-2

성격평가질문지(Personality Assessment Inventory: PAI)	
저자	Leslie C. Morey
출판 연도	1991년
저작권	Psychological Assessment Resources
측정 내용	정신건강 및 성격 기능
실시 가능 연령	18세 이상
소요 시간	50~60분
검사자의 자격	심리진단 평가와 관련된 학부 수준 이상의 훈련을 받아야 한다. PAI를 구입하려면 (1) 심리검사 실시 및 해석에 대한 적절한 훈련을 받았음을 증명할 수 있는 전문가 학위, (2) 적절한 수련과 경험을 통해 윤리적이고 유능하게 심리검사를 사용할 수 있음을 증명하는 기관의 자격증 또는 수료증 필요
출판사	Psychological Assessment Resources(PAR) 16204 N. Florida Avenue Lutz, FL 33549 (800) 331-8378

내용타당도

척도의 내용타당도란 측정하고자 하는 구성개념과 관련된 내용의 영역을 적절히 표집하는가를 의미한다. 이 개념은 때때로 안면타당도(face validity)와 혼동될 수도 있다. 안면타당도는 도구가 측정하고자 하는 것을 측정하는가, 특히 관련 지식이 없는 일반인이 보기에 어떤지를 의미한다. 따라서 내용타당도와 안면타당도는 동의어가 아니다. "나는 불행하다(I am unhappy)."라는 단일 문항으로 구성된 우울증 검사의 예를 보자. 이 검사는 우울증과 상당히 관련되어 있는 것으로 보이지만(높은 안면타당도), 우울증의 내용 영역에서 보면 표집이 편협하게 이뤄진 것이다(낮은 내용타당도). PAI는 측정하고자 하는 구성개념의 가장 중요한 요소들을 균형

중요

PAI는 중요한 임상적 개념의 주요 측면에 대한 정보(내용의 폭)뿐만 아니라 이러한 측면이 서로 다른 강도(내용의 깊이)에서 어떻게 드러나는지에 대한 정보를 수집하고자 한다.

있게 표집한 척도를 구성하기 위해 노력하였다. 이와 같은 내용포괄성에는 구성개념의 깊이뿐만 아니라 폭도 고려했다. 내용포괄성의 **폭**(breadth)은 한 구성개념 내에 포함시킨 요소의 다양성을 의미한다. 예를 들어, 우울증을 측정하기 위해서는 우울증의 정서적 측면뿐만 아니라 생리적 · 인지적 징후에 대해 질문하는 것이 중요하다. 우울증의 다른 측면을 무시하고 한 측면에만 지나치게 초점을 둔다면 내용타당도가 제한적일 것이고, 우울증 개념에 대한 내용의 폭도 제한적일 것이다. PAI는 측정하고자 하는 구성개념에 대한 이론적 · 경험적 문헌을 바탕으로 구성개념의 주된 요소를 반영하는 하위 척도를 포함시킴으로써 내용의 폭을 보장하고자 했다. 따라서 PAI 척도와 그 구조적 요소를 해석할 때 이러한 구조의 근간, 예컨대 우울증에서 인지적 특성의 중요성, 조현병의 양성과 음성 증상의 차이, 반사회적 성격장애 진단에서 행동과 성격이 미치는 서로 다른 영향 등에 관한 문헌을 참고하는 것이 유용하다. 『**성격평가질문지 전문가 지침서**(*Personality Assessment Inventory Professional Manual*)』(Morey, 1991)와 『**성격평가질문지 해석 지침**(*Interpretive Guide to the Personality Assessment Inventory*)』(Morey, 1996)은 척도의 구조를 이해하는 데 유용하다.

내용포괄성의 **깊이**(depth)란 한 구성개념의 특정 측면의 전체 심각성 범위가 모두 포함되도록 그 현상을 표집해야 한다는 뜻이다. 적절한 깊이를 확보하기 위해 PAI의 각 척도에는 구성개념의 가장 약한 정도부터 가장 심각한 정도까지 전체 심각성 범위가 모두 언급되도록 제작되었다. 이런 점을 고려해서 PAI는 문항반응 척도화(item response scaling)를 시도했다. 즉, 문항에 대해 4지선다형 척도에 반응하고, 각 항목은 **전혀 그렇지 않다, 약간 그렇다, 대체로 그렇다, 매우 그렇다**다. 각 반응은 서로 다른 항목이 반영하는 특성의 강도에 따른 가중치를 바탕으로 채점된다. 따라서

"때때로 내가 쓸모없는 것 같다(Sometimes I think I'm worthless)." 문항에 매우 그렇다고 응답한 경우 우울증 척도 원점수에 3점을 더하고, 약간 그렇다고 반응한 경우 1점을 더한다. 그 결과, 각 문항은 특정 장애에 관한 한 측면의 서로 다른 심각성을 반영할 수 있다. 4지선다형을 적용하는 것은 심리측정학적 측면에서 타당한 것으로 밝혀졌다. 즉, 척도가 진변량(true variance)을 더 많이 측정할 수 있고, 문항이 많지 않은 척도도 통계적으로 신뢰할 수 있다는 것을 의미한다. 이런 방식은 임상적으로도 정당화되었다. 왜냐하면 자살 사고와 같은 특정 구성개념은 약간 그렇다는 반응조차도 임상적으로 충분한 관심을 기울여야 하기 때문이다. 게다가 어떤 문항은 양극단의 중앙에 해당하는 것 같다고 수검자 스스로 강제 선택형에 대한 불만을 표현하는 경우도 있다.

PAI는 대안적으로 선택할 수 있는 반응을 통해 구성개념의 심각성의 깊이가 반영되도록 제작되었을 뿐만 아니라 검사 문항 자체도 한 문제에서 서로 다른 심각성을 반영할 수 있도록 구성하였다. 예를 들면, 우울증의 인지적 요소는 약한 수준의 비관주의에서부터 심각한 무망감, 무력감, 절망에 이를 수 있다. 수집된 전체 문항의 문항특성곡선을 살펴보고, 구성개념 심각성의 전 범위에 대한 정보를 제공할 수 있도록 문항을 선정했다. 구성개념에 따라 심각성 연속선의 본질은 달라질 수 있다. 예를 들면, 자살관념(*SUI*)의 경우 심각선의 연속선은 자살 위험의 위급성을 다룰 것이다. 따라서 이 척도의 문항은 모호하고 분명하게 표현하기 어려운 자살 생각부터 즉각적인 자해 계획까지 이를 것이다.

변별타당도

어떤 검사가 측정하고자 하는 구성개념을 측정할 때 변별타당도

(discriminant validity)가 있다고 말한다. 다시 말하면, 그 척도는 다른 구성개념의 영향을 받지 않는다는 뜻이다. 오랫동안 구성타당화에서 변별타당도가 중요한 것으로 인식되어 왔으나 전통적으로 심리검사 개발에서 주요한 역할을 하지는 못했다. 이것은 상당한 불행한 일이다. 왜냐하면 변별타당도는 심리적 구성개념 평가에서 가장 어려운 과제이기 때문이다.

변별성이 결정적인 타당도를 위협하는 다양한 요인 중 **검사 편향**(test bias)은 중요하다. 간단히 말하면, 심리적 구성개념을 측정하기 위한 검사가 성별, 연령, 인종 등 인구통계학적 변인을 측정해서는 안 된다는 뜻이다. 그렇다고 해서 심리검사의 문항과 연령, 성별, 인종 간의 상관이 결코 있어서 안 된다는 것은 아니다. 단지 그러한 상관이 구성개념과 인구통계학적 특성 간의 이론적 상관보다 커서는 안 된다는 것이다. 예를 들면, 대부분의 반사회적 행동을 평가하는 지표와의 상관은 남성이 여성보다 높다. 따라서 반사회적 행동에 관한 지표는 남성의 평균 점수가 여성보다 높을 것으로 예상할 수 있다. 하지만 그 도구는 성별과의 상관보다 반사회적 행동 간의 상관이 더 높아야 한다. 그렇지 않을 경우 평가하고자 하는 구성개념을 측정하지 않고 성별을 평가하는 도구로 전락하게 된다.

PAI는 몇 단계를 거쳐 검사 편향의 가능성을 최소화하였다. 첫째, 다양한 인종과 윤리적 배경을 지닌 일반인과 전문가 및 남성과 여성으로 구성된 편향 패널이 모든 문항을 검토해서 각 문항이 사회문화적 배경과 같은 다른 측면을 반영하는 것은 아닌지를 검토하였다(사실 이 패널은 각 문항에서 정서적·행동적 문제를 가려내기 위해 구성된 것이었다). 이 패널은 변별타당도의 특정 측면에 대한 개념 근거 접근을 반영하는 것이다. 둘째, 검사 편향을 줄이기 위한 경험적 접근으로, 인구통계학적 변인을 함수로 구성하여 문항의 심리측정적 속성을 조사하였다. 이 접근은 서로 다

중요

PAI는 남성과 여성에게 서로 다른 규준을 적용하지 않는다. 대신 성별에 관계없이 동일한 의미를 제공할 수 있도록 문항을 구성했다. *ANT*, *ALC*의 경우 남성과 여성의 평균이 다르고, 남성의 *T* 점수가 5 더 상승한다.

른 인구통계학적 변인에 대해 서로 다른 의미를 가질 수 있는 문항을 제거하기 위한 것이었다. 예를 들면, 울음과 관련된 문항이 여성과 남성에게 서로 다른 우울증 지표와 관련된 것으로 보인다면 이 문항을 제외하였다. 왜냐하면 이 문항은 성별에 따라 해석이 달라질 수 있기 때문이다. 주목할 것은 이런 전략을 적용하더라도 척도 점수의 인구통계학적 차이의 평균을 제거하지는 않는다는 것이다. 예를 들면, 절도와 관련된 문항의 경우 남성과 여성에게 모두 반사회적 성격을 가려내기 위한 의미로 해석될 수 있지만 여전히 남성에게 더 흔할 것이다. 이 예에서처럼, 최종적으로 발생되는 성별의 차이는 검사 편향의 기능에 따른 것이 아니다. 오히려 그와 관련된 장애에서 발생하는 정확한 성차인 것이다. 인구통계학적 차이가 반드시 편향의 징후는 아니다. 반대로 그러한 차이가 전혀 지적되지 않는 검사라 하더라도 편향이 존재할 수 있다.

검사 편향은 과거 검사를 남용하던 입장 또한 그렇게 검사를 난발하는 것을 막기 위해 고안된 최근 규정에서 볼 때 특히 문제시된다. 하지만 이러한 편향은 변별타당도에서 문제가 될 만한 편향 중 한 가지에 불과하다. 그것은 특히 임상 평가 장면에서 흔하다. 예를 들면, 하나의 구성개념(예: 불안 또는 조현병)을 측정해야 하는 검사가 실제로는 여러 개념과 상관이 높을 때 문제가 될 수 있다. 이럴 경우 도구를 해석하기가 어렵다. 조현병을 측정하는 척도가 소원감, 우유부단, 가족 문제 및 우울증을 평가하는 척도로도 쓰일 수 있다면 상승한 척도 점수를 어떻게 해석할 수 있을까? 각각의 척도 문항은 타당한 구성개념에 대한 지표와는 최대의 상관이 있고, 검사가 측정하는 다른 구성개념과는 최소의 상관이 있도록 선정되었다. 문항 포함 여부를 결정할 때 수렴타당도 및 변별타당도의 중요성을 강조했기 때문에 최종적인 척도는 비교적 쉽게 해석할 수 있다. 왜냐하면 이와 같은 개발 과정을 거쳐 구성된 척도는 순수하게 척도가 측정하고자 하는 구성개념을 측정할 수 있기 때문이다.

PAI에 관한 필수 참고문헌

『성격평가질문지 전문가 지침서(*Personality Assessment Inventory Professional Manual*)』(Morey, 1991)는 PAI의 기술적 측면을 참고하는 데 유용하다. 왜냐하면 검사 개발에 관한 세부 사항과 기본적인 심리측정적 특징에 대한 정보를 포함하기 때문이다. 검사 해석을 위한 가장 포괄적인 지침은 『성격평가질문지 해석 지침(*Interpretive Guide to the Personality Assessment Inventory*)』(Morey, 1996)이고, 검사가 출판된 첫해에 이뤄진 연구들의 해석 시사점을 요약했다. 또 다른 매뉴얼인 『성격평가선별도구: 전문가 지침(*Personality Assessment Screener: Professional Manual*)』(Morey, 1997)은 선별 도구를 위해 제작된 것이고, PAI 문항 중 소수의 문항을 선별하여 제작된 것으로서 단독으로 또는 전체 PAI와 함께 사용하면 유용하다. 끝으로 특정 주제, 예컨대 법정 관련 영역(Edens, Cruise, Buffington-Vollum, 2001; Morey & Quigley, 2002) 또는 치료 계획(Morey, 1999)에 관한 다양한 개관 논문이나 교재들도 유용하다.

TEST YOURSELF

1. 다음 중 PAI 개발 과정의 근거가 된 접근은 어느 것인가?
   ㉮ 경험적 집단과의 대조
   ㉯ 직교 요인분석
   ㉰ 구성타당화 접근
   ㉱ 강제 선택형 방법

2. PAI는 1970년에 처음 개발되고 출판되었다. 예/아니요

3. 다음 중 PAI의 내용타당도를 향상하기 위한 조치에 해당하는 것은 무엇인가?
   ㉮ 구성개념의 모든 주요 측면을 균형 있게 포함시켰다.
   ㉯ 관련 지식이 없는 일반 응답자들도 중요하다고 인식할 수 있는 문항을 포함시켰다.
   ㉰ 서로 다른 심각성 범위의 경험을 표집한 문항을 포함시켰다.
   ㉱ ㉯와 ㉰ 모두

4. 다음 중 PAI의 검사 편향을 최소화하기 위한 과정에 해당하는 것은 무엇인가?
   ㉮ 서로 다른 인구통계학적 집단의 문항평균 동일화
   ㉯ 편향 패널단의 문항 검토
   ㉰ 남성과 여성 각기 다른 규준 사용
   ㉱ 모호한 내용 의미의 문항 사용

5. PAI 척도명은 특별한 중요성이 없고 단지 척도 번호만 사용한다. 예/아니요

6. 모든 PAI 문항은 2개의 반응 대안 중에서 선택해야 한다. 예/아니요

7. 다음 중 PAI 하위 척도가 개발된 단계는 무엇인가?
   ㉮ 검사의 개념적 설계 단계
   ㉯ 최종 문항은행에 대한 요인분석 단계
   ㉰ 검사 출판 이후 임상적 판단에 관한 연구 단계

8. PAI 문항을 선정하는 데 사용된 경험적 준거는 무엇인가?

정답 1. ㉰ 2. 아니요 3. ㉱ 4. ㉯ 5. 아니요 6. 아니요 7. ㉮ 8. 다양한 준거가 적용되었고, 단 하나의 준거를 강조하지 않았다.

제 2 장

실시

Essentials of

PAI

Assessment

제2장

실시

PAI는 18세 이상 성인을 대상으로 실시한다. 때로는 나이가 많은 청소년, 특히 학업을 중단했거나 부모와 함께 거주하지 않는 청소년에 대한 정보를 제공하는 데 유용하다. 하지만 이럴 경우 주의해서 해석해야 한다. 왜냐하면 검사 점수를 성인의 척도 규준과 비교하는 데 제한점이 있기 때문이다. PAI 지침서를 참고하여 특정 점수대에서 연령이 미치는 영향을 명확히 이해해야 할 것이다. 지침서에는 특정 집단(예: 대학생)의 연령과 규준 및 척도 간의 상관을 제시해 두었기 때문에 쉽게 비교할 수 있을 것이다.

검사는 개별적으로 또는 집단으로 실시할 수 있고, 지필형 또는 소프트웨어를 사용한 개인용 컴퓨터로 실시할 수도 있다. 일반적으로 연구 결과에 따르면 질문지를 실시하는 두 방법 간의 차이는 크지 않았고(Finger & Ones, 1999), 정상적인 상황이라면 두 결과를 서로 호환해서 사용해도 무방하다. 두 방법 모두 약 1시간 소요된다. PAI는 자기보고형 도구이기 때문에 실시와 관련해서 특별한 지시 사항이 필요하지 않다. 대부분의 수검자는 검사지에 기재된 지시 내용만으로도 검사를 정확하게 수행할 수 있다. 하지만 검사 상황에서 한 가지 중요한 것은 임상가와 수검자 간에 라포(rapport)를 형성하고 유지하는 것이다. 또한 이런 문제를 염두에 두고 표준적인 실시 상황을 준수했는지 검토하는 것이 중요하다.

라포 형성

PAI는 응답자의 경험을 정확하게 평가하느냐에 따라 성공 여부가 결정되는 자기보고형 도구이기 때문에 임상가와 수검자가 협력 관계를 맺어 평가 목적을 달성할 수 있도록 함께 노력하는 것이 중요하다. PAI를 실시하기 전에 이러한 동맹 정도에 따라 수검자가 자신에 대해 솔직하고 정확하게 기술하려는 관심과 행동이 상당히 강화될 수 있다. 동맹을 촉진시키는 데 특히 유용한 한 가지 접근은 치료적 평가 개념(notion of therapeutic assessment)이다. 치료적 평가란 정보 수집을 위한 특별한 수단이 아니라 평가를 한 가지 개입 방법으로 간주하는 것이다(Finn & Tonsager, 1997; Fischer, 1994). 이 접근은 평가 과정에서 수검자를 수동적 참여자가 아닌 통합적 협조자로 관여하도록 한다. 이 접근에서 중요한 요소는 수검자로 하여금 자신만의 개별화된 평가 목표를 세우도록 격려하는 것이다. 개별화된 평가 목표를 정하면 수검자는 적극적으로 치료 과정에 참여하게 될 것이다. 수검자는 자신에 관한 질문에 답을 하고, 평가를 통해 알고 싶은 점에 관심을 가질 것이다. 그럼으로써 평가가 자신에게 무엇이 행해지는 것이 아니라 자신을 위해 스스로 무엇인가를 하는 것이라고 생각하게 될 것이다.

동의서 작성

평가 장면에서 성실한 반응의 중요성은 응답자의 몫만은 아니다. 즉, 임상가가 평가의 성질과 목적을 얼마나 정확하게 알려 주는가에 따라 동맹 형성이 달라질 수 있다. 임상가가 알려 줄 내용에는 평가 자체와 관련된 요소도 포함되고, 수집된 정보가 어떻게 활용되는지에 대해 알려 주는 것도 포함된다. 평가 자체와 관련된 요소는 평가의 구성 요소, 검사 및 이후 피드백에 소요되는 시간과 장소, 평가를 마치는 데 걸리는 추정 시간, 경비 등이다. 수집 정보의 활용과 관련해서 임상가는 수검자에게 수집된 정보가 어떻게 활용되는지 설명해야 하고, 어떤 장면에서 그 정보를 공유할 것인지, 정보를 공유할 사람은 누구인지를 알려 줘야 한다. 제삼자의 요구로 평가를 실시할 경우(종종 법적 요구 사례), 이러한 관계에 대해서도 수검자에게 설명해 줘야 한다. 법정 장면에서 PAI를 실시할 경우, 임상가는 수검자에게 비밀 보장, 그리고 어떤 검사 결과는 면책특권의 성질이 있다는 점과 비밀 보장에도 제한이 있을 수 있다는 사실을 설명할 의무가 있다.

PAI 소개

응답자에게 평가 절차에 대해 간략히 설명할 때 PAI에 관한 정보도 알려 줘야 한다. 응답자에게 PAI가 다양한 목적으로 사용되며 여러 국가에서 널리 사용된다고 이야기해 주는 것은 도움이 된다. 다양한 목적으로 검사를 활용한다고 설명해 주면 수검자는 검사가 자신에게 적합하지 않다는 생각 등의 거부감을 줄일 수 있을 것이다. 검사 문항 중 어떤 문항은 민감한 정서적 문제를 다루는 반면 다른 문항은 수검자의 성격이 다른 사람들과 얼마나 비슷한지 또는 다른지를 알아보기 위한 것이라고 설명한다. 어떤 장면에서 검사를 활용하든지 관계없이 검사 문항에 대한 정답은 없다고 강조해야 한다. 수검자에게 자신의 경험에 대해 정확하게 기술해서 자신을 이해하는 데 검사 결과가 유용해야 한다고 격려한다. 도구의 표준화 속성에 대해 언급해 준다면 응답자는 자신의 반응이 자신과 비슷한 상황(즉, 치료 또는 취업 선별 장면)에 처한 응답자뿐만 아니라 일반인의 반응과 비교될 것이라고 이해할 수 있을 것이다.

자기보고형 검사에 대한 적합성

PAI를 타당하게 실시하기 위해서는 수검자가 자기보고형 노구를 수행하는 데 필요한 신체적 · 정서적 요구 사항이 충족되어 있다는 것을 전제로 한다. 수검자의 장애 특성상 혼동되거나 지남력이 손상되거나 매우 산만하거나 또는 극도의 정신운동 지연이 있거나 안절부절못한다면 매우 주의해야 한다. 약물이나 알코올중독 또는 금단 증상 때문에, 또는 신경학적 결함이나 질환으로 인지 능력상의 지남력이 손상된 경우에도 주의해서 검사를 실시해야 한다. 후자의 경우 수검자는 쉽게 피로해지므로 검사 과정을 면밀하게 모니터해야 한다. 검사자는 시각적 민첩성 저하 또는 우세 손의 운동 약화와 같이 검사를 타당하게 수행하는 데 영향을 줄 수 있는 신체적 · 감각운동적 결함에도 민감해야 한다.

중요

검사 소개 및 동의서 작성 시 검사자는 검사 결과를 왜곡시킬 수 있는 요소에 주목해야 한다. 예를 들면, 교육 수준, 언어 유창성, 감각운동 제약, 지남력 상실, 중독 등이 있을 수 있다.

PAI를 타당하게 수행하려면 PAI 지시 사항과 문항을 읽고 이해할 수 있어야 한다. PAI 질문지의 지시 사항 및 검사 문항을 이해할 수 있는 독해 수준을 분석한 결과 4학년 수준의 독해력이 요구된다. 이는 초등학교 수준의 독해력에 해당하고, 다른 다척도 질문지에 비하면 적절한 수준이지만(Schinka & Borum, 1993), 교육 연한이 독해력을 파악하는 데 신뢰성 있는 지표는 아니라는 점을 기억해야 한다. 전형적으로, 독해력을 측정해 보면 실제 교육 수준에 훨씬 미치지 못하는 경향이 있다. PAI를 실시하는 데 요구되는 4학년 수준의 독해력이 의심스러운 경우 간단한 독해력 검사를 먼저 실시하는 것이 좋다. 독해력 검사를 실시하기가 어렵다면 수검자에게 검사의 지시문과 첫 몇 문항을 소리 내어 읽게 해서 대략적으로나마 읽기 수준을 선별할 수 있다. 이때 검사자는 수검자가 지시 내용 등을 완벽히 이해했는지 확인한 후 나머지 검사를 혼자 실시하게 해야 한다.

수검자가 질문지를 읽을 수 없거나 검사지에 반응하기 어려워하는 등 예외적인 경우에는 검사를 구두로 실시해야 한다. 출판사에서 오디오테이프를 판매하고, 테이프에는 검사의 지시 사항이 구두로 기술되어 있으며, 검사 문항도 듣기 편안한 속도로 녹음되어 있다. 수검자는 별도의 답안지에 반응한다. 같은 검사라 하더라도 검사자가 직접 읽어 주는 것보다는 수검자가 직접 읽는 것이 바람직하다. 왜냐하면 검사자가 문항을 직접 읽어 주면 임상적 면접과 같은 직접적인 사회적 의사소통의 맥락으로 바뀌기 때문이다. 연구에 따르면, 수검자는 같은 문제라도 면접, 특히 수검자가 임상가에게 언어적 반응을 직접 해야 할 때보다 자기보고 형식에 반응할 때 더 잘 노출한다(Domken, Scott, & Kelly, 1994; Rush, Hiser, & Giles, 1987). 이와 같은 비대인적인 (impersonal) 오디오테이프가 표준화된 본래의 질문지에 더 가깝고, 가능하다면 수검자도 구두 형식보다는 자신의 반응을 직접 기록하는 것이 좋다. 표준 실시 절차와 다른 방법은 무엇이라도

주의

PAI를 구두로 실시해야 할 경우라도 응답자가 검사자에게 구두로 반응하는 것보다 답안지에 직접 반응을 기록하도록 해야 한다.

예상하지 못한 영향을 줄 수 있으므로 점수 해석에 주의해야 한다.

특히 영어를 모국어로 사용하지 않는 수검자에게 검사를 실시할 때는 더욱 주의해야 한다. 이런 수검자는 교육 수준이 높거나 심지어 영어를 유창하게 사용하더라도 독해 수준이 낮을 수 있다. 비록 검사 개발 과정에서 교차문화적 적용을 제한할 수 있는 관용구를 사용하지 않기 위해 PAI 문항을 선별했지만, 수검자의 영어 읽기 수준이 제한적이라면 여전히 문항에 대한 해석이 왜곡될 수 있다. 출판사에서는 스페인어 PAI를 판매한다. 스페인어판을 실시한 자료를 살펴본 결과 진단 지표의 수렴타당도는 양호했으나(Fantoni-Salvador & Rogers, 1997), 치료고려 척도의 내적 일관성은 표준화 표본에 비해 스페인어판 표본이 낮았다(Rogers, Flores, Ustad, & Sewell, 1995). 이 외에도 프랑스어, 독일어, 한국어, 히브리어 등으로 정식 승인된 번역본 PAI가 다양하게 출판되어 있다.

요약하면, 자기보고형 도구를 타당하게 수행하려면 동기적 요인, 인지적 요인, 정서적 요인이 적절하게 결합되어야 한다. PAI에 타당도 척도가 포함되어 있어서 프로파일이 수검자의 경험을 타당하게 반영하는지 결정하는 데 도움을 주지만, 임상가는 타당도 척도에만 의존해서 결정해서는 안 된다. 자기보고형 도구에 반응할 수 있는지의 여부를 결정하는 것 자체만으로도 하나의 전문적 결정이다. 이는 실제로 검사를 실시하여 수검자와 접촉하면서 면밀히 고려해야 하는 사항이다.

질문과 목적 유도

수검자와 평가의 본질에 대한 이야기를 마쳤다면 검사자는 수검자에게 평가 상황 또는 평가 절차 등 무엇이든 궁금한 점에 대해 질문하도록 격려한다. 이런 수검자의 질문에 최선을 다해 가능한 한 완벽하게 답해 줘야 하지만, 때로 검사를 끝낸 후 또는 검사 피드백을 제공한 후 답변하는 것이 유용한 경우도 있다. 이 단계에서 치료적 평가 모델(예: Finn, 1996)을 적용하면 수검자가 평가를 통해 얻고자 하는 정보에 대한 나름대로의 목적을 가지도록 도울 수 있다. 이 접근은 수검자의 주관적인 경험에서 발생한 질문을 중심으로 한다. 검사자는 이러한 질문을 이해한 후 수검자와 함께 평가 과정을 통해 수검자가 알고자 하는 개별화된 평가 질문 세트를 구성한다. 평가 질문 세트를 구성하는 과정은 질문의 초점을 좁혀 나감으로써 이 질문이 평가 과정의 지침으로서의 역할을 할 수 있게 하는 것이다. 따라서 수검자에게 질문을 유도하는 목적 중에는 수검자와 검사자가 함께 평가에 대한 기대를 만들도록 하는 것도 포함된다. 이와 같은 참여를 통해 평가 자체가 하나의 치료적 과정이 되어 수검자의 생각, 행동 그리고 자신에 대한 감정을 견고하게 하거나 반박하거나 변화시킬 수 있을 것이다.

중요

수검자에게 평가 목표를 세우도록 유도할 경우 수검 태도 및 검사 결과에서 보다 성실하고 정확한 자기 기술을 할 수 있는 긍정적 태도를 촉진시킬 수 있다.

실시 고려 사항

PAI의 표준 실시 방법은 개별 또는 집단 실시 상황에 모두 적용할 수 있다. 어느 경우든 수검자의 문항 반응에 대한 비밀이 보장되어야 한다. 검사는 비밀 보장 및 검사의 안전성을 위해 검사자가 직접 감독하는 상황에서 실시되어야 한다. 즉, 집에 가서 해 오거나 검사 실시 동안 검사자 이외의 다른 응답자와 접촉해서도 안 된다. 검사실은 조명이 적절해야 하고, 책상 표면이 평평해야 하며, 연필도 제공되어야 한다. 소음과 걸어 다니는 사람이 없도록 해야 한다. 수검자에게 정수기와 화장실 등 시설물의 위치를 알려 줘야 하고, 필요할 때 도움을 청할 검사자가 어디에 있는지도 알려 줘야 한다. 검사를 마칠 때까지 검사자는 항상 대기해서 도움을 줘야 하지만 신체적으로 옆에 있어야 한다는 것은 아니다. 오디오테이프를 사용할 경우 필요할 때 녹음기를 정지시키고 되감는 방법을 알려 줘야 한다.

PAI는 자기보고형 도구이므로 344문항을 수행하는 데 60분 남짓 소요되지만, 집중력 문제 또는 정신운동성 지연이 있을 경우는 대략 90분이 소요된다. 때로는 수검자가 어떤 개념의 정의 또는 개념을 명료하게 설명해 달라고 하는 등 문항에 대해 질문할 수 있다. 드물지만, 수검자가 단어의 정의를 모른다면 사전적 정의를 알려 줄 수 있다. 이보다는 자주(frequently) 또는 약간(slightly) 등 검사 문항의 수식어를 분명히 설명해 달라는 경우가 더 흔하다. 이럴 경우 검사자는 수검자에게 각자 나름대로 의미를 해석해서 반응하라고 지시해야 한다.

검사 피드백

임상가는 평가 결과와 관련된 피드백을 수검자에게 제공할 의무가 있다. 피드백은 특히 임상 장면에서 검사를 적용할 때 더욱 중요하다. 다수의 연구에서 평가 결과에 대한 피드백을 제공해 줄 경우 수검자의 치료효과가 더 큰 것으로 밝혀졌다(예: Finn & Tonsager, 1992; Newman & Greenway, 1997). Ackerman, Hilsenroth, Baity와 Blagys(2000)는 PAI를 이용한 피드백 과정에 관한 연구에서 치료 초기의 심리학적 평가와 후속 치료의 작업 동맹 형성 간의 상호작용을 발견하였다. 이 연구에서 전통적인 평가 모형에 참여한 33%의 수검자에 비해 협력적인 치료 평가 모형에 참여한 수검자의 13%가 첫 4회의 접촉으로 심리치료를 종결할 수 있었다. 게다가 협력적 평가 집단의 경우 평가 과정과 치료적 동맹에 대한 경험이 더욱 긍정적이었고, 이러한 평가가 심리치료 회기에도 영향을 주었다.

중요

검사 피드백을 제공할 때 긍정적인 결과(성격적 장점) 및 수검자가 이미 인식하고 있는 문제에 대해 우선적으로 언급하는 것이 좋다. 이런 순서를 적용하면 수검자가 인식하지 못하는 문제에 대해 쉽게 이야기하도록 할 수 있을 것이다.

전형적인 피드백 회기에서 임상가는 검사 규준 및 개념과 같은 검사 자체의 성질에 대해 설명한 후 검사 결과에 대해 언급해야 한다. 피드백은 첫 회기 때 정했던 평가 질문에 초점을 두어야 한다. 이 전략은 회기의 초점을 수검자의 주된 관심사에 두도록 하여 보다 집중적이고 심도 있는 논의가 가능하도록 한다. Finn(1996)은 이런 논의에서 일련의 순서를 따르도록 권한다. 우선 긍정적인 결과와 수검자가 가장 잘 알고 있을 결과에 대해 피드백을 제공한다. 그러고 나서 수검자가 잘 인식하지 못하는 내용에 대해 이야기를 하는데, 이는 수검자가 앞서 제공한 피드백에 대해 충분히 이해한 후 이뤄져야 한다. 회기 초기에 형성된 협력적 관계를 유지하려면 회기 내용에 대해 수검자가 타당화, 수정 또는 반박하도록 격려해야 한다. 피드백의 목적은 평가 자료에서 반복되는 주제를 제시하고 이 주제와 수검자의 평가 및 치료 목표를 연결시키는 것이다. 전형적으로 피드백 회기는 수검자가 피드백에 대한 자신 나름대로의 해석을 요약하고 회기에 대한 주관적 인상을 기술하는 것으로 마무리한다.

평가의 속성상 다른 피드백 전략을 적용할 수도 있다. 어떤 경우든 건전한 임상적 판단에 근거해서 피드백을 제공할 적절한 시기 및 수검자에게 유용할 정보 내용을 결정해야 한다. 대부분의 경우 수검자에게 자동화된 채점 결과를 보여 주고 혼자 읽도록 하는 것은 바람직하지 않다. 어떤 내용은 수검자에게 해당하지 않을 수도 있고, 수검자가 기술적 언어를 이해하지 못할 수도 있으며, 용어가 지나치게 병리적으로 느껴져서 불필요한 걱정을 유발할 수도 있다. 하지만 점수가 상승한 경우 수검자가 이해할 수 있는 용어로 설명해 줄 수 있다. 정상(normal)이나 비정상(abnormal)과 같은 단어를 삼가고, 평균보다 높다 혹은 낮다고 표현하는 것이 좋다. 치료 표적 또는 문제시되는 것으로 지적된 점수는 환자에게 잘못되었다(wrong)고 하기보다 함께 살펴봐야 할 영역이라고 언급하는 편이 좋을 것이다. PAI 프로파일은 환자가 보고한 것을 대체로 있는 그대로 반영하고, 저자의 경험에 비춰 볼 때 환자는 피드백을 제공받으면 쉽게 자신에 대해 인식할 수 있고, 실제 자신의 모습과 크게 다르지 않다고 보고한다.

TEST YOURSELF

1. 컴퓨터 실시용 PAI와 지필형 검사 결과는 서로 유사하다. 예/아니요

2. 구두용 PAI에 구두로 반응해도 지필형 결과와 유사하다. 예/아니요

3. PAI 문항을 이해하는 데 요구되는 읽기 수준은 어느 정도인가?

4. PAI의 표준 실시에 소요되는 시간은 얼마인가?
   ㉮ 1시간 미만
   ㉯ 2시간
   ㉰ 3시간
   ㉱ 4시간 이상

5. PAI는 승인된 번역본이 없으므로 영어로 된 검사만 사용해야 한다. 예/아니요

6. 검사 피드백은 수검자에게 불안을 유발하므로 제공하지 않는 것이 좋다. 예/아니요

7. 다음 중 검사 피드백에서 가장 우선적으로 언급해야 할 사항은 무엇인가?
   ㉮ 가장 심각한 문제
   ㉯ 수검자가 인식하지 못하는 문제
   ㉰ 분명한 성격적 강점 또는 자산

8. 스페인어 PAI를 사용할 때 주의해서 해석해야 하는 척도는 어느 것인가?

정답 1. 예 2. 아니요 3. 4학년 4. ㉮ 5. 아니요 6. 아니요 7. ㉰ 8. 치료고려 척도

제 3 장

채점

Essentials of

PAI

Assessment

제3장

채점

대부분의 성격검사처럼, PAI 채점도 매우 간단하다. 채점은 상당히 객관적인 과정이다. 문항에 대한 반응을 나타내는 각 항목은 서로 다른 가중치를 반영하고, 이 가중치는 검사 제작자 또는 평가하는 임상가가 아니라 전적으로 수검자의 반응에 의해 결정된다. 일반인 집단의 특성과 유사하도록 표집한 1,000명에 이르는 일반인의 반응과 수검자의 반응을 기계적으로 대조한다. 그 결과가 *T* 점수이고, 전집의 평균 점수와 객관적인 비교를 하는 것이다.

PAI 채점의 첫 단계는 답지를 살펴보고 응답하지 않은 문항 수를 확인하는 것이다. 18개 이상(즉, 문항의 5% 이상)을 응답하지 않았다면 수검자에게 그 문항을 다시 읽어 보고 응답하게 해야 한다. 무응답 문항이 이보다 적더라도 특정 척도의 해석에 영향을 줄 수 있다. 일반적으로 한 척도 또는 하위 척도의 문항 중 20%가 무응답이라면 그 척도 또는 하위 척도를 해석하기 어렵다. 예를 들어, *DEP-C*를 구성하는 8문항 중 2문항에 응답하지 않았다면

중요

열여덟 문항 이상의 문항에 응답하지 않았다면 PAI를 해석해서는 안된다. 또한 한 척도 문항 중 20% 이상 응답하지 않았을 경우에도 해석하면 안 된다.

해석해서는 안 된다. 하지만 *DEP*의 24문항 중 22문항에 응답했다면 무응답된 두 문항을 적절히 고려해서 *DEP*를 해석할 수 있다.

PAI 채점

PAI 수채점(hand scored) 답지는 채점에 필요한 내용이 모두 표기되어 있기 때문에 PAI 각각의 척도 및 하위 척도 원점수 산출에 포함되는 핵심 문항을 알 수 있다. 수채점 답지를 이용하면 다른 채점판이나 반응지 없이도 채점할 수 있다. 수검자가 먹지로 처리된 답안지 앞면에 반응을 하면 뒷면에 각 반응의 점수가 표시된다. 검사를 마친 후 채점자는 답지 앞면의 절취선을 따라 앞면을 떼어 낸다. 뒷면은 344문항 각각의 반응 점수가 표시되어 있다. 각 반응은 0, 1, 2, 3 중 하나의 점수에 해당하는데, 이는 수검자가 4개 점수 중 어느 것을 선택하는가에 따라 결정된다. 점수는 수검자 반응 바로 위에 표기되어 있다. 음영 처리된 상자는 서로 다른 PAI 척도 또는 하위 척도에 포함되는 문항을 나타낸다. 대체로 동일한 척도를 구성하는 문항들은 답지에서 동일한 행에 배열되어 있다. 수검자는 답지에 세로로 반응하므로, 답지에서 볼 수 있는 40행은 결국 한 척도를 구성하는 문항들을 40문항마다 배열한 것이다. 예를 들면, *NON*은 1, 41, 81, 121, 161, 201, 241, 281번 문항으로 구성된다. *NON*의 원점수를 구하려면 앞서 언급한 문항들의 항목 점수를 모두 더하고 이 점수를 별개의 프로파일 기록지 내 해당란에 기입하면 된다. 하위 척도가 있는 척도는 하위 척도 원점수의 합이 전체 척도의 원점수다.

PAI 척도 중 비일관성(*ICN*) 척도의 원점수를 산출하는 것이 가장 복잡하다. *ICN*은 유사한 내용의 10개의 문항 쌍 반응을 비교해서 산출한다.

한 문항 쌍에서 반응의 차이가 있다면 비일관되게 반응한 것이다. *ICN* 원점수는 신중하고 정확하게 산출해야 한다. 프로파일 기록지에 〈빠른 참조 3-1〉과 유사한 난이 있다. 여기에는 10개의 문항 쌍 각각을 구성하는 문항, 즉 총 20개 문항의 점수를 기재하는 칸이 있다. 비교해야 하는 문항은 인접해 있다. 따라서 75번과 115번 문항을 비교하고, 4번과 44번 문항을 비교한다. 첫 8개 문항 쌍의 경우 일관되게 반응했다면, 각각의 점수가 서로 비슷할 것이다. 따라서 문항 쌍의 점수 간 절대 차이를 모두 더하면 *ICN* 척도 원점수가 된다. 예를 들면, 75번 문항의 점수가 1이고 115번이 2라면 이 차이 점수 1점을 *ICN* 원점수에 더해 주면 된다.

빠른 참조 3-1

ICN 척도 채점

1. 다른 문항 쌍을 구성하는 문항의 점수 간 절대 차이를 계산한다.

		점수		점수		차이 점수
문항 쌍 1.	75번	______	115번	______	=	______
문항 쌍 2.	4번	______	44번	______	=	______
문항 쌍 3.	60번	______	100번	______	=	______
문항 쌍 4.	145번	______	185번	______	=	______
문항 쌍 5.	65번	______	246번	______	=	______
문항 쌍 6.	102번	______	103번	______	=	______
문항 쌍 7.	22번	______	142번	______	=	______
문항 쌍 8.	301번	______	140번	______	=	______

2. 270번과 190번 문항의 점수를 3에서 빼서 채점을 역산한다.

3 − 270번 ______ = ______역 270번

3 − 90번 ______ = ______역 90번

3. 마지막 2개 문항 쌍의 차이 점수를 계산한다.

		점수		점수		차이 점수
문항 쌍 9.	역 270번	______	53번	______	=	______
문항 쌍 10.	역 90번	______	13번	______	=	______

4. 문항 쌍 1~10의 차이 점수를 더해서 *ICN* 원점수를 산출한다.

마지막 2개 문항 쌍의 경우 일관되게 반응하면 문항 쌍의 점수가 상반되어야 한다. 따라서 270과 53번 문항 쌍에서 일관된 반응을 했다면 한 문항은 3점이고 다른 문항은 0점일 것이다. 이와 같이 상반되는 문항 쌍임을 반영해 주기 위해 문항 쌍 중 한 문항의 점수를 먼저 3에서 빼서 앞의 8개 문항 쌍과 동일한 형태가 되도록 한다. 예를 들면, 270번의 점수가 1이고 53번이 2라면 *ICN* 점수에 더할 점수를 산출하는 방식은 다음과 같다.

$$
\begin{aligned}
\text{문항 쌍 점수} &= (3 - \text{문항 } 270) - \text{문항 } 53 \\
&= (3 - 1) - 2 \\
&= 0
\end{aligned}
$$

따라서 앞의 예에서 270번과 53번의 점수는 일관된 반응을 시사하는 것이고, 이 문항 쌍은 *ICN* 총점에 기여하지 않았다(0점).

이러한 방식으로 각각 10문항 쌍에서 계산한 점수의 합이 *ICN* 원점수다. 이 원점수를 프로파일 기록지에 기입한다.

모든 척도와 하위 척도의 원점수를 산출한 후 *T* 점수를 결정해야 한다. *T* 점수는 별개의 프로파일 기록지에서 척도(앞면)와 하위 척도(뒷면)에 상응하는 지점을 찾아 결정할 수 있다. 프로파일 기록지에서 각 점수에 상응하는 *T* 점수는 일반인 1,000명의 규준 자료를 근거로 원점수를 표준화한 것이다. *T* 점수는 표준화 표본의 원점수 평균을 50, 표준편차를 10으로 단순 직선 형태로 환산한 값이고, 〈빠른 참조 3-2〉와 같이 정규분포에서 기대할 수 있는 백분위수와 대략적으로 유사하다. 프로파일 기록지(4장의 [그림 4-1]에 기록지의 예가 나오므로 참조하기 바란다)에 보이는 선은 *T* 점수 50(표준화 표본의 평균 점수)과 70(동일한 표본에서의 96% 지점)이다.

빠른 참조 3-2

PAI *T* 점수의 백분위수	
T 점수	백분위수
40	16번째
50	50번째
60	83번째
70	96번째
80	99번째

PAI 채점은 출판사에서 판매하는 컴퓨터 소프트웨어로도 가능하다. 많은 임상가가 컴퓨터로 채점하는 것을 선호한다. 왜냐하면 컴퓨터 소프트웨어는 다양한 부가적인 지표까지 자동 산출해 주기 때문이다.

TEST YOURSELF

1. 다음 중 PAI의 표준화 점수는 어떤 절차를 사용해서 산출했는가?
   ㉮ 직선 *T* 점수
   ㉯ 동형 *T* 점수
   ㉰ 정규분포 *T* 점수
   ㉱ 로그 변환 *T* 점수

2. 다음 중 각각의 개별 PAI 문항의 점수를 결정하는 것은 무엇인가?
   ㉮ 검사 개발 과정 중 결정된 회귀 가중치
   ㉯ 유무 변별에 대한 반응의 전환 수
   ㉰ 내담자의 반응
   ㉱ 평가하는 임상가의 평정치

3. 24개의 *SOM* 문항 중 5개 이상 문항에 응답하지 않았다면 이 척도는 채점과 해석을 해서는 안 된다. 예/아니요

4. *ICN*에서 문항 쌍을 구성하는 모든 척도의 항목 점수가 동일해야 한다. 예/아니요

5. PAI의 표준점수인 *T* 점수의 평균과 표준편차는 얼마인가?
   ㉮ 일반인 표본의 경우 평균 100, 표준편차 15
   ㉯ 일반인 표본의 경우 평균 50, 표준편차 10
   ㉰ 임상 표본의 경우 평균 100, 표준편차 15
   ㉱ 임상 표본의 경우 평균 50, 표준편차 10

6. PAI 일반인 규준 표본은 몇 명을 대상으로 했는가?

7. PAI의 22개 척도의 원점수는 수채점해야 한다. 예/아니요

8. PAI를 해석할 수 있는 최대의 무응답 수는 몇 개인가?

정답 1. ㉮ 2. ㉰ 3. 예 4. 아니요 5. ㉯ 6. 1,000명 7. 아니요 8. 17개

제 4 장

해석 개요

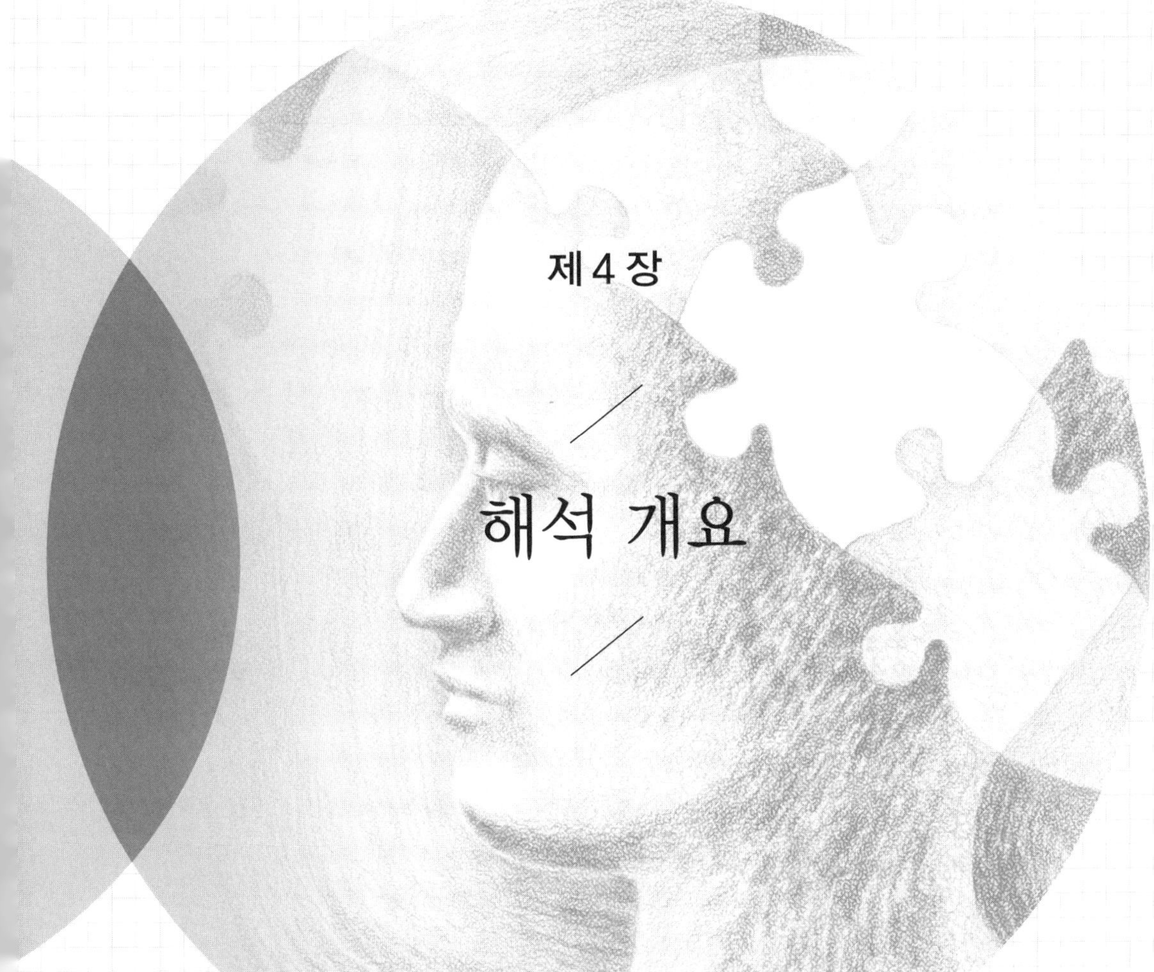

Essentials of

PAI

Assessment

제4장

해석 개요

PAI 결과를 해석하려면 성격과 정신장애의 주요 개념에 대한 폭넓은 이해, 정신측정 이론에 대한 명확한 이해, 그리고 PAI의 척도 및 부가적인 해석 지표에 친숙해야 한다. 최적의 해석 전략은 평가 맥락에 따라 달라진다. 예를 들면, 경찰 지원자의 프로토콜에 대한 해석과 정신과 병원 입원 환자의 프로토콜에 대한 해석에서의 강조점은 다를 수밖에 없다. Meehl과 Rosen(1955)에 따르면, 평가에 대한 맥락 기대는 동일한 프로파일이라 하더라도 평가가 이루어지는 맥락에 따라 완전히 다른 결론을 내리도록 한다.

맥락에 근거해서 PAI를 해석할 때 적용할 수 있는 유용한 접근은 일련의 의사결정 순서(a set sequence of decisions)를 따르는 것이다. 각 결정 단계는 다음 결정 사항을 위한 맥락을 지정해 준다. 예를 들면, 프로파일을 해석할 때 우선 프로파일의 반응 왜곡 여부를 결정해야 한다. 즉, 검사 프로토콜이 어느 정도 왜곡되었거나 응답자가 과장되게 반응한 것으로 결정했다면 왜곡되지 않았다고 결정했을 경우와 비교해서 동일한 자살관념 문항에 대한 해석이 달라질 것이다.

맥락에 근거한 해석 순서는 네 단계로 구성된다. 첫 번째 단계는 프로파일의 반응 왜곡 정도를 결정하는 것이다. 이 과정은 프로파일의 타당도를 결정하는 것이다. 두 번째 단계에서 해석자는 프로파일을 비교할 적절한 참조집단을 결정한다. 때때로 첫 단계에서 결정한 내용에 근거해서 비교집단을 정확하게 정할 수 있다. 세 번째 단계는 개별 척도와 그 구성 요소를 살펴보는 것이다. 마지막 단계는 특정한 척도의 결합 또는 형태의 영향을 결정하는 것이다. 각각의 해석 단계에 대해 이후에 더 자세하게 언급할 것이고, 이 장에서는 각 단계가 어떻게 서로 조화를 이루는지 간단히 살펴본다.

1단계: 프로파일의 왜곡 가능성 평가

일반적으로 자기보고식 척도 해석의 출발점은 검사 결과가 수검자의 경험을 정확하게 반영하는지 또는 어떤 식으로든 왜곡된 것은 아닌지를 결정하는 것이다. 이 과정은 PAI를 실시하기 이전부터 시작된다. 즉, 평가 의뢰의 목적, 검사 결과를 사용하려는 의도, 궁극적으로 검사 결과에 대한 정보를 공유할 사람 등은 모두 검사 결과를 왜곡시킬 수 있을 정도로 극적인 맥락 효과를 일으킬 수 있다. 왜곡 여부를 판단할 수 있는 다양한 절차는 5장에서 자세히 다루고 있다.

> **중요**
> PAI 해석의 첫 단계는 프로파일 왜곡의 가능성을 결정하는 것이다. 이후 모든 해석적 결정은 왜곡과 관련된 결정에 근거를 두고 이뤄진다.

2단계: 적절한 참조집단 결정

프로파일 왜곡과 관련된 결정을 마치면, 다음으로 프로파일을 평가할 때 기준으로 삼을 적절한 참조집단(frame of reference)을 정한다. 참조집단은 평가의 여러 측면에 따라 달라질 수 있다. 특별히 중요한 3개의 참조집단은 일반 성인 대 임상 표본 비교, 왜곡 대 비왜곡 비교, 그리고 특수한 의뢰 맥락과의 비교다.

일반 성인 대 임상 규준

PAI의 *T* 점수는 일반 성인을 대표하는 표본을 근거로 제작되었다. 그 결과, *T* 점수는 특정한 반응 양상이 전형적인 평균 성인과 비교해서 유사한지를 결정할 때 중요하다. 예를 들면, 거의 대부분의 사람은 기분이 저조할 때가 있다. 그렇다면 검사 해석자는 기분이 저조한 정도가 정상적인 수준인지, 통계적으로 비일상적인 수준의 우울증에 해당하는지를 결정해야 한다. 이 질문에 대한 답은 서로 다른 척도의 *T* 점수에서 찾을 수 있다. 대부분의 척도에서 *T* 점수 60은 특정 유형의 증상과 문제를 경험하는 사람들 중 대략 84%에 해당하고, *T* 점수 70은 대략 96%에 해당한다(Morey, 1991). 따라서 [그림 4-1]에서 알 수 있듯이, PAI 프로파일 기록지에 표시되어 있는 실선은 *T* 점수 70으로, 일반 성인의 전형적인 반응과는 상당히 일탈되어 있다는 것을 의미하고, 대부분 임상적으로 유의한 문제가 있다는 것을 시사한다.

> **중요**
> PAI 해석의 첫 단계는 프로파일 왜곡 가능성을 결정하는 것이다. 왜곡 여부에 근거해서 이후 해석이 이뤄진다.

임상적 주의를 필요로 하는 문제, 즉 11개의 임상척도나 *AGG* 또는 *SUI* 중 *T* 점수가 70 이상으로 상승하는 척도가 있다

주의

PAI 프로파일의 실선은 임상 장면에서도 비일상적이라고 볼 수 있는 점수임을 판단할 수 있는 참조 점수다. 임상 장면과 일반 장면에서의 차이를 보여 주기도 한다. 따라서 임상 척도 상승과 관련한 분할 점수를 의미하는 것은 아니다.

면 맥락적 참조집단을 임상적 초점으로 바꿔야 한다. 임상집단에서 기대되는 척도 점수는 일반인 집단과 여러 측면에서 다르다. 이와 같은 참조집단과 비교하기 위해서 다양한 평균 점수를 살펴봐야 한다. 검사 지침서(Morey, 1991)의 부록에 임상 표준화 표본에 근거해서 산출한 표준 점수가 포함되어 있다. 해석 소프트웨어는 해석적 탐색 모듈(Morey, 2000) 부분에서 이와 같은 표준 점수를 확인할 수 있고, 수채점 프로파일 기록지의 경우 임상 표준화 표본 평균보다 표준편차 2가 상승한 값을 보여 주는 실선이 표시되어 있다. 이는 [그림 4-1]에서 가장 높은 실선이다.

이 실선의 다양한 정점과 최하점 및 일반 성인 표본의 *T* 점수 70을 나타내는 선을 비교해 보면 임상 장면과 일반 장면에서의 기대치가 서로 다르다는 것을 알 수 있다. 이런 현상을 가장 잘 드러내는 척도가 *RXR*(치료거부)일 것이다. *RXR*의 경우 임상 표본에서 프로파일의 실선이 *T* 점수 70 이하로 떨어지는 반면, 다른 척도는 *T* 점수 70보다 훨씬 높이 상승한다. 이 결과는 *RXR* 척도의 경우 일반 장면에 비해 임상 장면에서 점수가 낮은 경향이 있다는 것을 시사한다. 임상 장면을 찾는 사람들은 전형적으로 치료에 관심이 있기 때문에 찾아오지만 일반인은 흔히 심리치료를 받지 않을 뿐만 아니라 치료를 권유해도 거부할 것이다. 맥락 정보는 *RXR*의 *T* 점수가 50인 경우 해석에 큰 영향을 준다. *RXR*의 *T* 점수가 50인 경우 일반 성인이라면 평균에 해당하는 점수이지만 치료를 받는 내담자라면 평균보다 상당히 상승한 값이다. 따라서 다른 척도 점수가 제공하는 맥락 정보는 *RXR* 점수를 평가하는 데 결정적이다. 예를 들면, 임상 척도 중 *T* 점수 60 이상 상승하는 척도가 없다면 *RXR*의 *T* 점수가 50이더라도 상승한 값이 아니다. 왜냐하면 이 수검자의 경우 치료를 필요로 하는 임상적 문제를 전혀 보고하지 않았기 때문이다. 하지만 *RXR* 점수가 동일하더라

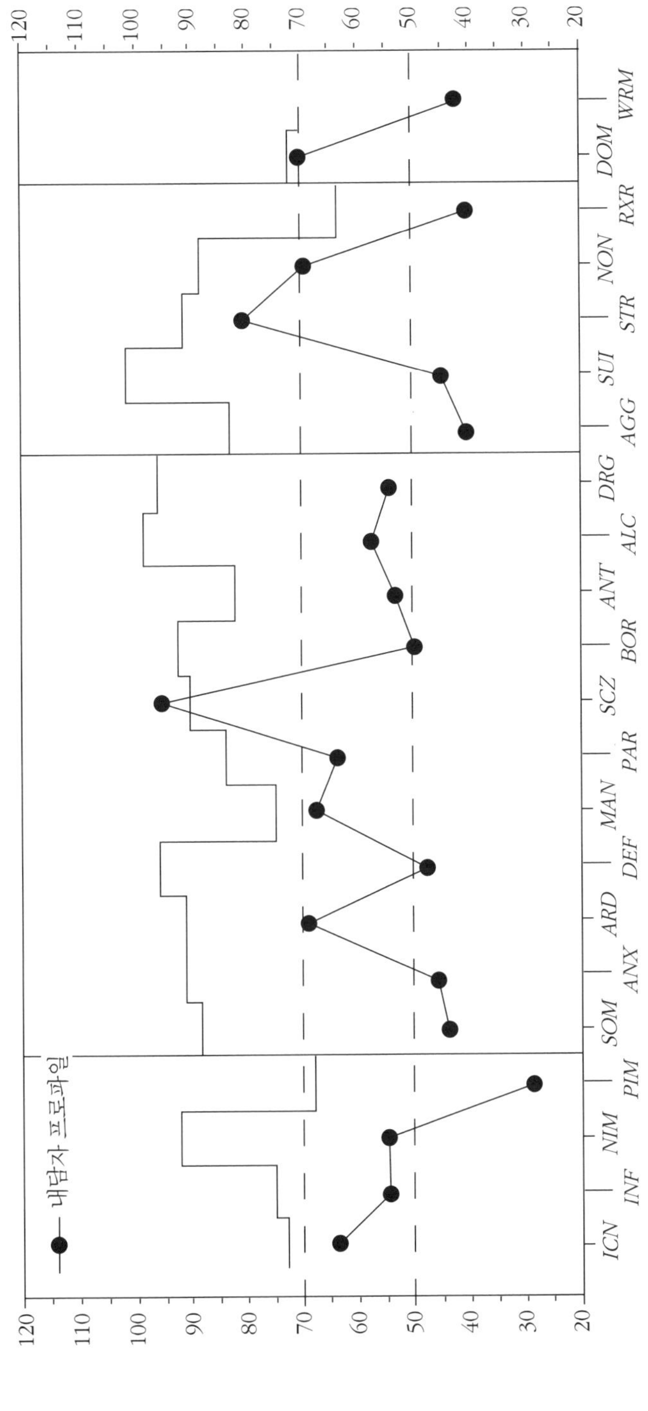

[그림 4-1] PAI 프로파일

도 한 개 또는 그 이상의 임상 척도의 *T* 점수가 70 이상 상승하고, 그래서 일반 표본보다는 임상 표본으로 볼 수 있다면 이 수검자는 치료에 대한 흥미가 심각하게 결여되어 있는 것으로 해석할 수 있을 것이다.

요약하면, 프로파일이 상승되어 임상적으로 유의한 문제가 지적될 경우 해석자는 임상 표본 맥락에서 프로파일을 평가해야 한다. 이러한 문제가 지적되지 않았다면 일반 성인 규준과 대조함으로써 수검자의 성격적 특성을 해석하는 데 필요한 정보를 얻을 수 있을 것이다.

특수 반응 양식 규준

규준 참조집단과 관련된 두 번째 결정 사항은 수검자의 반응 양식에 대한 평가다. 이 단계는 수검자가 검사를 접근한 방식을 결정하는 것이다. 즉, 수검자가 규준 표본 내 전형적인 사람과 비교했을 때 자신의 결점을 얼마나 솔직하게 노출했는가를 결정해야 한다. 만약 체계적인 반응 양식이 작동된 것으로 판단되면 이와 유사한 접근 방식을 취한 수검자 참조집단으로 바꾸는 것이 바람직하다. 예를 들면, 방어적으로 검사를 수행했을 경우 방어적인 프로파일과 비교함으로써 방어적 반응이 프로파일에 미치는 전형적인 영향을 설명할 수 있을 것이다. 체계적 반응 양식의 영향이 기대한 것과 다르다면 평가하는 프로파일에 대한 다양한 가설을 세울 수 있을 것이다.

PAI 채점 및 해석 소프트웨어 해석적 탐색(Morey, 2000)에는 특수 반응 양식 표준화 프로파일이 포함되어 있으므로 *NIM*과 *PIM* 타당도 척도가 유의미하게 왜곡되었을 때 참고할 수 있다. 이 표준화 프로파일은 *NIM*과 *PIM* 타당도 척도가 중간 수준과 현저한 수준으로 왜곡된 프로파일을 규준 맥락으로 사용해서 제작한 것이다. 그 결과는 적절히 반응한 표본과 비교할 때 참고할 수 있는 기준이 될 수 있다. 따라서 *PIM* 점수가 중간 정도로 상승했다면 *PIM* 점수가 동일한 수검자와 비교한다. 재표준화 프로파일은 주어진 반응 양식을 근거로 기대한 결과와 프로파일의 차이를 결정할 때 이용할 수 있다. *PIM*이 상승하면 프로파일에서 방어적일 가능성을 시사하는 것이고, *PIM* 특수 규준(*PIM*-specific norm) 이하로 낮은 점수는 수검자가 특히 방어하려는 영역을 지적하는 것이다. 반대로 *PIM* 특수 규준 이상 상승한 점수는 문제의 중심 또는 수검자가 특히 강조하려고 했던 문제일 것이다. 이 규준보다 낮은 점수는 비록 일반 성인과 비교했을 때에는 여전히 상승된 범위에 해당하겠지만, 보고된 임상적 양상에서는 덜 두드러진 부분일 것이다.

특수한 맥락 규준

세 번째 대안적인 맥락 참조집단은 소규모의 규준을 사용하는 것이다. 즉, 특별한 맥락에서 수집된 자료를 표준화한 것이다. 인사 선발 장면은 특별한 맥락의 예다. PAI는 이런 장면에서 특정 직장에 선발될 수 있는지를 결정하는 한 요인이 된다. 따라서 수검자가 자신의 좋은 면을 부각하려는 수검 태도의 전형적인 맥락을 대표하고, 흔히 긍정적 인상 관리집단과 유사한 프로파일을 관찰할 수 있을 것이다. 하지만 지원 분야의 속성에 따라 기대할 수 있는 프로파일 상승 정도가 다를 것이다. 왜냐하면 지원자는 자신이 지원하는 직업 분야에 따라 바람직하거나 바람직하지 않다고 생각하는 속성이 있기 때문이다. 예를 들어, 성공한 경찰관에게 필요한 성격적 특성과 항공기 조종사 또는 핵 시설 관련자에게 요구되는 특성은 상당히 다르기 때문이다.

가장 잘 개발된 맥락 규준은 Roberts, Thompson과 Johnson(2000)이 법

주의

직업 지원자 또는 정신과 입원 환자와 같은 특수한 집단에서 수집한 규준은 동일한 장면 내 수검자 간의 예리한 변별에 유용한 반면, 일반 성인 규준은 척도 점수가 임상적으로 유의한 문제 수준에 해당하는지를 결정하는 데 유용하다.

집행 · 교정 및 공공 안전 직무 지원자를 대상으로 수집한 자료일 것이다. 공공 안전 직무 지원자는 임용 결정권자가 바람직하다고 생각하는 구체적인 성격적 특성을 기대하는 특수한 맥락에서 평가받게 된다. Roberts 등(2000)은 이와 같은 특수한 맥락에서 검사를 수행한 1만 7,757명의 응시자 자료를 수집하여 특수한 맥락 내의 다른 지원자와 특정 지원자를 대조하는 방법으로 평가 절차를 고안했다. 또한 일련의 자료에는 경찰관, 소방관 및 교환원 등 구체적인 직업 분야에서 수습 기간을 성공적으로 보낸 지원자의 규준 정보도 포함되어 있다. 특수 맥락 규준을 참조한다면 해석 시 전체적인 평가 맥락의 효과를 제거할 수 있고, 동일 맥락 내 수검자 간의 차이가 더욱 강조될 것이다.

자료를 축적함에 따라 서로 다른 평가 맥락의 규준 데이터베이스를 사용할 수 있을 것이다. 이러한 정보는 수집된 다양한 규준에 포함된 맥락 내에서 결과를 해석하는 전문가에게 유용하겠지만, 이와 동시에 PAI 표준화 표본에 근거한 기본 정보도 유념해야 한다. 예를 들면, 물질남용 치료 장면에서 수집한 PAI 규준은 *DRG*와 *ALC* 평균 점수가 상승한 맥락 규준일 것이다. 이 규준을 사용할 경우 동일한 장면의 환자는 평균 이하의 점수를 받겠지만, 일반 성인 규준을 적용한다면 평균보다 상당히 상승한 점수일 것이다. 맥락 규준은 특수한 맥락 내에서 평가받는 수검자들 간의 작은 차이조차도 구분할 수 있는 반면, PAI 표준화 표본 규준은 문제의 절대적 수준을 결정하는 데 보다 유용한 참조 근거가 될 것이다.

3단계: 개별 척도 해석

프로파일 타당도와 적절한 맥락 참조집단을 결정한 다음에는 개별적인 PAI 척도를 살펴본다. 각 척도는 현대 이론적·경험적 연구에 근거해서 서로 다른 임상적 구성개념의 주된 측면을 측정하도록 설계되었다. 척도 자료를 해석할 때에는 일반적으로 ① 전체 척도 점수, ② 하위 척도가 있는 경우 하위 척도, ③ 개별 척도 문항 순으로 검토한다.

프로파일 왜곡이 없거나 문제시되지 않을 정도인 것으로 결정되면 *T* 점수가 70 또는 그 이상 상승한 전체 척도에 해석의 초점을 맞춘다. 전체 점수가 이 범위에 해당한다면 임상적 주의가 필요한 문제 양상임을 시사한다. 어떤 척도 점수라도 중요한 임상적 문제가 시사된다면 임상 표준화 표본에 근거한 표준화 척도 점수를 산출해야 하고, 지침서 또는 채점 소프트웨어를 참고하면 된다. 임상 표본에 근거한 표준 점수는 프로파일 해석 시 특히 가장 중심이 되는 상승 척도를 결정하는 데 유용하다. 예를 들면, 일반 성인 규준을 적용할 경우 *DEP*의 *T* 점수가 80인 것은 *MAN*의 *T* 점수가 75인 것보다 더 심각한 문제처럼 보이지만 임상 장면에서 *DEP*의 *T* 점수가 80으로 상승하는 경우는 흔히 접할 수 있다.

가장 현저한 척도 상승을 가려냈다면, 다음은 상승한 하위 척도에 대해 해석할 단계다. 10개의 PAI 척도는 개념적으로 구분된 하위 척도를 포함하고, 하위 척도는 검사에서 측정하고자 하는 서로 다른 임상적 구성개념의 핵심적인 요소를 구분하는 데 유용하다. 하위 척도는 상승한 전체 척도의 의미를 명료화하는 데 유용하고, 하위 척도의 형태를 근거로 진단적 의사결정을 할 수도 있다. 예를 들면, 많은 환자가 전형적으로 현저한 불편감과 기분

주의

PAI 척도 중 10개는 개념적으로 구분되는 하위 척도를 포함한다. 10개의 척도는 각 하위 척도의 형태에 따라 해석 내용이 달라진다.

저조를 호소하여 임상 장면을 찾고, 대부분 단일 차원의 우울 척도에서 점수가 상승한다. 하지만 증후군의 다른 증상이 지적되지 않는다면 반드시 우울증으로 진단되지는 않는다. 생장 징후, 자존감 저하 및 부정적 기대가 지적되지 않으면 환자의 우울 척도 점수가 상승하더라도 우울증으로 진단하지 않는다. PAI에서 이러한 양상은 *DEP-A* 상승으로 나타날 수 있다. 즉, 기분 저조와 불편감은 현저하지만 *DEP-P*(생장 징후) 또는 *DEP-C*(인지적 징후)는 상승하지 않는다. 그러므로 이 경우 전체 *DEP*가 상승하지만 주요우울장애로 진단하지는 않는다. 왜냐하면 하위 척도 형태에서 주요우울장애 진단 준거에 부합하지 않았기 때문이다.

척도에서 가장 세밀한 정보를 알 수 있는 방법은 개별 문항에 대한 반응을 살펴보는 것이다. 개별 문항 반응을 검토하는 것은 검사 구성 및 개발 철학과 일치하는 것이다. 왜냐하면 임상적 문제 평가에 대한 유용성을 결정하는 결정적 요소가 문항 내용이라고 가정했기 때문이다. 예를 들면, 각 문항은 전문가로 구성된 패널이 검토해서 측정하고자 하는 임상적 구성개념과 직접적으로 관련된 내용인지 확인했다. 그 결과 문항 내용을 검토함으로써 수검자가 경험하는 문제의 속성을 이해하는 데 유용한 구체적인 정보를 얻을 수 있을 것이다. 문항 검토를 통해 특정 척도 점수에 대한 잘못된 해석적 가정을 바로잡을 수도 있다. 예를 들면, 공포증을 평가하는 PAI의 하위 척도(*ARD-P*)는 공통적인 임상적 관심의 대상인 공포스러운 사물이나 상황에 관한 문항을 포함한다. 하지만 구체적인 문항을 검토해 보지 않는다면 이 척도가 사회공포증 또는 대중적 상황에서의 현저한 사회적 불안에 초점을 둔 문항도 포함한다는 것을 알 수 없을 것이다. 초보 해석자는 *ARD-P* 상승이 뱀이나 거미 공포증(전형적인 공포증이지만 임상적 초점이 되는 경우는 많지 않다)을 시사하는 것으로 가정하고 실제로 척도를 상승시킨 사회적 역기능을 간과할 수 있다. 문항에 근거한 해석의 일환으로 PAI의 27문항을 결정 문항으로 지정했다. 결정 문항은 잠재적인 위기 상황에 대한 중요한 지표 및 정상인의 시인율이 매우 낮은 점 등을 근거로 결정한 것이다. 결정 문항은 서로 다른 척도에 걸쳐 다양한 내용으로 선정하였다. 결정 문항에 시인한 경우 보다 세세한 질문을 통해 문제의 속성과 심각성을 분명히 해야 한다.

개별 문항 수준에서 해석하는 것은 여러 측면에서 유용하지만, 개별 문항의 신뢰성이 제한적이고, 전체 척도 해석보다 더 많은 노력이 필요하다는 것을 염두에 두어야 한다.

4단계: 프로파일 형태 해석

프로파일 형태는 가장 상위 수준의 해석 단계다. 전통적으로 PAI와 같은 다차원 질문지 이면에는 다척도의 한 부분보다 여러 척도에서 추출된 정보가 결합되어 더 많은 정보를 제공한다는 가정이 내재되어 있다. 따라서 형태적 접근은 개별 척도에서 추출한 정보를 결합하여 전체적인 패턴으로 제시하여 수검자의 진단 또는 치료와 같은 중요한 질문에 대한 답을 제시하려는 것이다.

〈빠른 참조 4-1〉과 같이 PAI의 형태적 접근은 네 가지 다른 형식, 즉 ① 프로파일 코드 유형, ② 평균 프로파일 비교, ③ 개념적 지표, ④ 통계적 결정 규칙으로 이뤄진다. 각 접근의 근거와 장단점을 간단히 살펴보면 다음과 같다.

빠른 참조 4-1

프로파일 형태 해석 전략	
전략	기술
상승 척도쌍	가장 많이 상승한 2개의 임상 척도 고려
평균 프로파일	설정한 집단의 프로파일 유사성 결정
개념적 지표	이론에서 시사하는 지표 양상 검토
통계적 규칙	척도 점수 결합을 위해 다변량 기능 적용

프로파일 코드 유형

프로파일 형태를 기술하는 가장 단순한 방법은 상승 척도쌍에 따라 분류하는 것이다. 즉, 프로파일에서 가장 많이 상승한 두 임상 척도를 나타내는 것이다.

이러한 각각의 코드 유형이 지적하는 시사점에 대해서는 7장에서 자세히 설명하고 있다. 프로파일 해석에서 상승 척도쌍을 이용하는 것은 평가 장면에서 하나의 전통처럼 여겨진다. 하지만 척도쌍은 프로파일 형태를 완벽하게 기술하지 못한다는 것을 인식해야 한다. 첫째, 가장 많이 상승한 두 척도에 대해서만 해석하므로 검사의 다른 척도가 제공하는 정보를 간과할 수 있다. 둘째, 대부분의 PAI 임상 척도가 개념적인 하위 척도를 중심으로 구성되었기 때문에 동일한 상승 척도쌍을 보이더라도 상승 척도쌍의 하위 척도 형태에 따라서 의미 있는 차이가 지적될 수 있다. 마지막으로, 상승한 척도들 간의 차이가 크지 않은 프로파일에서 상승 척도쌍이 결정된 경우 척도 간 차이에 대한 신뢰성이 의심스러울 수 있다. 따라서 프로파일의 코드 유형은 PAI 프로파일의 형태적 해석에 대한 하나의 출발점이 될 수 있지만, 반드시 다른 접근을 추가하여 보충해야 한다.

평균 프로파일 비교

프로파일 형태를 이해하기 위한 접근 중 평균 프로파일 비교는 진단이나 증상 등이 유사한 수검자의 프로파일과 비교하는 것이다. 예를 들면, PAI 지침서에는 특정 진단(예: 주요우울장애) 또는 증상(예: 자해 행동) 등 서로 다른 다양한 집단의 평균 프로파일이 포함되어 있고, 부가적인 평균 프로파일들이 문헌에 기술되어 있다. PAI 채점 소프트웨어는 이러한 각각의 평균 프로파일과 수검자의 프로파일을 경험적으로 비교하고, 이는 역상관을 이용해서 형태적 유사성을 측정하는 방식으로 활용된다. 예를 들면, 수검자의 PAI 프로파일은 경계선 성격장애의 평균 프로파일과 .80의 상관이 있는 반면 정신분열병의 평균 프로파일과는 .20의 상관이 있을 수 있다.

이와 같은 접근은 각 사례에 관한 흥미로운 가설 설정에 도움이 되지만, 이런 식으로 제공되는 정보는 많은 측면에서 제한적이다. 이런 프로파일이 각 진단에 대한 표준적인 프로파일(prototypical profile)이라고 하기는 어렵다. 오히려 각 진단에서 공통점이 가장 적은 분모에 가까울 것이다. 정서장애의 광범위한 공병률과 임상가 간의 진단적 실제의 다양성 때문에 각 진단의 PAI 평균 프로파일이 그 진단을 가장 잘 반영하는 요소를 충분히 포함한다고 보기 어렵다. 따라서 평균 프로파일은 단지 프로파일 형태를 이해하는 출발점으로 생각해야 한다.

개념적 지표

다양한 PAI 형태적 규칙이 개발되고 연구되었다. 이러한 지표는 이론에 근거한 가설 또는 임상적 관찰에 근거한 다양한 규칙이나 전략이다.

예를 들면, 프로파일 왜곡 영역과 관련된 지표로 꾀병과 방어 지표(Morey, 1996)가 있고, 이는 5장에서 자세히 설명하고 있다. 이 지표는 모의 실험 연구에서 수집한 비일상적인 프로파일 형태를 관찰한 것이다. 임상적 의사결정 영역과 관련된 지표로는 폭력 잠재성 지표, 자살 잠재성 지표 및 치료 과정 지표(Morey, 1996)가 있고, 각 지표에 대해서는 9장에서 설명하고 있다. 이 지표들은 특별한 문제에 관한 이론적 형식이나 기존 경험적 연구에 대한 실례를 근거로 한다. 이러한 지표들이 연구 문헌에서 관심을 받기 시작했지만 교차타당화 연구가 반드시 수반되어야 한다. 그럼에도 불구하고 이러한 지표를 다른 형태적 전략과 함께 적용한다면 프로파일 형태 해석에 유용한 지침이 될 수 있을 것이다.

통계적 결정 규칙

다양한 종류의 의사결정을 위한 통계적 공식을 밝혀내기 위해 다변량 분석을 실시한 연구가 이뤄졌다. 예를 들면, 프로파일 왜곡 영역에서 변별기능 전략을 개발해서 방어(Cashel, Rogers, Sewell, & Martin-Cannici, 1995), 꾀병(Rogers, Sewell, Morey, & Ustad, 1996) 및 물질 남용 부인(Fals-Stewart, 1996)을 탐지하는 연구가 이뤄졌다. 이와 유사한 다른 노력의 예로, LOGIT 분석을 사용해서 PAI를 실시한 환자에 관한 임상가의 진단적 결정을 위한 모형을 구성하기도 했다(Morey, 1996). 이런 접근의 장점은 객관적이고 경험적인 결정 규칙이 제공되므로 구체적인 변별 기능이 가능하다는 점이다. 예를 들어, 가장된 조현병과 허위가 아닌 실제 조현병 변별에 사용할 수 있다. 단점은 이 접근에서 다변량 통계 기능을 구축하려면 표본의 크기가 상당히 커야 하고, 따라서 소수의 기능만 개발된 상태인 점이다. 또한 이런 기능에 관련된 계산이 매우 복잡하기 때문에 컴퓨터용 채점을 이용할 경우에만 사용할 수 있다. 마지막으로, 새로운 표본에 대한 일반화 가능성을 평가하는 교차타당화가 수반되어야 하며, 이런 노력이 결합되어서 교차타당화가 이미 잘 구축된 기능(예: Morey & Lanier, 1998)도 있고 제한적인 것도 있다(예: Fals-Stewart & Lucente, 1997). 그렇지만 이러한 통계적 공식을 개발하는 것은 형태적 프로파일 해석에서 유용한 부가적인 전략이 될 수 있다.

요약

PAI 프로파일 해석은 몇몇 단계로 이뤄져 있고, 각 단계에서 해석자가 유용한 정보를 평가하기 위해 사용할 수 있는 전략도 다양하다. 이어지는 장들에서는 이 프로파일 해석 과정에서 사용할 수 있는 유용한 전략들에 대해 보다 상세하게 살펴본다.

TEST YOURSELF

1. 전형적으로 PAI 프로파일 해석의 첫 단계는 프로파일 왜곡 여부와 그 정도를 평가하는 것이다. 예/아니요

2. 임상 장면에서 평균에 해당하는 임상 척도 점수는 임상 장면에서 매우 흔한 점수이므로 프로파일 해석 시 무시해도 된다. 예/아니요

3. 척도 점수가 임상적으로 유의한 수준에 해당하는지 결정하기 위해 어떤 참조집단을 비교집단으로 삼아야 하는가?
   ㉮ 일반 성인 규준 ㉯ 임상 규준
   ㉰ 특수 맥락 규준 ㉱ 특수 반응 양식 규준

4. 개별 문항 해석은 유용한 정보를 제공하지 않으므로 실시할 필요없다. 예/아니요

5. PAI 프로파일과 진단집단의 평균 프로파일을 비교하는 접근의 단점은 무엇인가?
   ㉮ 두 상승 척도의 점수만 비교한다.
   ㉯ 이런 프로파일의 유사성 정도를 측정하지 못한다.
   ㉰ 동일한 진단집단 내 이질성
   ㉱ 프로파일 형태의 비신뢰성

6. 프로파일 기록지의 임상적 실선을 넘지 않으면 임상적으로 유의한 점수가 아니다. 예/아니요

7. 방어적 수검자의 특정 척도 점수가 비일상적인지 결정하는 방법은 무엇인가?

8. PAI 규준 자료는 1만 7,000명 이상의 공공 안전 직무 지원자에게 유용하다. 예/아니요

정답 1. 예 2. 아니요 3. ㉮ 4. 아니요 5. ㉯ 6. 아니요 7. 특수 반응 양식 규준 사용 8. 예

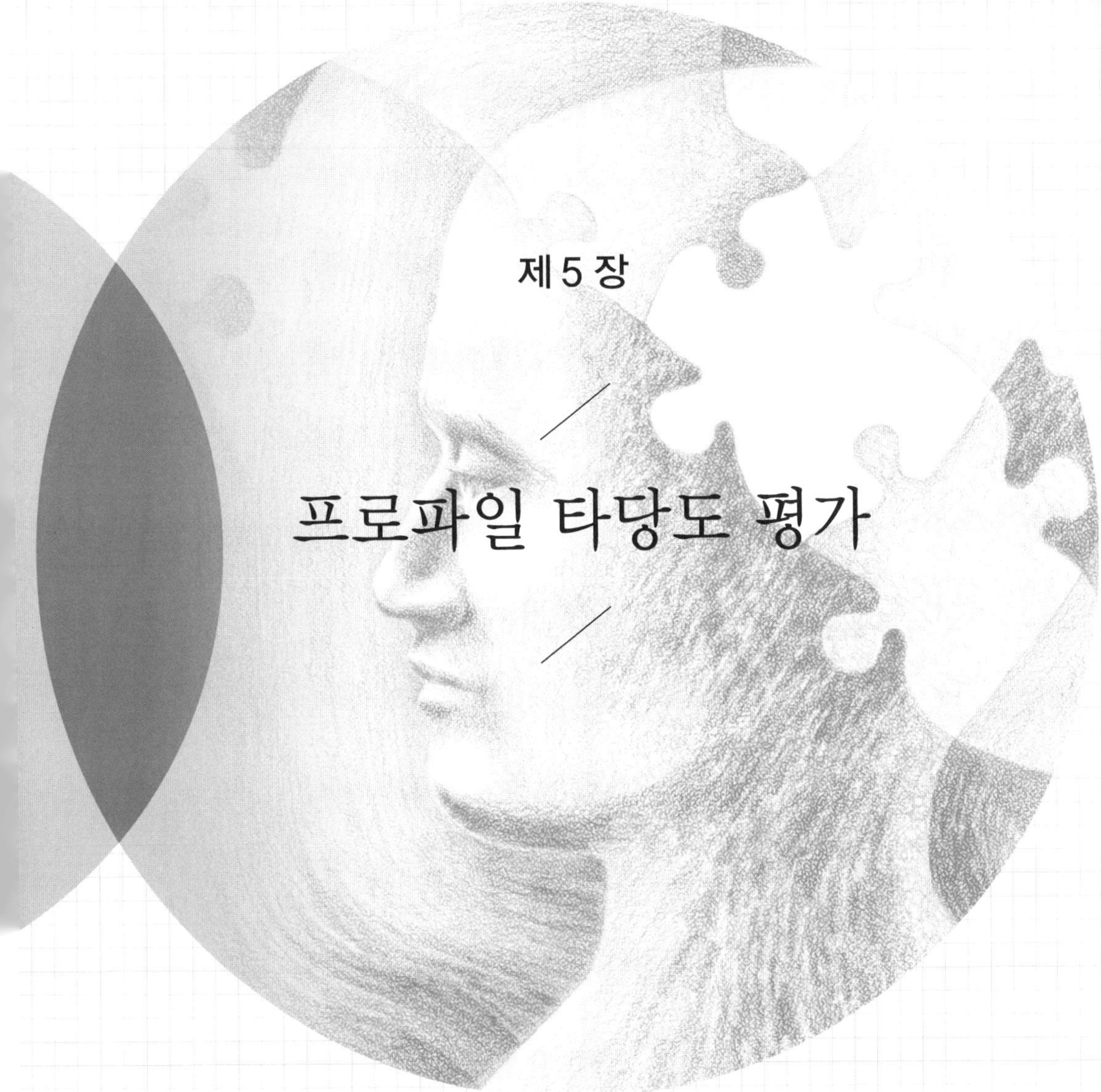

제 5 장

프로파일 타당도 평가

Essentials of

PAI

Assessment

제5장

프로파일 타당도 평가

심리평가가 개발된 초기부터 심리평가와 관련된 한 가지 어려움은 자기보고에 의한 정보가 수검자의 심리적 상태를 얼마나 정확하게 반영하는가 하는 것이다. 자기보고에 의한 정보가 왜곡되는 이유는 다양하다. 첫째, 자기보고 정보를 제공받는 사람을 속이려는 것이다. 이런 수검자는 실제보다 자신이 잘 적응하거나 적응하지 못하는 것처럼 보이기 위해 반응을 왜곡할 수 있다. 둘째, 통찰력이 부족하거나 자기기만 때문에 왜곡된 반응을 할 수 있다. 이런 수검자는 자신이 매우 잘 적응하거나 또는 잘 적응하지 못한다고 믿지만, 이러한 믿음은 객관적 관찰자의 인상과 다를 수 있다. 셋째, 혼동이나 부주의 또는 검사에 대한 무관심 때문에 자기보고 내용이 왜곡될 수 있다. 수검자가 특별한 주의를 기울이지 않고 반응하거나 무선적으로 반응할 경우 자신의 경험을 정확하게 반영하지 못하는 결과가 나올 수 있다.

검사 개발자들은 이러한 지적들을 바탕으로 하여 반응을 왜곡하는 원인을 평가할 수 있는 척도를 개발하게 되었다. PAI는 자기보고형 질문지의 결과를 왜곡시킬 수 있는 요인을 평가하는 4개의 타당도 척도를 포함하고, 이 척도를 보충하기 위해 구성한 지표와 해석 과정이 있다. 타당도 척도 가운데 어느 한 척도가 상승하더라도 다른 척도들을 신중하게 검토해야 하고, 결과 해석은 잠정적인 가정으로 간주해야 한다. 일반적으로 타당도 척도 중 어느 척도라도 대표적인 임상 표본점수의 표준편차가 2 이상 벗어날 경우 수검자의 반응 양식에 의해 크게 왜곡되었을 가능성이 있다. 이럴 경우 검사 결과가 시사하는 정보의 신뢰도는 낮으므로 다른 정보원에서 얻은 정보를 근거로 PAI 프로토콜을 해석하는 것이 바람직하다.

이 장에서 살펴볼 구체적인 왜곡 유형은 세 가지로, ① 부주의, 무선 반응 또는 특이 반응, ② 필요 이상 부정적인 결론을 내리도록 하는 반응, ③ 보다 긍정적인 임상 양상을 반영하는 반응이다.

부주의 또는 특이 반응 탐지

자기보고 검사의 임상 척도가 상승했다면 몇 가지 원인을 살펴봐야 한다. 한 가지 가능성은 반응 양식으로, 수검자가 혼동, 무관심, 저항 또는 수검·채점 시의 수리적 오류 등에 의해 문항에 무선적으로 반응한 경우다. PAI 문항이 심각한 정신병리를 시사하고 시인율이 낮기 때문에 수검자가 혼동, 무관심, 저항을 보일 경우 정신병리를 시사하는 다수의 문항을 시인하게 되어 프로파일이 현저하게 상승될 수 있다. PAI의 두 가지 타당도 척도인 *ICN*과 *INF*는 이런 왜곡 유형을 탐지하기 위한 것이다.

비일관성(*ICN*)

> **중요**
>
> *ICN*과 *INF*는 부주의한 수검 태도로 상승될 수도 있지만, 독해력 또는 언어 문제, 혼동 및 수리적인 채점 오류에서 비롯될 수도 있다.

비일관성(inconsistency: *ICN*) 척도는 경험적으로 고안된 것으로서 유사한 내용의 문항에 대한 일관된 반응 양상을 반영한다. *ICN*은 연관된 내용의 문항 쌍 10개로 구성된다. 5쌍은 서로 비슷하게 반응해야 하고, 5쌍은 반대되는 내용이다. *ICN*을 구성하는 문항은 PAI 개발 과정 동안 경험적으로 가장 유사한 내용으로 밝혀진 쌍이다. 각 문항 쌍을 구성하는 문항의 내용은 비슷하지만 각 문항 쌍의 내용은 서로 다르기 때문에 *ICN*은 반응 일관성 이외의 다른 특별한 구성개념을 평가하지 않는다.

*ICN*은 측정오차를 반영하고자 했고 이론상 무선 반응이므로 다른 실제적인 구성개념과는 상관이 없고, 다른 척도와의 상관도 대부분 낮다. *ICN*과의 상관 중 가장 높은 값은 Marlowe-Crowne의 사회적 바람직성 척도(Crowne & Marlowe, 1960)와의 상관인 -.24다. 이 상관 역시 낮지만, 사회적으로 바람직한 방향으로 응답하려는 수검자조차도 *ICN* 문항에 일관되지 않게 반응한다는 것을 보여 준다. 따라서 사회적 바람직성에 인상관리 요소가 포함될 경우 자기 제시(self-presentation)를 관리하려는 수검자는 주의해서 반응할 것이다. 이는 *ICN* 상승은 인상관리 노력의 결과에서만 비롯되는 것은 아니라는 점을 시사한다. 일관성이 없는 사람은 진실을 말하지 않는 것으로 간주하는 것과 마찬가지로, *ICN*도 이와 동일하게 해석하는 경우가 흔하다. 하지만 원하는 방향으로 의식적으로 반응을 왜곡하려고 한다면 결코 *ICN*이 상승하지 않을 것이다. *ICN*은 오히려 반응의 부주의 또는 혼동을 반영할 가능성이 높다.

ICN 상승 원인 중 가장 흔히 관찰되는 것은 문항에 주의하지 못한 것이다. PAI에는 부정어가 포함된 부정문 문항이 비교적 적은 편이지만 *ICN*에

중요

ICN 상승의 흔한 원인은 독해력 문제로서, 전형적으로 부정어를 포함한 문항, 예컨대 "잠들기가 어렵다."와 같은 문항을 혼동해서 상승할 수 있다.

포함된 부정 문항은 수검자가 그런 문항을 어떻게 해석하는지를 잘 반영할 수 있다. 주의를 제대로 기울이지 못한다면, "나는 잠드는 데 어려움이 없다(I have no problem falling asleep)."는 문항을 "나는 잠드는 데 어려움이 있다(I have problem falling asleep)."로 읽을 수 있을 것이다. 이런 양상은 수검자가 질문지를 수행하는 동안 문항을 주의 깊게 읽지 않았다는 것을 반영한다. 이와 관련된 또다른 *ICN* 상승의 원인은 독해력 문제다. 즉, 수검자의 독해력이 문항을 이해하는 데 필요한 4학년 수준에 미치지 못한다는 의미다. 이런 예는 영어를 제2외국어로 사용하는 수검자에게서 흔히 볼 수 있다. 이들은 말을 유창하게 하더라도 독해력은 그에 미치지 못할 수 있다.

*ICN*의 분포는 임상 장면 수검자의 *ICN*이 정상적으로 기능하는 수검자보다 다소 높으므로 임상 수검자가 덜 일관되게 반응하는 것으로 볼 수 있지만, *ICN* 분포는 두 집단에서 대체로 비슷하다. 오히려 무선 반응 모의실험의 경우 임상과 정상 표본의 분포와 현저하게 다르다. 일반적으로 *T* 점수가 64로 낮은 경우 PAI의 문항에 일관되게 반응했고 적절히 주의를 기울였다는 것을 의미한다. *T* 점수가 64~73으로 중간 정도 상승한 경우 문항에 일관되지 않게 반응한 것을 시사한다. 이런 비일관된 반응은 부주의 또는 혼동에서 인상관리 시도에 이르기까지 다양한 이유에서 비롯되었을 수 있다.

T 점수가 73 이상 상승한 경우, *ICN*은 수검자가 검사 문항에 일관되게 반응하지 않았고 주의를 기울이지도 않았다는 것을 시사한다. 이 범위에 해당한다면 부주의, 독해력 문제, 혼동, 언어 문제, 채점 오류, 검사 지시 불이행 등 다양한 원인이 작용되었을 것이다. 하지만 원인이 무엇이든 검사 결과는 타당하지 않은 것으로 간주해야 하고, PAI 임상 척도 해석은 하지 않는 것이 좋다.

저빈도(*INF*)

저빈도(infrequency: *INF*) 척도는 부주의, 혼동, 독해 문제 또는 다른 무선 반응 원인 때문에 비전형적인 방식으로 PAI에 반응한 수검자를 탐지하는 데 유용하다. *INF*의 문항은 임상적 상태에 관계없이 모든 수검자가 유사한 방향으로 반응할 수 있는 내용으로 구성되어 있다. 문항의 절반은 아니요로 반응해야 하고(예: "나는 김정태 시인을 가장 좋아한다."), 나머지 절반은 매우 그렇다로 반응해야 한다(예: "대부분 게임에서 지기보다 이기고 싶어 한다."). *INF* 문항은 PAI 전체에 걸쳐 일정하게 배치되었다. 검사 수행 중 어느 시점부터 문제시되는 반응을 했는지 알아보기 위해서다. 척도 내 문항들 간에는 별다른 연관성이 없다. 문항에 대한 시인율은 정상 및 임상 표본에서 모두 낮다. 이는 MMPI의 *F* 척도와 대조적이다. *F* 척도의 문항 내용은 정신병리적 증상과 중첩되어 임상 표본의 경우 *F* 척도가 상승할 수 있다. 따라서 정상 표본은 발생 빈도가 낮지만 임상 수검자라면 타당한 반응일 수 있다.

INF 문항 내용은 발생 빈도가 낮은 현상을 나타내는 것이지 "나는 빌딩을 본 적이 없다."와 같이 기이한 내용으로 구성된 것은 아니다. 예를 들면, 한 문항은 수검자가 가장 좋아하는 취미가 활 쏘기와 우표 수집인지 질문한다. 두 취미는 사실상 서로 반대되는 활동이므로 두 가지 취미를 동시에 즐길 사람은 드물다. 하지만 불가능한 것이 아니라 단지 아주 드문 것이다. 척도의 각 문항이 매우 드문 내용이므로, 한두 개 이상의 문항에 시인한 수검자는 매우 특이한 사람임에 틀림없을 것이다.

*INF*는 주로 반응의 부주의성을 측정하기 위한 것이다. 하지만 *INF* 상승 이면에는 또 다른 요소가 있다. 그것은 PAI 문항에 매우 독특하게 반응하려는 경향이다. *INF* 문항에 대해 간단히 질문해 보면 두 가지 상승 원인을

쉽게 구분할 수 있을 것이다. 특이하게 반응한 수검자라면 자신이 문항을 시인한 이유에 대해 설명하고 문항을 비일상적인 방식으로 해석했다고 설명할 것이다. 하지만 문항에 대한 개인 특유의 추론이 실제 문항 내용과 일관되지 않거나 글자 그대로가 아닌 수식어를 많이 사용하면서 설명한다면 검사 결과를 있는 그대로 해석해서는 안 된다. 이들은 대부분의 사람과는 다른 방식으로 검사에 접근하므로 자기보고형 도구의 결과를 그대로 해석하면 안 된다.

INF 분포는 정상과 임상 표본이 거의 유사하지만 무선 반응 모의 실험 분포와는 매우 다르다. 일반적으로 *T* 점수가 60 이하일 경우 수검자가 문항 내용에 주의를 적절히 기울여 반응했다는 것을 의미한다. 중간 정도로 상승한 경우(60~75) 비일상적으로 반응했을 가능성을 지적하고, *T* 점수가 75에 가까울수록 읽기 문제, 무선 반응, 혼동, 채점 오류, 개인 특이적 문항 해석 또는 검사 지시 사항에 따르지 못한 점 등의 원인이 작용했을 것이다. *INF*가 이 범위에 해당된다면 PAI에 대한 해석적 가설을 주의해서 검토해야 하고, 임상 척도 결과를 해석하기에 앞서 *INF* 반응에 대해 질문할 필요가 있다.

*INF*의 *T* 점수가 75 이상 상승하였다면, 수검자는 문항 내용에 적절히 주의를 기울이지 않았다는 것을 시사한다. 완전히 무선적으로 반응하게 되면, *INF*의 평균 *T* 점수는 86이다. 이 범위에 해당하게 된 원인은 읽기 또는 언어 문제, 무선 반응, 혼동, 채점 오류, 검사 지시 사항을 이해하지 못한 것 등을 포함해서 다양하다. 원인이 무엇이든 프로파일은 타당하지 않고, 임상 척도에 대한 해석을 보류해야 한다. 하지만 구체적인 *INF* 문항에 대해 검토하면 유용한 정보를 얻을 수 있을 것이다. 예를 들면, 질문지 뒷부분의 *INF* 문항에만 모두 시인했다면 수검자는 검사 수행 초기에는 주의를 적절히 기울이다가 반 정도 수행한 이후부터 무선적으로 반응한

것을 알 수 있을 것이다. 이럴 경우 대부분의 PAI 척도 점수의 추정치는 첫 160문항을 근거로 추출할 수 있다. 이 절차는 검사 지침서 11장에 기술되어 있다(Morey, 1991).

무선 반응: 척도 형태

PAI 무선 반응에서 가장 두드러진 프로파일 특성은 *INF*와 *ICN*이 타당한 프로파일의 범위보다 훨씬 상승하는 것이다. 이런 결과는 실제 프로토콜에서는 흔하지 않다. 일반 성인 표본과 임상 표본에서 *INF*와 *ICN*이 권고하는 분할 점수 이상으로 상승한 비율은 0.2%에 불과했다. 무선 프로파일에서 *NIM*이 상승하지만 꾀병 모의 실험 프로파일에서만큼 상승하지 않는 경향이 있다. 일반적으로 *INF*와 *NIM*이 동시에 상승하고 두 척도의 *T* 점수 차이가 10 이하라면, 이는 무선 반응을 시사한다. 꾀병 프로토콜에서 *NIM*은 *INF*의 *T* 점수보다 전형적으로 20 이상 상승한다.

무선 반응의 경우 비일상적인 문항에 대해 시인한 반응도 있을 것이므로 전반적으로 프로파일이 상승한다. 하지만 꾀병 프로토콜만큼 현저하게 상승하지는 않는다. 예를 들면, 무선 반응 프로파일에서는 하위 척도 중 절반의 *T* 점수가 70 이상 상승한다. 무선 프로파일에서 주목할 만한 또 다른 특징은 임상 척도들 간의 변별이 뚜렷하지 않고, 대부분 척도의 *T* 점수가 65~75 범위에 해당한다는 점이다. PAI는 변별타당도를 강조했기 때문에 척도들이 모두 비슷한 범위로 상승하는 경우는 드물다. 무선 프로파일의 경우, 예컨대 불안과 반사회적 특성 또는 우울과 높은 자존감처럼 한 사람에게서 동시에 나타나기 어려운 임상적 특징들이 동시에 상승하는 형태를 보인다. 일반적으로 꾀병 프로파일은 무선 프로파일보다 더 상승하는 경향이 있다. 왜냐하면 무선적으로 반응해서 병리적으로 또는 건전하게 보일 수 있는 것보다 병리적으로 보이는 반응을 일관되게 하기가 더 쉽기 때문이다. 또한 꾀병 프로파일은 척도 간의 구분이 더욱 명확하다. 예를 들면, 병리적 상태를 가장할 경우 *SCZ*는 현저하게 상승하는 반면 *MAN*은 일관된 영향을 덜 받는다.

프로파일 왜곡의 실질적 원인

앞서 설명한 무선 프로파일 왜곡의 원인과 달리 자기보고 자료의 해석을 체계적으로 방해하는 원인도 있다. 이러한 유형의 왜곡은 보다 흔하면서도 찾아내기 어렵다. 따라서 이런 요소가 성격 평가에서 특히 어려운 과제이기도 하다. 하지만 이런 왜곡 유형은 무선적이지 않고 체계적인 경향이 있으므로, 오히려 예측 가능하다. 예측할 수 있으므로 왜곡의 속성을 이해할 수 있다는 희망을 가질 수 있고, 이런 영향을 보상할 전략을 마련할 수도 있다. 체계적인 프로파일 왜곡으로 검사 프로토콜에서 수검자의 문제가 과도하게 보고되거나 축소 보고될 수 있다. 외현적 · 내현적 왜곡이 발생될 수도 있다. 외현적 왜곡이 수검자가 의도적으로 임상적 문제를 조작하려고 시도하는 것이라면, 내현적 왜곡은 수검자가 대체로 자동적인 인지 또는 지각 과정에 노출되어 자기 지각이 왜곡되어 스스로도 인식하지 못하는 것이다. 이 과정은 상호 배타적이지 않고 외현적 유형과 내현적 왜곡 유형이 동시에 발생할 수도 있다. 더구나 왜곡의 방향도 동일한 수검자에게서 상반되게 나타날 수 있다. 이럴 경우 수검자는 특정 영역의 점수는 상승시키면서 다른 영역은 억제시킬 것이다. 이와 같이 왜곡과 관련된 문제는 매우 복잡하기 때문에 자기보고형 임상 평가의 해석 시 가장 어려운 도전 과제다.

다음에서는 수검자가 자신의 문제와 증상을 과도하게 또는 축소하여 보고하는 데 영향을 미치는 요인을 탐지하고 해석하는 다양한 절차에 대해 살펴본다. 이러한 지표를 검토할 때 왜곡의 정도, 달리 말하면 단순히 프로파일이 타당하지 않다고 기술하는 것이 아니라 어느 정도로 왜곡되었는지를 알아야 의사결정을 할 수 있다는 의미다. 또한 어떤 경우에는 상반되는 병리적 방향 또는 건전한 방향으로 프로파일을 위장시킬 수 있겠지만 그렇다고 반드시 상호 배타적이지는 않다. 따라서 하나의 프로파일에 다양한 왜곡 원인이 동시에 작용할 수 있다.

부정적 프로파일 왜곡 탐지

부정적 프로파일 왜곡(negative profile distortion)이란 객관적으로 필요한 정도 이상으로 프로파일을 병리적으로 보이도록 하는 것을 의미한다. 부정 왜곡의 가장 극적인 예는 꾀병이고, 꾀병은 이차 이득을 획득하려는 동기에서 의도적으로 증상을 거짓으로 또는 상당히 과장해서 보고하는 것이다. 어떤 경우에는 외적인 보상이 아닌 보호자로부터 관심을 받거나 환자 역할을 지속하기 위해 부정 왜곡을 시도한다. 이와 같은 양상은 허위성 장애로 진단될 수도 있다. 또 다른 경우 수검자가 프로파일에 자기 보고한 증상의 내용과 객관적으로 지적된 임상적 증상이 현저하게 다를 수 있다. 이와 같이 현저한 왜곡이 지적된다면, 프로파일은 수검자의 경험을 객관적으로 반영하는 것이 아니라 수검자가 임상가로 하여금 알아주기를 바라는 것을 직접적으로 반영하는 것이다.

하지만 부정적 프로파일 왜곡의 원인 중에 의도적이지 않은 것도 있다. 이는 정신병리의 일부분 또는 그 자체일 수도 있다. 즉, 특징적인 지각적·인지적 특성이 부정적 반응 양식으로 작용한다. 특정 정신장애의 경우 자신과 타인 및 주변 상황에 대해 객관적인 관찰자가 관찰하는 것보다 더 부정적으로 지각한다. 우울 환자는 주변 사람에게는 유능하고 효율적으로 보이지만 자기 자신을 유능하지 않고 부적절하다고 생각한다. 임상가에게는 크게 중요하지 않은 것으로 보이는 상황도 경계선 성격장애 환자는 극복할 수 없는 위기로 받아들인다. 각각의 경우, 환자는 자신의 문제와 상황을 객관적인 관찰자보다 더욱 부정적인 방식으로 바라본다. 하지만 이들은 꾀병을 부리는 것이 아니다. 사실상 이들은 심각한 정신장애를 앓고 있는 것이다. 임상가는 이러한 지각적 양식이 반응 양상에 어떤 영향을 미치는지 인식하고 PAI 프로파일을 해석해야 한다.

여기서 설명하는 지표들은 서로 다른 과장 보고 왜곡 유형에 따라 서로 다른 정도로 영향을 받는다. 따라서 부정적 왜곡에서 의도적인 왜곡과 비의도적인 왜곡의 원인을 상대적으로 구분해서 사용한다. 세 가지 지표, 즉 *NIM*, 꾀병지표, Rogers 판별함수는 부정 왜곡을 탐지하기 위해 개발되었다. 네 번째 지표인 Cashel 판별함수는 부정 왜곡 탐지 지표로도 사용되지만 긍정 프로파일 왜곡을 측정하기 위해 개발되었기 때문에 다음 부분에서 설명할 것이다.

부정적 인상(*NIM*)

일반적으로 부정 왜곡 평가의 출발점은 부정적 인상(negative impression: *NIM*) 척도다. 한 가지 짚고 넘어가야 할 점은 *NIM*이 꾀병 척도가 아니라는 점이다. *NIM*은 단지 해석자에게 수검자가 다른 사람이 생각하는 것보다 더 부정적인 인상을 주려고 했을 가능성을 일깨워 주기 위한 척도다. 다시 말하면, *NIM*이 상승할 경우 객관적 관찰자가 수검자에 대해 기술하는 것보다 더 병리적으로 보일 것이다. *NIM* 문항은 정상 표본과 임상 표본에서 모두 시인율이 낮은 점을 기준으로 선정되었다. 하지만 *NIM* 문항은 분명히 정상 성인보다 임상 표본에서 시인율이 더 높다. 분명하고 심각한 정서 문제가 있는 수검자라면 *NIM* 점수가 상승할 것이고, 혼동될수록 점수가 상승한다. 예를 들면, PAI 임상 규준 표본에서 정신병 외래 환자의 *NIM* 평균 *T* 점수는 59(일반 성인 표본의 평균 점수보다 표준편차가 1 상승한 점수)였던 반면, 입원 환자의 평균 *T* 점수는 65(일반 성인 평균 점수보다 표준편차가 1.5 상승한 점수)였다.

*NIM*이 정신병리가 아닌 반응 양식을 측정하는 척도라면 정신병리와 *NIM* 상승 간에 이런 관계가 어떻게 발생하는가? 이 질문에 대한 답은 특정한 정신장애와 부정 반응 양식에 영향을 주는 특징적인 지각적 · 인지적 특성 간의 관계에 있다. 서로 다른 다양한 정신장애 때문에 수검자는 자기 자신, 타인 및 자신이 처한 상황을 더 부정적으로 보게 된다. 부적절감이 있는 우울 환자는 타인의 눈에 능력이 있고 효율적으로 보일 수 있다. 편집증적인 수검자는 믿을 만한 대인관계에서도 의심을 품는다. 임상가에게는 비교적 운이 좋게 보이는 상황도 경계선 환자는 극복할 수 없는 장애로 받아들인다. 이러한 왜곡은 분명히 정신병리를 반영하는 것이지만, 임상가는 PAI 프로파일을 해석할 때 이러한 지각 양식의 영향에 대해 인식해야 한다.

*NIM*의 문항은 두 유형으로 구분될 수 있다. 한 유형은 자신과 현재 상황에 대해 과장하거나 왜곡하여 기술한 것이고, 다른 한 유형은 극도로 기이하고 없을 것 같은 증상에 관한 것이다. 두 유형 모두 자기보고를 부정적인 방향으로 왜곡시킬 수 있다. 부정적 측면을 과장하는 수검자는 매우 병리적인 인상을 줄 수 있는 자기보고를 할 것이다. 앞서 지적했듯이, 이런 반응 양식은 실제로 다수의 정신병리 증후군을 구성하는 요소이지만, *NIM*은 변별타당도를 강화할 수 있고, 정신병리에 따른 지각적 양식 때문에 발생하는 왜곡 정도를 반영할 것이다. 때때로 왜곡이 너무 심해서

> **주의**
>
> 연구에 따르면, *NIM* 척도는 약한 형태의 장애를 가장할 경우 보다 심각한 정신장애를 가장하려고 노력한 점을 더 잘 탐지한다. Rogers 판별 함수는 불안 또는 우울 등의 증상을 가장한 노력을 더 효율적으로 탐지한다.

해석 가능성이 의심스러울 때도 있다. 그렇다고 해서 수검자가 꾀병을 부렸다는 의미는 아니다. 심각한 왜곡이 발생했기 때문에 검사 결과가 타당하지 않고, 따라서 각 척도 점수를 있는 그대로 해석할 때 상당한 주의가 필요하다. 그럼에도 불구하고 그 결과는 수검자가 자신과 자신의 상황에 대해 느끼는 것을 정확하게 묘사한 것이다.

하지만 이와 같은 환자 집단의 *NIM* 점수는 정신장애 환자를 가장해서 반응하도록 한 연구 집단의 *NIM* 점수보다 낮다. 따라서 *NIM*은 꾀병을 탐지하는 적절한 출발점이다. 왜냐하면 *NIM*의 또 다른 요소는 꾀병과 상당히 관련되어 있기 때문이다. 이 문항들은 정신병리 증상인 것처럼 쓰여 있지만, 사실은 임상 표본에서 극히 드물거나 존재하지 않는 증상들이다. 문항 내용이 다양하지만 매우 극적인 증상으로 보이고, 전형적인 정신장애를 그린다는 특징을 공유한다. 실제로 몇몇 문항은 해리성 장애의 특징을 띠고, 심각한 해리성 장애의 경우 *NIM* 점수가 현저하게 상승하는 것을 관찰할 수 있을 것이다. 문항 내용에 대한 개인 특이적 반응도 *NIM* 점수를 상승시키는 요인이다. 하지만 이럴 경우 *INF*도 함께 상승하는 경향이 있다. 맥락에 관계없이, *NIM* 문항에 대해 긍정 반응을 할 경우 각 문항에 대해 질문해 볼 필요가 있다.

일반적으로 낮은 *NIM*(*T* 점수 73 이하)은 임상 척도에서 부정 왜곡을 하지 않았음을 시사한다. 수검자는 임상적 양상 이상으로 부정적 인상을 주고자 하지 않았다. 중간 정도의 상승(*T* 점수 73~84)은 호소와 문제가 과장되었을 가능성을 시사한다. 상승한 임상 척도에 대한 어떠한 해석적 가설도 주의해야 한다. 왜냐하면 검사 결과의 범위(extent)와 수준(degree)이 과장되었을 가능성이 있기 때문이다. *T* 점수가 84~92에 해당한다면 왜곡 가능성은 더욱 증대된다. 이 범위에 해당하면 도움의 호소 또는 자신과 자신의 삶에 대한 극단적으로 부정적인 평가를 반영하고, 임상 양상에 대한 의도적인 왜곡도 있을 것이다. *T* 점수 84는 꾀병과 실제 환자를 변별할 수 있는 최적의 분할 점수인 것으로 나타났다.

*NIM*의 *T* 점수가 92 또는 그 이상으로 상승한 경우 수검자가 자신을 특히 부정적으로 보이려고 시도했다는 것을 시사한다. 문항 내용은 부주의한 반응, 극도로 부정적인 자기 제시 또는 꾀병을 시사한다. 심각한 정신장애를 가장시킨 연구의 수검자 *NIM* 평균 *T* 점수는 전형적으로 110을 초과하지만, PAI를 완전히 무선적으로 반응한 경우 *NIM*의 평균 *T* 점수는 대략 96이다. 이럴 경우 원인에 관계없이 검사 결과는 타당하지 않고, PAI의 다른 척도에 대한 임상적 해석에서 수검자가 실제로 이런 증상을 경험한다고 보는 것보다는 특정한 증상을 보고하고자 했다고 가정하는 것이 적절할 것이다.

다수의 연구를 통해 꾀병지표로서의 *NIM* 유용성을 확인할 수 있었다. 검사 지침서(Morey, 1991)를 보면 대학생에게 심각한 정신장애가 있는 것처럼 가장해서 반응하도록 지시한 연구 결과가 자세히 설명되어 있다. 실제 임상 장면의 수검자와 꾀병 표본의 분포를 살펴보면 *T* 점수가 84에서 교차했다. 이 분할 점수를 이용해서 꾀병을 탐지한 결과, 실제 임상 표본에서의 민감도는 88.6%이고 특이도는 89.2%였다. 임상 표본의 2 표준편차 *T* 점수인 92를 적용하면 민감도는 86.5%이고, 특이도는 94.1%였다. 후속 연구들도 꾀병 탐지에 대한 *NIM*의 유용성을 지지했다. 예를 들면, Morey와 Lanier(1998)의 연구에서 실제 임상 집단과 왜곡 집단의 변별에 대한 효과크기는 1.63 표준편차였다. *T* 점수 81을 분할 점수로 적용했을 때 꾀병 반응을 탐지하는 민감도는 88.6%, 특이도는 88.9%였다. 이와 마찬가지로, Scragg, Bor와 Mendham (2000)은 꾀병 수검자와 외상후 스트레스 장애 환자 판별에서 *NIM*의 민감도는 54%, 특이도는 100%였다고 보고했다.

그러나 후속 연구들은 *NIM*의 꾀병 탐지 효율성을 제한할 수 있는 상황적 변인들을 밝혔다. 예를 들면, Rogers, Ornduff와 Sewell(1993)은 관련 지식이 전혀 없는 수검자와 임상 및 상담심리학 대학원생과 같이 전문 지식이 있는 수검자에게 특정 장애를 가장하라고 지시하고, 꾀병으로 지적되지 않을 경우 금전적 보상을 준다고 했을 때 *NIM*이 두 유형의 수검자를 탐지하는 효율성을 비교했다. Rogers 등의 연구에서 제안한 *NIM* 분할 점수를 적용했을 때 조현병을 가장한 수검자의 90.0%, 우울증을 가장한 수검자의 55.9%, 불안장애를 가장한 수검자의 38.7%를 성공적으로 탐지했다. 이와 대조적으로 통제집단에서는 단지 2.5%만 가장된 프로파일로 지적되었다. Rogers 등은 *NIM*이 심각한 장애에 대한 꾀병을 탐지하는 데 효율적이라고 결론 내렸다. 수검자의 전문 지식 보유 정도는 크게 영향을 미치지 않았다는 점이 흥미롭다. *NIM*은 지식이 전혀 없는 표본과 전문 지식을 보유한 표본에서 모두 효율적이었다. Gaies(1993)는 임상적 우울을 가장하는 것에 초점을 둔 유사한 연구를 수행했다. 그 결과, 전문 지식이 있는 꾀병 표본의 *NIM* 평균 *T* 점수는 92, 지식이 없는 꾀병 표본의 평균 *T* 점수는 81이었다. 두 모의 실험 집단은 정직하게 반응한 표본에 비해 *NIM* 척도 점수가 상승했지만 Rogers 등의 연구 결과와 비슷했으며, 이는 우울증과 같은 약한 정신장애를 가장하려는 수검자는 *NIM* 점수가 중간 정도로 상승한다는 것을 시사한다. Bagby, Nicholson, Bacchiochi, Ryder와 Bury(2002)의 연구에서도 이와 유사한 결과를 확인할 수 있다. 이들은 꾀병지표에 대한 코칭의 서로 다른 효과를 연구했다. 꾀병 표본은 대부분 우울증을 가장했는데, 실제 환자와 가장된 환자 간 *NIM* 차이의 효과크기가 대략 1.5 표준편차였다. 이는 Morey와 Lanier(1998) 연구에서 심각한 정신병리를 가장하려고 했던 표본의 1.63 표준편차보다 낮은 값이다. 선행 연구와 마찬가지로, Bagby 등의 결과는 코칭도 *NIM* 효율성에 영향을 미치지 않는다는 것을 시사한다.

요약하면, *NIM*은 PAI의 꾀병 평가에서 한몫을 하지만 역시 제한점이 있다. 심각한 정신장애를 가장할 경우 효과적으로 탐지할 수 있지만 약한 장애 형태를 가장할 때에는 덜 민감하다. 가장하는 정신장애 유형에 따른 제한점과 더불어 *NIM*은 꾀병에 대한 특수한 지표로서의 유용성은 제한적이다. 왜냐하면 *NIM*은 객관적으로 필요 이상으로 부정적인 인상을 주도록 하는 반응 양식을 측정하기 위한 척도이지 꾀병 척도로 제작한 것은 아니기 때문이다.

꾀병지표

꾀병지표(malingering index)는 꾀병을 탐지할 수 있는 보다 구체적인 지표가 필요해서 개발한 것이다(Morey, 1996). 꾀병지표는 PAI 프로파일의 여덟 가지 형태적 특성으로 구성되었는데, 이는 실제 임상 환자가 아니라 정신장애, 특히 심각한 장애를 가장한 수검자 프로파일에서 흔히 관찰할 수 있는 특징들이다. 이 특성들은 〈빠른 참조 5-1〉에 제시되어 있다. 꾀병지표는 8개 프로파일 특징 중 해당하는 항목의 개수로 결정되므로 0~

빠른 참조 5-1

꾀병지표의 형태적 지표
1. *NIM* ≥ 110
2. *NIM* − *INF* ≥ 20
3. *INF* − *ICN* ≥ 15
4. *PAR-P* − *PAR-H* ≥ 15
5. *PAR-P* − *PAR-R* ≥ 15
6. *MAN-I* − *MAN-G* ≥ 15
7. *DEP* ≥ 85 및 *RXR* ≥ 45
8. *ANT-E* − *ANT-A* ≥ 10

8점 범위다.

꾀병지표의 특성을 살펴보면, 기본적으로 타당도 척도가 상승한 것부터 임상 및 하위 척도에서의 구체적이고 기이한 형태적 특성에 이른다. 타당도 척도 특징을 보면 한 항목은 *NIM*의 *T* 점수가 110 또는 그 이상 상승한 것이다. 꾀병 평가에서 *NIM*의 제한점에 대해서는 앞에서 설명했다. 임상 표본에서 *NIM*이 상승하는 경우가 드물지는 않지만 표준 지시하에서 실시할 경우 *T* 점수가 110 또는 그 이상 극도로 상승하는 것은 흔하지 않다. 이처럼 극도로 상승하는 것은 장애를 가장하라는 지시를 받은 표본에서 가능한 것이며, 특히 조현병처럼 심각한 장애를 가장한 프로파일에서 흔하다.

기이한 임상 척도 형태의 예는 *DEP*의 *T* 점수가 85 또는 그 이상 상승하는 동시에 *RXR*의 *T* 점수는 45와 같거나 그 이상 상승한 항목이다. 이 문항은 정신장애가 있는 수검자에 대한 잘못된 편견을 반영한다. 특히 정신장애로 고통받는 사람들이 그들의 상태가 어떤 성질인지, 얼마나 심각한지에 대한 인식이 없을 것이라는 편견이다. 이와 같은 고정관념에 의해 관련 지식이 없는 관찰자의 경우 정신장애의 공통적 특징인 현저한 불편감과 변화 동기를 과소평가하는 경향이 있다. PAI에서 유의한 수준의 불편감(*DEP* 상승)을 호소하면서 변화 동기가 없는(비임상 표본의 *RXR* 점수) 경우는 매우 드물다. 실제 임상 표본에서 이 두 척도는 매우 강한 부적 상관이 있다. *DEP* 상승은 전형적으로 *RXR*의 *T* 점수가 35 이하로 낮은 것과 상관이 있다. 실제 환자 표본에서 *RXR T* 점수가 45 또는 그 이상으로 상승하면서 *DEP*의 *T* 점수가 85 또는 그 이상인 경우는 드물다. 하지만 가장 표본에서 현저한 불편감이 지적되는 동시에 *RXR*의 *T* 점수가 50에 이르는 경우를 종종 관찰할 수 있다.

Morey(1996)의 연구에서 꾀병지표를 구성하는 각각의 8개 항목 특성이 실제 임상 또는 일반 성인 표본보다 정신장애를 가장하라는 지시를 받은 집단에서 더 많이 관찰할 수 있었고 꾀병 표본의 평균 점수가 4.41인 반면, 임상 표준화 표본의 평균 점수는 0.80이었다. 꾀병지표의 점수가 3 또는 그 이상이라면 이는 임상 표준화 표본 평균보다 표준편차가 2 상승한 것으로 꾀병을 의심해 봐야 한다. 꾀병지표가 5점 이상인 경우는 임상 표본에서 매우 드물고, 심각한 정신장애를 가장한 경우에만 관찰할 수 있다 (〈빠른 참조 5-2〉를 보라).

꾀병지표의 타당도에 대한 후속 연구 결과들은 전반적으로 지지적이다. Morey와 Lanier(1998)는 3점을 분할 점수로 적용했을 때 심각한 정신장애를 가장한 관련 지식이 없는 수검자에 대한 민감도는 81.8%, 특이도는 93.3%였다고 밝혔다. 이 연구에서 두 집단을 구분하는 효과크기는 1.75 표준편차로 상당히 높았다. Scragg 등(2000)의 연구에서 실제 외상후 스트레스 장애 표본과 꾀병 표본을 구분하는 지표로서 꾀병지표의 민감도는 45%, 특이도는 94%였다. 구조화된 증상 보고 면담(Structured Interview

빠른 참조 5-2

꾀병지표	
출처	Morey(1996)
내용	12개의 PAI 척도 및 하위 척도 간 비교 내용에 근거한 8개 형태적 특성의 합
기술 통계치	일반 성인 표본의 평균 0.46(SD=0.74), 임상 표본의 평균 0.80(SD=0.98)
상관	*NIM* 및 MMPI의 *F* 척도와 중간 정도의 상관이 있고, *PIM*과 역상관이 있음. Rogers 판별함수와 경도의 상관이 있음
해석	3점 또는 그 이상은 보다 심각한 정신장애에 대한 꾀병을 위해 외현적으로 노력한 것으로 의심할 수 있다. 5점 또는 그 이상은 분명히 꾀병을 시도했다고 볼 수 있는 범위다. 이 점수는 수검자의 순수한 정신건강 상태와 중간 정도의 관계가 있는 것으로 지적되었다. 부정 긍정 상승은 적대적이고 의심이 많으며 공감 능력이 결여된 환자에게서 자주 관찰된다.

of Reported Symptoms, SIRS; Rogers, Bagby, & Dickens, 1992)을 이용하여 남성 수용자의 가장 상태를 평가해 본 결과 꾀병지표와 상관이 있었다(Wang et al., 1997).

Gaies(1993)는 꾀병지표 3점을 분할 점수로 적용하여 우울증에 대한 꾀병 연구를 실시했다. 그 결과, 사전 지식이 있는 수검자에 대한 민감도는 56.5%, 지식이 없는 수검자에 대한 민감도는 34.2%였다. 실제 우울 환자에 대한 특이도는 89.3%인 반면, 정상 통제집단의 특이성은 100%였다. Bagby 등(2002)의 연구에서 우울증을 가장한 표본은 실제 환자와 코칭을 받지 않은 가장 수검자를 변별하는 효과크기가 대체로 .5 표준편차였다. 하지만 꾀병지표는 코칭을 받은 가장 수검자와 실제 환자를 변별하지 못했다. NIM을 이용한 비슷한 연구에서 꾀병지표의 민감도는 우울증 또는 불안과 같은 약한 정신병리를 가장할 때 감소하는 것으로 관찰되었으나 코칭의 효과가 혼합되었을 가능성이 있다. 따라서 약한 장애에 대한 꾀병이 관심의 대상이라면 지표의 분할 점수를 조정해서 그 유용성을 최적화할 필요가 있다.

Rogers 판별함수

Rogers 지표(Rogers et al., 1996)는 판별함수다. 이는 관련 지식이 없는 표본과 코칭을 받은 표본을 모두 포함해서 환자를 가장하는 표본과 실제 환자의 PAI 프로파일을 구분하기 위해 개발되었다. 여기서는 Rogers 판별함수의 구체적인 내용은 다루지 않는다. 왜냐하면 PAI의 서로 다른 20개의 점수에 가중치를 적용하여 결합하는 등의 복잡한 절차로 구성되었기 때문이다. 실제 함수는 Rogers 등(1996), Morey(1996)를 참고하면 된다. 함수를 적용해 보면 Rogers 판별함수의 분할 점수는 대략 0이다. 따라서 지표를 해석할 때 0보다 상승한 값은 꾀병을 시사하는 반면, 0보다 낮은 값은 부정 왜곡을 시도하지 않았다는 의미다. 이 지표의 평균 점수가 일반 성인 표본과 임상 표본에서 유사하다는 점이 흥미롭다. 각각의 평균 점수는 대략 -1.00(1.0 SD)이다. 일반 성인 표본과 임상 표본이 유사하다는 것은 이 지표가 임상적 상태의 영향을 받지 않는다는 의미다. 따라서 *NIM*과 달리 이 지표는 실제의 정신병리와 의도적인 부정적 인상관리를 혼동하지 않는 것으로 볼 수 있다.

Rogers 등(1996)은 판별함수를 제작하는 초기 표본과 교차타당화에서 모두 민감도와 특이도가 80%를 넘었다고 보고했다. 이는 *NIM*을 단독으로 적용했을 때보다 우수한 수치다. Morey(1996)는 사전 지식이 없는 대학생 가장 표본을 대상으로 Rogers 등(1996)의 결과를 똑같이 발견할 수 있었다. *NIM*, 꾀병지표 및 Rogers 판별함수를 비교한 결과 수검자에 대한 Rogers 판별함수의 탐지 정확률이 가장 높았다(1.96 SD 효과크기; Morey & Lanier, 1998). +0.53을 분할 점수로 적용한 결과 민감도는 95.5%, 특이도는 95.6%였다. Scragg 등(2000)의 연구에서 외상후 스트레스 장애 가장 수검자 탐지에 대한 Rogers 판별함수의 민감도는 .63, 특이도는 .94였다.

빠른 참조 5-3

Rogers 판별함수	
출처	Rogers 등(1996)
내용	20 PAI 척도 및 하위 척도 특성에 대한 가중치의 합
기술 통계치	일반 성인 표본의 평균 −1.00(SD=1.08), 임상 표본의 평균 −1.15(SD=1.17)
상관	꾀병지표 및 *INF*와 경도의 상관 있음. *NIM* 또는 MMPI의 *F* 척도와 최소한의 상관 있음
해석	0점 이상인 경우 정신장애에 대한 꾀병을 위한 외현적 노력을 시도한 것으로 해석할 수 있다. 점수는 수검자의 실제 정신건강 상태와 큰 관련성이 없다. 따라서 점수가 상승했다고 해서 실제의 정신병리가 있다는 의미는 아니다.

Bagby 등(2002)은 실제 환자와 코칭을 받은 왜곡 표본(1.87 SD) 및 코칭을 받지 않은 왜곡 표본(1.55 SD)을 변별하는 효과크기가 매우 크다는 점을 발견했다. 하지만 Wang 등(1997)에서는 Rogers 지표와 SIRS에 근거한 꾀병 분류 간에 유의미한 상관을 발견하지 못했다(〈빠른 참조 5-3〉을 보라).

부정적 왜곡 반응: 지표 형태 해석

3개의 PAI 부정 왜곡 지표인 *NIM*, 꾀병지표, Rogers 판별함수는 꾀병 탐지 능력에 대한 타당도가 입증되었다. 하지만 각 지표는 꾀병 탐지 관점에서 볼 때 서로 다른 속성이 있는 듯하다. 이런 차이는 세 지표 간의 상관 양식에서 분명히 알 수 있다(Morey, 1996). *NIM*의 경우 꾀병지표와의 상관은 .61이지만 Rogers 판별함수와의 상관은 .09에 불과하다. 반면 꾀병지표와 Rogers 판별함수 간의 상관은 .26이다. 이와 같은 상관 양식은 각 지표가 순수한 정신병리의 영향으로부터 자유로운 정도를 반영하는 것으로 보인다. *NIM*은 정신병리의 영향을 상당히 많이 받는 반면, Rogers 판별함수는 실제로 영향을 거의 받지 않으며 꾀병지표는 그 중간 범위에 해당한다.

이와 같이 지표 간의 속성 차이는 부정적 왜곡과 관련한 흥미로운 형태적 정보를 제공하고, 프로파일에 미치는 외현적 · 내현적 영향의 상대적인 크기를 이해하는 데 유용하다. 네 가지 기본적인 지표 형태 특성이 있다. 첫째, 세 가지 부정적 지표가 모두 비슷한 정도로 상승한 경우(예: *T* 점수 90 이상) 수검자가 의도적으로 심각한 정신병리를 가장한 것으로 볼 수 있다. 둘째, *NIM*이 가장 많이 상승하고 Rogers 판별함수는 평균 범위이면서 꾀병지표가 두 지표의 중간 범위라면 외현적 요소, 실제 정신병리와 관련된 요인에 의해 부정적인 방향으로 프로파일이 왜곡된 경우다. 예를 들면, 이런

중요

서로 다른 PAI 타당도 지표 형태는 검사 결과에 대한 의도적 왜곡과 자동적 또는 무의식적 왜곡을 변별하는 데 유용한 정보를 제공해 줄 수 있다.

요인에는 앞서 언급한 것처럼 심각한 우울증에서 지적되는 인지적 왜곡이 해당될 것이다. 셋째, 앞서 언급한 두 형태의 중간 정도에 해당한다면(*NIM* > 꾀병지표 > Rogers 판별함수, Rogers 판별함수가 최소한 중 정도 이상 상승한 경우) 외현적 · 내현적 요소의 영향이 혼재된 경우에 해당한다. 예를 들어, 실제 임상 문제가 있는 수검자가 이런 문제를 임상가에게 확실히 보여 주기 위해 의도적으로 증상을 과장한 것일 수 있다. 넷째, Rogers 판별함수가 가장 높게 상승한 형태다(Rogers 판별함수 > 꾀병지표 > *NIM*). 이 형태는 내현적인 꾀병 시도를 시사한다. *NIM*이 단지 경도로 상승했다면 수검자는 우울증 또는 불안과 같은 약한 정신장애를 가장하려고 시도했을 것이다.

긍정 왜곡 탐지

부정 왜곡과 마찬가지로, 긍정 왜곡, 즉 심리적으로 건강한 방향으로 왜곡시키는 요인도 다양하다. 예를 들면, 정신질환에 대한 낙인과 심리적 인식의 부족은 임상 문제를 축소 보고하도록 할 수 있다. 수검자의 성격적 특성 또는 상황적 요인 때문에 왜곡이 발생할 수 있고, 의도적인 왜곡일 수 있고, 또는 순수하게 인식 결여로 발생할 수도 있다. 또한 불안은 방어하지 않으면서 물질 남용 등의 특정 영역만 선택적으로 방어할 수도 있다. 연구자와 임상가들 사이에서 긍정 왜곡 탐지는 가장 어려운 평가 과제로 논의되어 왔다. 왜냐하면 방어 가능성을 탐지하기 위해 개발된 절차는 정상 기능과 중첩되는 부분이 많기 때문이다.

다양한 전략을 사용해서 PAI의 방어 반응 양상을 탐지할 수 있다. 각 전략들은 프로파일의 타당도를 평가하는 데 유용한 정보를 제공할 수 있지만 완벽한 전략은 없다. 상황적 요인 때문에 임상 문제를 축소 보고할 가능성이 있을 경우, PAI 프로파일 정보 이외의 현재 보고된 내용에 대한 가족 구성원과 동료의 보고, 서류나 기록, 심리검사 및 병리검사 결과를 부가적으로 참고할 필요가 있다. 취업 선별 장면, 직무 적합성 평가, 양육권 결정, 범죄 성향 및 강제 입원 또는 치료 결정 등을 포함한 다양한 장면이 이에 해당될 것이다.

긍정적 인상(*PIM*)

긍정적 인상(positive impression: *PIM*) 척도는 지나치게 호의적인 인상을 제시하거나 비교적 사소한 결점조차 부인하려는 태도와 관련한 내용으로 구성되어 있다. 정상적으로 기능하는 일반인, 환자 및 긍정 왜곡 지시하에 반응한 표본의 점수 분포를 근거로 문항을 선정했다. 정상인과 환자의 시인율이 모두 낮은 점을 근거로 문항을 정했으나, *PIM* 문항은 임상 표본에 비해 정상인의 시인율이 더 높았다. 임상 환자의 *PIM*이 현저하게 상승하는 경우는 드물기 때문에 환자 프로파일에서 *PIM*이 상승했을 경우 해석적 의미가 있다. 환자와 정상인 모두 긍정 왜곡 지시를 받은 수검자보다 *PIM*이 낮았다.

대부분의 경우 *PIM* 문항은 수검자로 하여금 비교적 사소한 개인적 결함을 돌아보는 기회를 준다. 따라서 점수가 상승했다는 것은 수검자가 자신에 대해 부정적인 말을 하고 싶지 않다는 것을 시사한다. 자기보고형 도구를 수행하면서 부정적 특성에 대해서 언급하지 않는 이유는 다양하다. 첫째, 부정적 특성이 없거나 다른 사람보다 훨씬 적을 수 있다. 둘째, 사실대로 보고하지 않고 실제보다 긍정적 특성이 더 많은 것처럼 보이려고 가장했을 가능성도 있다. 셋째, 자신의 결점을 인식하지 못하거나 단점에 대한 통찰이 부족할 수 있다. 뒤의 두 가지 가능성에 해당할 경우, *PIM* 상승은 수검자 자신의 생활 상황과 심리적 적응 상태에 대한 보고가 객관적 관찰 내용보다 더 긍정적이라는 것을 지적하는 것이다. *PIM*은 이러한 두 가지 가능성을 측정하기 위한 척도다.

자신을 호의적으로 보이려는 경향은 정상인에서도 보편적인 특성이다. 임상 장면에서 도출한 사회적 바람직성에 관한 분할 점수를 적용하더라도 정상 표본의 30~40%가 긍정 왜곡을 시도한 것으로 나타났다. 이와 같은 연구 결과는 방어 반응과 정상 반응을 판별하는 것이 어렵다는 것을 지적한다. 방어 반응을 고려해서 다른 임상 척도를 교정하기 위해 교정 척도를 사용하는 심리검사가 많다. 하지만 PAI는 이와 같은 교정 척도를 사용하지 않는다. 왜냐하면 임상 척도에서 사회적 바람직성을 제거하려는 시도는 준거 관련 변량을 제거하는 것이고, 이럴 경우 타당도가 떨어지기 때문이다.

긍정적인 방향으로 인상관리를 한 수검자에 대한 연구 결과를 참고하면 *PIM*에 대한 이해도를 높일 수 있다. 이러한 연구들은 왜곡 결정을 위한 분할 점수에서 놀라울 정도로 일관된 결과가 지적된다. *PIM*에 관한 최초의 연구에서 Morey(1991)는 긍정 왜곡 지시를 받은 대학생과 일반 성인 표본의 *PIM* 점수를 비교했다. 긍정적 인상관리 표본과 일반 성인 표본의 분포는 *T* 점수 57에서 교차했다. 이 분할 점수를 적용했을 때 방어성 탐지의 민감도는 82%였고, 정상 표본에 대한 특이도는 70%였다. Cashel 등(1995)의 연구에서도 *T* 점수 57이 최적의 분할 점수로 지적되었다. 이들의 연구에서는 수검자에게 결과를 신뢰성 있게 보일 수 있는 방법에 대한 코칭을 제공했고, 민감도와 특이도는 각각 48%, 81%였다. Peebles와 Moore(1998)의 연구에서도 *T* 점수 57이 최적의 분할 점수인 것으로 나타났는데, 솔직한 수검자와 긍정 왜곡 수검자 변별에서의 적중률이 85.1%였다. Morey와 Lanier(1998)의 연구에서는 *T* 점수 57을 분할 점수로 적용할 때 긍정 왜곡 탐지에 대한 민감도와 특이도가 각각 93.3%, 77.8%이었다. Baer와

Wetter(1997)에 따르면, 코칭을 받지 않은 왜곡 탐지에서 *PIM*의 효과크기는 2.56 표준편차였으나 코칭을 받은 축소 보고자에 대한 효과크기는 0.49로 낮아졌다. 이들의 연구에서 *T* 점수 56을 최적 분할 점수로 적용했고, 코칭을 받지 않은 수검자에 대한 적중률은 88%였으며, 코칭을 받은 수검자에 대한 적중률은 64%였다. 마지막으로, Fals-Stewart(1996)의 연구에서는 *T* 점수 57을 *PIM* 분할 점수로 적용했을 때 물질 남용 표본에서 신뢰성이 낮은 프로파일(예, 소변 검사에서는 양성이었지만 물질 남용을 부인하는 법정 환자)에 대한 민감도가 88%이었고, 성실히 반응한 집단에 대한 민감도는 80%였다. 이런 연구들은 낮은 *PIM* 점수가 방어 반응 제외 준거가 될 수 있다는 점을 모두 지지했다. 예를 들어, Cashel 등(1995)은 *T* 점수 43 이하의 점수를 적용할 경우 특이도가 매우 높을 것이라고 지적했다. 바꿔 말하면, 실제로 인상관리 시도를 전혀 하지 않은 수검자는 *PIM T* 점수가 43 이하일 것이다.

문제시되는 프로토콜을 탐지하는 또 다른 접근 방법은 임상 표본의 분포에서 추출한 분할 점수를 사용하는 것이다. 임상 환자의 참조 자료를 사용하는 것은 특히 인상관리 척도에서 유용하다. 왜냐하면 일반 성인 표본과 임상 표본은 인상관리 척도에서 상당히 다른 반응을 보이기 때문이다. *PIM*의 경우 *T* 점수 68 또는 그 이상의 점수는 임상 표본의 평균에서 표준편차가 2 상승한 점수다. 달리 말하면, 2 표준편차 또는 임상 규준을 분할 점수로 사용할 경우 타당하지 않은 것으로 지적되는 실제 프로토콜은 상대적으로 적을 것이다. 이 분할 점수의 특이도는 95% 또는 그 이상이다. 하지만 은폐된 프로토콜을 이와 같이 높은 분할 점수로 감지할 때의 민감도는 52~57%이고(Morey, 1991; Morey & Lanier, 1998), 수검자들에게 신뢰성에 대해 코칭을 해 줄 경우 민감도는 17%로 감소된다(Casher et al., 1995).

따라서 낮은 *PIM T* 점수(<44)는 성실한 반응을 강력하게 시사한다. 일반적으로 *PIM*의 *T* 점수가 44~57인 경우 수검자가 비현실적으로 호의적인 인상을 주려고 노력하지 않았다는 것을 시사하지만, 이 범위의 상한선에 해당하는 점수는 임상 장면에서 드물다. *T* 점수가 57~68로 중간 정도 상승한다면 수검자가 대부분의 사람이 시인할 수 있는 보편적인 결함도 없다는 식으로 자신을 그렸다는 것을 반영한다. 이러한 반응 양식은 외현적이겠지만, 내현적 또는 자동적인 방어 과정이 관련되었을 가능성도 있다. *PIM*이 이 범위에 해당할 경우 PAI 임상척도 프로파일에 근거한 해석의 정확성은 왜곡될 수 있으므로 해석적 가설들을 주의해서 검토해야 한다. PAI 프로파일은 의미 있는 검사 결과의 양과 정도를 축소하여 반영할 것이다. *PIM T* 점수가 68 이상 상승할 경우 수검자는 대부분의 사람이 시인하는 보편적인 결함을 예외 없이 모두 부인한다. 이 범위에 해당할 경우 PAI 임상 척도 프로파일의 타당도를 의심해야 하고, 다른 PAI 척도에 대한 임상적 해석에서도 극도의 주의가 필요하다. 하지만 앞서 지적하였듯이 이런 점수는 상당히 드물고, 점수가 낮은 경우라 하더라도 방어 가능성은 제기될 수 있다.

방어지표

방어지표(defensiveness index; Morey, 1996)는 방어 반응을 탐지하는 일련의 지표로 구성된 부가 도구다. 이 지표는 PAI 프로파일의 8개 형태적 특성으로 구성되어 있는데, 일반 성인 또는 임상 표본과 비교해서 긍정적으로 반응하라는 지시를 받은 수검자의 프로파일에서 더 자주 관찰할 수 있는 특성들이다. 8개 항목 중 PIM이 평균 이상인 경우 가중치 2점을 더하고, 다른 문항은 모두 1점씩 더한다. 따라서 방어지표는 0~9점 범위다. 〈빠른 참조 5-4〉에 방어지표의 여덟 가지 특성이 제시되어 있다.

빠른 참조 5-4

방어지표의 형태적 지표	
지표 항목	문항 가중치
1. *PIM* ≥ 50	2
또는 ≥ 45	1
2. *RXR* ≥ 45	1
3. *ANT-E* − *ANT-A* ≥ 10	1
4. *ANT-S* − *ANT-A* ≥ 10	1
5. *MAN-G* − *MAN-I* ≥ 10	1
6. *ARD-O* − *ANX-A* ≥ 10	1
7. *DOM* − *AGG-V* ≥ 15	1
8. *MAN-A* − *STR* ≥ 10	1

〈빠른 참조 5-4〉에 제시된 특성들은 기본적으로 *PIM* 상승부터 상대적으로 비일상적인 임상 척도 및 하위 척도의 형태적 특성까지 포함한다. *PIM* 상승과 관련해서 보면, 첫 번째 특성은 *PIM*의 상승 정도에 따라 1 또는 2점을 더한다. *PIM T* 점수가 50 이상이면 2점으로, *T* 점수 45~49이면 1점으로 채점한다. 임상 장면의 프로파일에서 *PIM T* 점수가 50 이상 상승하는 경우는 드물며, *T* 점수가 45인 경우도 드물다. 정상 표본에서는 이 범위를 흔히 관찰할 수 있다. 왜냐하면 정상 표본 50%의 *PIM T* 점수 평균이 50으로 상승하기 때문이다. 하지만 긍정 왜곡 지시하에서 반응하는 수검자의 *PIM T* 점수는 50 이상 상승한다. 방어지표를 구성하는 문항 중 첫 번째 문항은 *PIM*이 방어 반응에 대한 지표로서 유용성을 보여 주지만, *PIM* 단독으로는 의도적 방어를 충분히 탐지하기 어렵다는 것을 시사한다. 왜냐하면 정상 집단의 *PIM T* 점수가 50 이상 상승하는 비율이 높기 때문이다.

비일상적인 임상 척도 형태의 한 예로 지배성과 언어적 분노표현을 지적하는 척도의 *T* 점수 간에 15점 이상 차이가 발생될 경우 채점하는 문항이다(*DOM* > *AGG-A*). *DOM*은 흔히 왜곡 표본에서 상승한다. 왜냐하면 이는 효율적인 리더십을 발휘하는 데 필요한 능력들을 반영하기 때문이다. *DOM*과 *AGG-A* 간에 차이를 보이는 수검자는 언성을 높이지 않고도 다른 사람들을 효과적으로 통제하는 것처럼 자신을 기술했다고 볼 수 있다. 즉, 자신의 주장을 내세우지 않고도 다른 사람들이 잘 따라 주는 타고난 리더라는 뜻이다. 이는 바람직하게 들리지만, 이와 같이 불가능한 특성의 조합은 일반인보다 왜곡 표본에서 6~7배 더 많았다(Morey, 1996).

Morey(1996)의 연구에서 관련 지식이 없는 긍정 왜곡 표본의 방어지표 평균 점수는 6.23인 반면 성인 규준 표본의 평균은 2.81이었다(Morey, 1996). 후속 연구(Morey & Lanier, 1998)에서 대학생을 대상으로 일반 집단과 왜곡 집단을 변별하는 데에서 분할 점수 5점의 민감도는 93.3%, 특이도는 86.7%였다. 이와 마찬가지로, Peebles와 Moore(1998)는 방어지표를 적용해서 긍정 왜곡 반응과 솔직한 반응을 구분하는 적중률이 83.3%였다고 밝혔다. 하지만 Cashel 등(1995)의 연구에서 타당도 척도에 대해 코칭을 받은 긍정 왜곡 표본의 방어지표 평균 점수는 다소 낮은 4.27이었다. 그렇지만 여전히 성인 규준 표본의 평균보다 표준편차가 약 1 높은 값이다. Baer와 Wetter(1997)는 정상적으로 실시한 표본과 코칭을 받지 않은 왜곡 표본을 구분하는 효과크기가 1.63 표준편차인 반면 코칭을 받은 가장 표본과 정상 표본을 구분하는 효과크기는 0.20으로 감소된다는 것을 발견하였다. 따라서 방어지표의 민감도는 코치를 받은 표본에서는 감소된다. 왜냐하면 방어를 시도하더라도 신뢰성을 확보하려고 하기 때문이다(〈빠른 참조 5-5〉를 보라).

이러한 연구 결과에 따르면, 방어지표가 6점 이상인 경우 의도적인 긍정 왜곡을 시도했을 가능성이 있다. 하지만 이 분할 점수를 적용할 경우 코칭을 받은 가장 표본에서는 민감도가 다소 떨어질 수 있다. 따라서 6점

빠른 참조 5-5

방어지표	
출처	Morey(1996)
내용	13개의 PAI 척도 및 하위 척도를 비교한 프로파일의 형태적 특징 8개의 합
기술 통계치	일반 성인 표본의 평균 2.81(SD=1.52), 임상 표본의 평균 1.66(SD=1.54)
상관	*NIM* 및 MMPI의 *F* 척도와 중간 정도의 상관이 있고, *PIM*과 역상관이 있음. Rogers 지표와 경도의 상관이 있음
해석	6점 이상인 경우 의도적인 긍정 왜곡이 의심되며, 신뢰할 만한 긍정적 인상 프로파일을 위해 코칭을 받은 수검자의 경우 민감성이 감소된다. 수검자의 실제 정신건강 상태와 중간 정도의 상관이 있다.

이하인 경우 방어 가능성을 배제하는 데 효율적이지 않다고 볼 수 있다. 다시 말하면, 방어적인 수검자는 높은 점수를 받지 않을 것이고 정상 범위 내 점수라고 해서 왜곡 프로토콜일 가능성을 배제해서는 안 된다는 의미다. 그럼에도 불구하고 방어지표는 의도적인 긍정적 인상관리를 지적하는 도구로서 연구해 볼 만하다.

Cashel 판별함수

Cashel 등(1995)은 PAI 방어 반응에 관한 상세한 연구를 통해 Cashel 판별함수(Cashel discriminant function)를 개발했다. 대학생과 교도소 수용자를 대상으로 자신에 대해 가장 좋은 인상을 줄 수 있는 방식으로 반응하되 프로파일 결과의 신뢰성도 보장해야 한다고 강조했다. 방어 반응과 솔직한 반응을 적절히 변별할 수 있는 판별함수를 제작하여 적용한 결과, *PIM* 단독 또는 방어지표 점수보다도 왜곡 반응을 탐지하는 데 더 정확했다. 〈빠른 참조 5-6〉은 척도 및 관련 가중치를 보여 주고 있다.

이 기능의 점수는 6개의 PAI 척도점수에 〈빠른 참조 5-6〉에 제시되어 있는 각각의 가중치를 곱해서 더한 값이다. 이 중에서 *ALC*와 *STR*의 가중

빠른 참조 5-6

Cashel 판별함수 산출 방법	
Cashel 점수 =	1.67 × *BOR T* 점수
	+ .97 × *PIM T* 점수
	+ .72 × *MAN T* 점수
	+ .60 × *RXR T* 점수
	− .52 × *ALC T* 점수
	− .68 × *STR T* 점수

치는 기능의 총점에 더하지 않고 값을 뺀다. Morey(1996)는 PAI 성인 규준 표본에 이 지표를 적용하였고, 그 결과 평균 138.14, 표준편차 14.91이었다. 이 기능의 흥미로운 특성은 일반 성인 표본과 임상 표본의 평균 점수가 비슷하다는 것이다(임상 표본의 평균값: 135.28). 일반 성인과 임상 표본의 평균 점수가 유사하다는 것은 이 지표가 실제 정신건강의 영향을 크게 받지 않는다는 의미다. 따라서 *PIM*과 달리 의도적인 긍정적인 인상관리에서 실제 정신건강 상태를 찾아낼 수 있을 것이다.

Cashel 등(1995)은 왜곡 프로파일 탐지에 대한 판별함수의 민감도가 79~87%, 특이도가 88%라고 밝혔다. Morey(1996)는 관련 지식이 없는 왜곡 표본을 대상으로 Cashel 등(1995)의 연구와 비슷한 결과를 확인할 수 있었다. Morey와 Lanier(1998)는 Cashel 판별함수의 값이 148.44일 때 대학생 표본 중 정상 프로파일과 왜곡 프로파일에 대한 민감도와 특이도가 각각 97.8%, 71.1%였다고 보고했다. 흥미롭게도, Morey와 Lanier의 연구에서 Cashel 판별함수는 순수한 임상 환자와 일반 성인 중 꾀병을 가장한 수검자를 변별하는 데 효과적이었다. 하지만 Bagby 등(2002)의 연구 결과는 이와 일치하지 않았다. 따라서 Cashel 판별함수로 긍정 · 부정 왜곡을 효율적으로 탐지할 수 있는지 여부는 확실하지 않지만 지표 값을 해

빠른 참조 5-7

Cashel 판별함수	
출처	Cashel 등(1995)
내용	6개의 PAI 척도 특징에 대한 가중치의 합
기술 통계치	일반 성인 표본의 평균 138.14(SD=14.91), 임상 표본의 평균 135.28 (SD=18.79)
상관	방어지표, Marlowe-Crowne의 사회적 바람직성 척도와 경도의 상관, *PIM* 또는 MMPI의 *K* 척도의 최소한의 상관
해석	160점 이상인 경우 외현적인 의도적 왜곡 노력을 시사하는 것으로, 전형적으로 건전한 상태로 왜곡을 시도한다. 하지만 심각한 정신장애를 가장하도록 지시한 경우에도 점수가 상승한다. 점수는 수검자의 실제 정신건강 상태의 영향을 거의 받지 않는다. 140~150점 점수 분포는 18~21세 연령 범위의 수검자에게서 더 흔히 보고된다.

석할 때 어느 방향으로든 의도적 왜곡에 대한 지표로서 고려해 볼 수 있을 것이다. 〈빠른 참조 5-7〉은 Cashel 판별함수에 대한 중요한 내용을 요약한 것이다.

그러므로 Cashel 판별함수가 135점 미만으로 낮았을 경우 정직하게 반응했다는 것을 시사한다. 일반적으로 145~160점인 경우는 검사를 수행하면서 의도적으로 특정 인상을 관리하고자 노력한 것을 지적한다. 이 범위에 해당할 경우 PAI 임상 척도 프로파일에 근거한 해석의 정확성이 왜곡될 수 있고, 해석적 가설을 주의해서 검증해야 한다. PAI 프로파일에서 어떤 측면은 문제를 축소하여 보고한 것을 보여 줄 것이다. 145점 점수 분포는 18~25세 연령의 젊은 수검자에게서 더 흔히 관찰된다. 이는 이 연령대에서 *BOR* 점수가 상승하는 점의 영향도 일부 있을 것이다. 160점보다 더 높이 상승할 경우는 수검자가 자신에 대해 드러내 놓고 왜곡된 방식으로 표현했다는 것을 의미하고, 그 프로파일은 실제 수검자의 경험보다는 수검자가 평가자에게 보여 주고 싶은 모습을 반영할 것이다.

방어 반응: 지표 형태 해석

PAI의 세 가지 긍정 왜곡 지표인 *PIM*, 방어지표 및 Cashel 판별함수의 타당도는 방어 반응을 보이는 수검자에 대한 탐지 능력에 관한 왜곡 연구를 통해 입증되었다. 하지만 부정 왜곡 지표와 비교했을 때 긍정 왜곡 지표들은 다소 다른 속성이 지적되었다. 이런 차이는 세 가지 지표 간의 내적 상관 패턴에서 분명히 나타난다(Morey, 1996). *PIM*은 방어지표와의 상관이 .56인 반면 Cashel 판별함수와의 상관은 .06이었고, 방어지표와 Cashel 판별함수 간의 상관은 .32였다. 이러한 상관 패턴은 각 지표가 실제 건강 상태와 독립적인 정도를 반영하는 것으로 보인다. 즉, *PIM*은 실제 적응 상태의 영향을 상당히 받지만, Cashel 판별함수는 대체로 정신건강 상태와는 독립적이며, 방어지표는 두 지표 중간에 위치한다.

이와 같은 세 가지 지표의 형태는 내현적 · 외현적 방어성이 PAI 프로파일에 잠재적으로 미치는 상대적인 영향을 명료화해 줄 수 있다. 부정 왜곡 지표에서 네 가지 기본적인 지표 형태가 가능했듯이 긍정 왜곡 지표에서도 네 가지 지표 형태를 살펴볼 수 있다. 연구에 따르면, 세 가지 지표가 모두 현저하게 상승한 형태는 수검자가 의도적으로 호의적인 인상(긍정 왜곡)을 주려고 시도한 것을 시사한다. *PIM*은 상승했지만 Cashel 판별함수가 평균이고 방어지표 점수가 두 지표 중간에 해당하는 형태는 수검자가 통찰력의 부족 또는 인식하기 어려움 등의 내현적인 요인에 의해 정신적으로 건강한 상태인 것처럼 보이도록 반응했다는 것을 시사한다. 위의 두 가지 양상의 중간에 해당된다면(*PIM* > 방어지표 > Cashel 판별함수, Cashel 판별함수는 다소 상승되어 있음), 내현적 · 외현적 요인이 모두 혼재한 상태다. 예를 들면, 수검자는 의식적으로 긍정적인 이미지를 주기 위해 노력하지만 실제로 자신의 상태가 얼마나 심각한지를 정확하게 인식하지 못할 수 있다. 마지막 형태는 Cashel 판별함수가 가장 많이 상승한 형태다(Cashel 판별함수 > 방어지표 > *PIM*). 이 형태는 외현적인 긍정적 왜곡을 시사한다. 방어지표와 *PIM*이 모두 상승하지 않았다면, 앞서 언급한 Morey와 Lanier(1998)의 연구 결과에서 지적한 것처럼 외현적인 부정적 프로파일 왜곡도 가정해 볼 수 있다.

물질 남용 부인 검토

긍정적 프로파일 왜곡과 관련된 사항들 중에서 특히 두드러진 주제 영역은 물질 남용 평가다. *ALC*와 *DRG*는 물질 사용 및 이와 관련된 문제에 대해 직접적으로 질문하는 문항으로 구성되어 있다. 따라서 이 척도는 수검자가 부인할 경우 적절한 평가가 어렵고, 이는 물질 남용 장면에서 상당한 문제점으로 지적된다. 이러한 부인은 외현적(예: 법정 맥락에서 불법 약물 사용을 부인하는 수검자) 또는 내현적(예: 음주의 부정적 결과를 최소화하는 방어적인 알코올중독자) 요인에서 비롯될 수 있다.

PAI에서 물질 사용을 축소 보고하는지 탐지할 수 있는 세 가지 전략이 있다. 첫 번째 전략은 긍정 왜곡 지표가 상승했는지 살펴봐서 물질 남용의 축소 보고 여부를 판단하는 것이다. 예를 들면, 앞서 지적한 바와 같이 Fals-Stewart(1996)의 연구에서는 *T* 점수 57을 *PIM*의 분할 점수로 지정했을 때 정직하게 반응한 표본에서 신뢰성이 의심스러운 물질 남용자(법정 환자 중 물질 사용을 부인했으나 소변 검사에서 양성 반응이 나온 수검자)의 프로파일을 변별하는 민감도와 특이도가 각각 88%와 80%였다. *PIM*이 이 범위로 상승하는 동시에 다른 임상 척도는 상승하지만 *ALC*와 *DRG* 척도 점수가 낮다면 물질 사용 부인을 의심해 볼 필요가 있다.

다른 두 전략은 물질 남용 축소 보고 탐지를 위한 통계적인 기법이다.

Fals-Stewart(1996) 연구에서는 *ALC*, *DRG* 및 *PIM*을 결합하여 물질 남용 환자, 방어적 물질 남용 환자 및 비임상 통제집단을 판별하는 다변인 결합 점수를 구성했다. 이 절차에서는 다음 3개의 등식을 사용했다.

표준 물질 남용 환자 = .0269(*DRG*) + .0029(*ALC*) − .0022(*PIM*) − 1.3429

방어적 물질 남용 환자 = .0067(*DRG*) + .0015(*ALC*) + .0437(*PIM*) − 2.537

비임상 통제집단 = − .0337(*DRG*) − .0044(*ALC*) − .0416(*PIM*) + 4.88

이 세 가지 등식의 점수는 각 집단에 배치될 가능성을 반영한다. Fals-Stewart(1996)의 연구에서는 세 가지 등식의 점수 중 가장 높은 점수에 각 사례를 배정했다. 이 절차를 통해 연구자가 배정한 집단 분류의 정확률은 82.2%였다. 하지만 교차타당화 연구에서 적중률은 68%로 떨어졌다(Fals-Stewart & Lucente, 1997). 따라서 이 절차의 일반화 가능성은 제한적이다.

물질 남용의 축소 보고 탐지 전략 중 마지막 전략은 실제 관찰된 *ALC*와 *DRG* 점수와 PAI 프로파일의 다른 성격적 특성에 근거해서 예상한 *ALC*와 *DRG* 점수를 비교하는 것이다. 이 접근은 PAI에서 지적된 다른 성격적 특성을 근거로 짐작할 때 수검자가 알코올 또는 물질을 사용했을 가능성이 제기됨에도 불구하고 *ALC*와 *DRG* 점수가 낮을 경우 축소 보고 가능성을 의심한다. Morey(1996)는 알코올 및 물질 사용 문제를 축소 보고할 가능성을 탐지하기 위해 선형회귀 전략을 개발하였다. 이 연구에서 *BOR-S*(충동성), *ANT-S*(자극추구), *ANT-A*(반사회적 행동), *ANT-E*(대인관계적 마찰) 및 *AGG-P*(신체적 공격 경험) 모두 *ALC* 및 *DRG* 척도와 중간 정도의 상관이 있었다. 따라서 이 중 5개 척도가 상승했다면 *ALC* 혹은 *DRG* 또는 두 척도 모두 상승할 것으로 기대할 수 있다. *ALC*와 *DRG*의 상승 정도는 5개 PAI 하위 척도(*BOR-S, ANT-S, ANT-A, ANT-E, AGG-P*)의 *T* 점수를 더하고 다음 공식을 적용해서 산출할 수 있다.

추정 *ALC T* 점수 = 0.162184(5개 척도 합) + 14.39

추정 *DRG T* 점수 = 0.199293(5개 척도 합) + 3.07

Morey(1996)의 연구에서 이 등식의 결과를 Fals-Stewart(1996)의 연구 대상이었던 표본의 평균 프로파일에 적용했을 때 방어 반응 집단의 추정 *DRG*와 *ALC* 점수는 실제 관찰된 *T* 점수보다 10~15점이 높았다(1~1.5 SD). 이와 대조적으로, 표준 지시에 따른 물질 남용 환자 집단의 추정 *DRG*와 *ALC* 점수는 실제 관찰된 점수보다 현저하게 낮았다. 따라서 Morey(1996)는 추정치와 관찰치 간의 점수 차이가 10점 이상, 즉 추정치가 관찰치보다 높을 경우 물질 남용 부인을 의심해야 한다고 설명하였다. 이와 같은 차이가 지적된다면 배우자 또는 다른 가족 구성원 등 협조적인 정보 제공자와 수검자의 물질 사용에 대해 논의하는 것이 유용할 것이다.

중요

관찰된 *ALC, DRG*의 *T* 점수가 추정 점수보다 10점 이상 낮다면 물질 사용과 관련한 문제를 축소 보고했을 가능성을 염두해 두고 결과를 해석해야 한다.

TEST YOURSELF

1. 내담자가 부주의하게 PAI를 실시했다면 다음 중 어느 척도가 상승하는가?
   ㉮ *ICN* ㉯ *INF*
   ㉰ *PIM* ㉱ *ICN*과 *INF*

2. 다음 중 *NIM*이 가장 잘 탐지할 수 있는 수검자는 누구인가?
   ㉮ 불안 또는 우울증 등 약한 정신장애에 대한 꾀병 시도자
   ㉯ 조현병 등 심각한 정신장애에 대한 꾀병 시도자
   ㉰ 코칭을 받지 않은 꾀병 수검자
   ㉱ 인지적 왜곡이 있으나 꾀병에 비효율적인 수검자

3. 긍정적 인상관리를 의심해야 하는 최하의 *PIM T* 점수는 무엇인가?
   ㉮ 50 이상 ㉯ 57 이상
   ㉰ 68 이상 ㉱ 70 이상

4. 다음 중 꾀병과 긍정적 반응 왜곡이 동시에 지적될 때 상승하는 지표는 무엇인가?
   ㉮ Cashel 판별함수 ㉯ Rogers 판별함수
   ㉰ *NIM* ㉱ *PIM*

5. Cashel 및 Rogers 판별함수에 대한 설명으로 가장 적절한 것은 무엇인가?
   ㉮ 임상 및 일반 성인 집단 간에 차이가 다소 있다.
   ㉯ 임상 집단의 두 점수가 모두 일반 성인 집단 점수보다 높다.
   ㉰ 일반 성인 집단의 두 점수가 임상 집단보다 모두 높다.
   ㉱ 임상 집단의 Rogers 판별함수는 더 높지만 Cashel 판별함수는 그렇지 않다.

6. *NIM* 척도가 상승하고 Rogers 판별함수 점수가 평균 점수라면 어떤 잠정적 해석이 가능한가?

7. 물질 남용 부인을 의심할 수 있는 상태는 무엇인가?
   ㉮ *PIM* > 57
   ㉯ *ALC* 관찰치 > *ALC* 추정치
   ㉰ *DRG* 추정치 > *DRG* 관찰치
   ㉱ ㉮와 ㉰

8. Fals-Stewart의 물질 남용 부인 판별함수는 교차타당화뿐만 아니라 초기 표본에서도 적절히 효율적이었다. 예/아니요

9. Cashel 판별함수는 교차타당화뿐만 아니라 초기 표본에서도 적절히 효율적이었다. 예/아니요

정답 1. ㉣ 2. ㉯ 3. ㉯ 4. ㉮ 5. ㉮ 6. 프로파일을 부정적으로 왜곡시킬 수 있는 실제의 정신병리가 있는 상태 7. ㉣ 8. 아니요 9. 예

제6장

PAI 개별 척도

Essentials of

PAI

Assessment

제6장

PAI 개별 척도

PAI 해석의 기본 단계는 개별 척도를 살펴보는 것이다. 개별 척도는 다양한 임상적 구성개념의 가장 핵심적인 특징을 측정하기 위해 각각의 구성개념에 대한 이론적 · 경험적 연구를 근거로 결정한 것이다. 대부분의 임상 척도는 하위 척도를 포함한다. 따라서 개별 척도 수준에서도 형태적 해석이 가능하다. 왜냐하면 어느 한 임상 척도가 동일하게 상승하더라도 그 척도의 하위 척도 형태에 따라 달리 해석할 수 있기 때문이다. 이 장에서는 PAI의 각 척도를 구성한 논리와 서로 다른 점수 및 점수의 형태에 따른 해석에 대해 살펴본다.

신체적 호소(*SOM*)

신체적 호소(somatic complaints: *SOM*) 척도는 신체 기능과 전반적인 건강 문제에 대한 호소와 염려를 반영한다. 신체적 문제는 *SOM* 하위 척도의 형태에 따라 서로 다른 특성을 가지지만, 전체 척도의 상승은 신체적 상태가 수검자의 삶에서 중심 주제라는 것을 시사한다. 신체 상태가 매우 유사하더라도 그러한 상태에 대한 개인의 반응은 사람마다 상당히 다를 수 있다. 자신의 신체적 제약에 대해 한 사람은 태연하게 반응하는 반면, 또 다른 사람은 끊임없이 원망하고 그것을 주변 사람을 조정하는 수단으로까지 이용할 수 있다. 두 사람 모두 똑같이 타당한 신체적 문제가 있지만 심리적 반응은 매우 다르다. PAI는 신체적 상태에 대해 끊임없이 생각하고 집착하는 것과 관련된 정보를 제공하지만, 신체적 호소의 진정성을 결정하기 위해 단독으로 사용해서는 안 된다. PAI와 같은 자기보고형 질문지는 기능적 · 기질적 신체적 특징을 구분하는 능력이 미약하다. 그래서 신체적 상태에 대한 진단 도구로는 충분하지 않다.

*SOM*의 전체 척도 점수는 신체 기능과 건강 문제에 대해 염려하는 정도와 신체적 증상 때문에 발생했다고 지각하는 손상 수준을 나타낸다. *SOM*의 *T* 점수가 60 미만으로 평균 점수에 해당할 경우에는 신체적 증상의 호소가 별로 없다. 이들은 전형적으로 낙천적이고, 행동이 기민하며 효율적이다. *T* 점수가 60~70인 경우는 건강에 대해 어느 정도 걱정하고 있다는 것을 시사하며, 흔히 노인이나 특정 기질적 증상이 있는 환자일 수 있다. *T* 점수가 70 이상으로 상승한 경우는 신체 기능에 대해 상당히 염려하고 실제로 신체 증상에 의한 기능적 손상이 있을 가능성을 시사한다. *T* 점수가 70 이상인 경우는 자신의 건강이 동년배에 비해 더 나쁘고 자신의 건강 문제는 복잡하고 치료하기 어렵다고 믿는 경향을 나타낸다. 이들은 사회적 상호작용에서 주로 건강과 관련된 문제를 많이 이야기하고, 건강 악화에 따른 신체적 결함이 있다는 신념이 자아상에 큰 영향을 준다. 또한 자신이 불행하다고 느끼고 불평이 많으며 비관적인 경향이 있고, 신체적 호소를 이용해서 수동-공격적인 방식으로 타인을 조정하려고 한다. *T* 점

수가 87 이상으로 현저하게 상승하는 경우는 임상 장면에서도 드물다. 이 범위는 신체 기능, 건강 문제 및 신체적 증상에 따른 심각한 손상에 집착한다는 것을 시사한다. 이들은 만성적으로 신체적 증상을 호소하고, 피로가 심하고 허약하여 자신에게 부과된 최소한의 역할도 수행하지 못한다. 이 점수에 해당한다면 상당한 신체적 호소가 대부분의 기관계(organ system)에 영향을 미친다는 것을 반영한다. 이들의 자아상은 장애가 있다는 신념에 초점이 맞춰져 있고 환자 역할에 매우 익숙해져 있다.

하위 척도 구조

〈빠른 참조 6-1〉과 같이 *SOM*은 세 가지 하위 척도, 즉 전환, 신체화 및 건강염려로 구성되어 있다.

전환(*SOM-C*)

전환(conversion: *SOM-C*) 하위 척도는 전환장애에서 흔히 나타나는 극적인 신체적 증상에 관한 문항으로 구성되어 있다. 이런 증상은 대부분 비일상적인 감각적 · 운동적 문제들, 즉 시각, 청각 또는 무감각 등의 지각적 손상 또는 마비 등이다. 규준 표본에서 *SOM-C*의 평균 점수는 매우

빠른 참조 6-1

신체적 호소(*SOM*) 하위 척도	
전환(*SOM-C*)	전환장애와 관련된 드문 감각적 · 운동적 역기능을 다루는 척도로, 실제 의학적 문제가 있을 경우 상승될 수 있음에 초점
신체화(*SOM-S*)	다양한 보편적인 신체적 증상과 건강 악화 및 피로감 등의 모호한 호소 등 자주 발생되는 신체적 증상에 초점
건강염려(*SOM-H*)	건강 상태 및 신체적 문제에 대한 집착에 초점

낮으며, 이는 일반인에게 이런 증상이 나타나는 경우는 드물다는 것을 의미한다. 이처럼 흔히 볼 수 있는 증상은 아니지만 지각적 · 감각적 문제를 초래하는 전환 관련 증상이 다양하기 때문에 전환 증상이 자주 발생되는 집단이 있다. 예를 들면, 다발성 경화증, 뇌졸중 및 기타 신경학적 장애가 있는 환자의 경우 감각적 · 운동적 문제를 경험할 수 있다. *SOM-C*는 PAI 척도들 중에서 다양한 형태의 중추신경계 손상에 가장 민감한 척도다. 음주와 관련해서 신경심리학적 문제가 나타나기 시작하는 만성 알코올중독자들은 흔히 *SOM-C*가 상승할 수 있다. 임상가들은 자기보고형 성격검사를 이용해서 전환 증상과 실제 기질적 문제를 변별하고자 시도하는 경우도 있다. 그러나 단순히 자기보고형 검사 결과에만 의존해서 이러한 장애의 진단 결정을 해서는 안 된다. 이러한 진단 결정을 위해서는 우선 자세한 의학적 평가가 있어야 한다.

신체화(*SOM-S*)

신체화(somatization: *SOM-S*) 하위 척도는 두통, 요통, 통증 또는 소화기 질환과 관련된 신체적 호소 등 일상적인 신체적 호소를 평가한다. 이런 호소는 증상의 유무가 아닌 증상의 빈도를 근거로 진단한다. *SOM-C*와 비교했을 때, *SOM-S*는 신체의 어느 한 기관에 국한되지 않고 더 모호하고 확산된 증상의 호소와 관련이 있다. *SOM-S*를 상승시키는 두 가지 요소가 있다. 한 가지는 일반적인 무기력과 권태감 등의 신체적 증상이고, 다른 한 가지는 더 일반적인 호소와 불편이 있는 경우다. *SOM-S*는 심리적 불편뿐만 아니라 신체적 불편과도 밀접한 관련이 있다. 이 척도가 상승한 경우는 자신의 신체적 불편감에 대해 장황하게 설명하는 경향이 있음을 나타낸다. 이들은 다양한 신체적 문제로 일상 기능을 제대로 수행하지 못한다고 보고할 수 있다. 경미한 신체적 증상, 건강 악화 및 피로감 등의 모호한 호소를 할 수 있고, 종종 건강 문제에 따른 불행감 및 고통을 경험할 수 있다. 이런 증상 양상은 신체형 장애와 일치한다.

건강염려(*SOM-H*)

건강염려(health concern: *SOM-H*) 하위 척도는 건강과 신체적 기능에 대한 집착을 지적한다. 이 척도는 자신의 건강 문제를 복잡하다고 지각하는 정도와 건강 문제를 개선하려는 노력에 관한 문항으로 구성되어 있다. 이 척도는 건강 문제의 심각성보다는 건강 문제에 대한 관심을 측정한다. 일반 환자의 경우 *SOM-H*의 점수 분포가 매우 광범위하고, 매우 심각한 건강 문제가 있는 환자라 하더라도 이 척도의 점수가 낮을 수 있다. 이들은 자신의 건강 문제에 대해 초연하기 때문에 오히려 다른 사람들이 더 염려를 하는 반면, *SOM-H*가 상승한 경우는 자신의 건강에 대한 문제에 지나치게 관심을 갖는 경향이 있음을 나타낸다. *SOM-H*가 상승할 경우 여러 가지 다양한 신체적 문제로 일상 기능에 지장이 있다고 보고하는 경우가 많다. 다른 하위 척도가 동시에 상승하지 않았다면, 이들은 오랫동안 복잡한 의학적 문제가 있다고 믿고 있으나 정작 다른 사람들이 보기에는 비교적 건강함을 나타낸다. 이들은 동년배의 사람들보다 자신의 건강이 좋지 않다고 느끼지만 다른 사람들이 보기에는 건강에 대해 지나치게 염려하는 것처럼 보인다. 또한 건강 상태와 신체적 문제에 대해 지속적인 관심을 나타내고, 건강이 좋지 않다는 것이 자아상에서 중요한 부분을 차지하고, 환자 역할에 익숙해져 있다.

주목해야 할 하위 척도 형태

SOM 하위 척도 형태 중 한 가지 주목할 것은 *SOM-C*와 *SOM-H*의 상대적 상승이다. *SOM-H*가 상승하지 않고 *SOM-C*만 현저하게 상승한다면

전환 히스테리로 분류할 수 있는 전통적인 무관심의 형태다. *SOM-S*와 *SOM-H*가 *SOM-C*에 비해 상대적으로 높을 경우 임상적 양상에서 호소와 고통이 현저한 부분을 차지한다. 이럴 경우 예전에 받았던 치료에 대한 불만을 표시한다.

진단적 고려 사항

*SOM*이 현저하게 상승하였다면 전형적으로 신체화 장애, 건강염려증, 전환장애 등의 신체형 장애와 가장 관련이 깊다. 심각한 의학적 상태인 환자의 경우에도 *SOM*이 상승할 수 있고, 이럴 경우 평균 *T* 점수는 65다(Osborne, 1994). 만성적인 경과를 가진 신체장애나 다발성 경색 혹은 외상적 뇌손상 등 중추신경계 손상이 있을 경우 더 높이 상승할 수 있다. 만성 알코올중독은 말초신경염 등의 신체적 증상을 일으킬 수 있고, 이에 따라 *SOM* 점수가 상승할 것이다. 이와 대조적으로, 약물 남용자의 *SOM* 척도가 상승하는 경우는 드물다. 이들은 건강 상태에 대해 관심이 없는 척 행동한다(*SOM-H*가 상대적으로 낮음). 성격장애 B군에 해당하는 장애, 히스테리성 및 경계선 성격장애의 경우 이 척도가 상승할 수 있다. 특히 스트레스를 경험하여 적응장애가 동시에 진단될 수도 있다. 강박장애의 증상도 특정 강박 행동이 건강과 관련된 문제에 초점이 맞춰질 수 있고, 이에 따라 *SOM-H*가 특히 상승할 수 있다. 마지막으로, *SOM* 상승은 조현병 및 관련 장애에서 관찰될 수 있다. 이럴 경우 신체적 호소는 신체망상과 관련될 수 있으며, 항정신병 약물의 부작용과 관련될 수도 있다.

치료적 고려 사항

*SOM*이 상승한 경우 치료적 접근에서 가장 핵심적인 도전은 신체적 기능 및 문제에 대한 신체적 설명에 집착하는 점이고, 전형적으로 심리적 요인의 역할을 살펴보는 것에 저항하기 때문에 더욱 힘들다. 이들은 이미 다양한 건강 전문가에게 치료를 받은 경험이 있고, 정신건강 전문가에 대해 회의적이며 불신감을 드러낼 수 있다. 또한 평가 결과 "모든 것이 당신 머리에 문제가 있기 때문이다."라는 답변을 할 것이라는 점도 이미 예상하고 있는 듯하다. 따라서 개입 초기에는 라포와 치료적 동맹을 형성하는 것이 결정적인 목표이고, 이를 위해 환자의 건강염려에 대해 지지적 · 공감적으로 경청할 뿐만 아니라 이전 치료 노력에 대한 불만을 수용해 줄 필요가 있다.

신체화 경향이 정서적 · 심리적 영역을 피하기 위한 것으로 반영될 경우 언어적 치료 접근은 상당히 어려워진다. 이들은 약물치료를 더 잘 수용하지만 신체적 기능에 대해 민감하므로 부작용을 참지 못할 수 있다. 이들은 흔히 많은 출처에서 처방된 여러 가지 약물을 복용하고 있을 것이고, 바람직하지 못한 상호작용이 발생될 수 있기 때문에 이미 복용하던 약물에 대해 면밀하게 평가해야 한다. 이들의 문제에 대한 인지적 측면, 정서적 측면, 대인관계적 측면을 탐색하기 위해 바이오피드백 또는 이완 훈련과 같이 심리적 기능과 신체 기능을 통합하는 데 초점을 두는 접근이 특히 유용할 것이다.

불안(*ANX*)

불안(anxiety: *ANX*) 척도는 수검자가 경험하는 긴장의 정도 및 부적 정서에 관한 비특정 지표다. *ANX*는 불안이 표현되는 서로 다른 방식을 평가한다. Lang(예: 1971)은 불안 양상을 변별한 선구자로, 인지적/신체적/행동적 불안 표현은 서로 관련되어 있지만 독립적이라고 했다. Lang은 불안에 대한 주관적인 감정을 인지적 요소에 포함시켰지만 감정을 정서적 측면과 인지적 측면으로 구분하려는 시도도 있다(예: Koksal & Power, 1990; Zajonc, 1980). 이와 같이 구분할 경우, 전체적인 불안 평가는 네 가지 체계를 평가해야 한다. PAI의 *ANX*는 이러한 불안 요소 중 세 가지를 평가한다. 불안의 구체적인 행동적 요소는 때때로 진단 결정의 근거가 되고, 이는 *ARD*에 포함되어 있다. *ANX*에서 행동적 요소를 제외하였기 때문에 *ANX*는 보다 일반적이고 비특정 불안지표가 되며, 특정 진단적 구성개념과 직접적으로 관련된 것은 아니다. *ANX*는 광범위한 불안 경험과 전형적인 불안 표현 방식과 관련이 있다.

ANX 전체 척도 점수는 전반적인 임상적 양상에서 불안이 관여되어 있는지 여부를 알려 주는 광범위한 지표가 된다. *ANX*의 *T* 점수가 60 미만 평균 점수일 경우는 불안과 긴장을 거의 호소하지 않는다. 이들은 침착하고 낙천적이며 스트레스를 효과적으로 처리할 수 있다. *T* 점수가 40 미만으로 매우 낮을 경우는 두려움이 없고, 어떤 상황에서는 무모하게 행동할 정도로 신중하지 못할 수 있다. *T* 점수가 60~70인 경우는 어느 정도의 스트레스를 경험하고 있고 걱정하고 있고 예민하고 감정적일 수 있다. *T* 점수가 70 이상인 경우는 상당한 불안과 긴장을 경험한다는 것을 지적한다. 이 범위에 해당하는 수검자는 지속적으로 긴장해 있고 불안을 반복해서

생각하는 경향이 있다. 이들은 심하게 긴장되어 있고 신경이 예민하고 소심하며 의존적일 가능성이 높다. *T* 점수가 70 이상으로 상승하면 적어도 1개의 하위 척도가 상승하는데, 불안을 표현하는 전형적인 양식을 밝히려면 상승한 하위 척도를 검토해야 한다. *ANX T* 점수가 90 이상 현저하게 상승하면 세 가지 하위 척도가 모두 상승할 가능성이 높고, 불안과 관련된 기능적 손상이 일반화되어 있다는 것을 시사한다. 이럴 경우 일상생활이 매우 제한적이고 불안이 너무 심해서 자신에게 기대되는 최소한의 역할도 수행하기 어려울 수 있다. 사소한 스트레스도 위기를 초래할 수 있고, 이러한 위기감이 반복될 경우 개인적인 불편감으로 심리치료를 받고자 하는 동기가 있어도 치료가 어려울 수 있다. 이 범위에 해당하는 대부분의 경우가 불안장애로 진단될 가능성이 높다. *ARD*를 살펴보면 구체적인 공포의 대상을 확인할 수 있지만, *ARD*가 상승하지 않는다면 불안이 유동적이고 생활 전반에 일반화되어 있다고 해석할 수 있다.

하위 척도 구조

〈빠른 참조 6-2〉와 같이 *ANX* 척도는 불안이 표현되는 서로 다른 방식과 관련이 있으며, 인지적/정서적/생리적 하위 척도로 구성되어 있다.

빠른 참조 6-2

불안(*ANX*) 하위 척도	
인지적 불안(*ANX-C*)	최근 당면한 문제에 대한 반복적인 걱정과 염려로 집중력과 주의력 손상에 초점
정서적 불안(*ANX-A*)	지각된 스트레스 수준이 상승되어 긴장하고, 이완하지 못하며, 피로감을 호소하는 것에 초점
생리적 불안(*ANX-P*)	긴장과 스트레스에 대한 외현적인 신체적 징후, 손에 땀이 나고, 손 떨림, 불규칙적인 심장 박동 및 숨 가쁨에 초점

인지적 불안(*ANX-C*)

인지적 불안(cognitive anxiety: *ANX-C*) 하위 척도의 문항은 손상에 대한 기대, 반추적 염려 및 불안장애의 인지치료적 맥락에서 다루는 인지적 신념(Beck & Emery, 1979)을 다룬다. 인지적 요소는 불안이 반추적으로 표현되는 양식과 관련 있다. 이들은 불안을 야기하는 사상을 지속적으로 떠올리는 경향이 있고, 이는 불안에 대한 내면화 접근이다. 이들은 불안을 억제하기보다 불안 경험에 지나치게 예민한 경향이 있고, 쉽게 불안해하는 것은 관념적인 표현 또는 원인일 수도 있다. 불안의 인지적 표현은 성격특성을 반영하는 것일 수 있고, 불안에 대처하는 성격적 특징과 최근의 스트레스를 지적하는 것일 수 있다.

ANX-C 추정치가 상승한 경우는 최근 당면한 문제에 대한 걱정과 염려에 의해 집중력과 주의력이 상당히 손상되었을 수 있다는 것을 나타낸다. 이들은 자신이 통제할 수 없는 문제와 사건에 대해 지나치게 염려하는 경향이 있다. *T* 점수가 85 이상 상승하였다면 지나친 걱정과 부정적인 기대 때문에 무력감을 느낄 수 있고, 잠입적인 강박적 사고에 대해 확인해야 한다.

정서적 불안(*ANX-A*)

정서적 불안(affective anxiety: *ANX-A*) 하위 척도는 불안의 특징인 긴장, 두려움 및 신경과민을 평가하는 문항으로 구성되어 있다. 이 불안은 특정 대상 또는 사건과 관련되기보다는 유동적일 가능성이 높다. 또한 지속적인 특성-불안을 반영하며, 어떤 사건을 위험 및 위협으로 경험하는 역치가 낮은 경향이 있다는 것을 지적한다. *ANX-A*가 높은 사람은 긴장 수준이 높고, 이완하기 어렵고, 지각된 스트레스 수준이 높아서 쉽게 피로해진다.

생리적 불안(*ANX-P*)

생리적 불안(physiological anxiety: *ANX-P*) 하위 척도는 불안의 신체적 표현을 평가하는 문항으로 구성되어 있다. 예를 들면, 심장이 두근거리고, 손에 땀이 나고, 호흡이 가빠지며, 현기증이 난다. 이 하위 척도는 *ANX-C*와 *ANX-A*의 양상과는 상당히 다른 구성개념과 관련되어 있다. 예를 들면, *ANX-P*는 우울증 지표와는 관련이 적은 반면, *ANX-C* 또는 *ANX-A*와 대조적으로 신체적 증상으로 표현하는 경향과 관련이 있다. 이러한 구분은 신체화(somatization)와 관념(ideation) 간의 차이를 분명히 해준다. *ANX-P*는 신체적으로 증상을 표현하는 것과 가장 상관이 높다. 이런 양상을 보이는 사람은 심리적으로 불안하다고 느끼지 않고 불안할 때 생리적 징후를 보인다. 이런 양상은 스트레스를 억압하는 대처 방식을 시사한다. 이들은 손에 땀에 나고 숨이 가빠지는 등의 외현적인 신체적 징후를 알아차리지만, 이런 징후가 불안 및 스트레스의 징후라는 것은 인식하지 못한다.

주목해야 할 하위 척도 형태

하위 척도들 중에서 가장 흥미로운 것은 *ANX-C*와 *ANX-P*의 상대적 상승을 비교하는 것이다. 이러한 비교는 위협에 대한 억제 대 민감화의 구분과도 유사하다(예: Byrne, 1961). 민감화하는 사람은 '*ANX-C*>*ANX-P*' 패턴을 보이고, 억제하는 사람은 반대 형태를 보인다. 이와 같은 구분은 불편감을 감소시키는 서로 다른 인지적 전략을 보여 준다. 억제하는 사람은 위협적인 상황에 대해 생각하는 것을 피하려고 하기 때문에 불안 경험을 회피한다. 이와 대조적으로, 민감하게 반응하는 사람은 위협에 지나치게 예민해서 위협을 직면하면 오히려 효과적인 행동을 할 수 있다. 어느 경우든 *ANX-A*의 상대적인 상승이 효율적인 전략 여부를 가늠하는 지표가 된다. *ANX-A*가 상승할 경우 선호하는 전략은 불안을 적절히 다루지 못할 것이다. 다른 하위 척도는 상승하지 않고 *ANX-A*만 상승한다면 공포증, 강박적 사고 또는 신체적 집착 등 특정 공포라기보다는 일반화된 불안을 나타낸다.

진단적 고려 사항

불안은 많은 임상적 상태에서 분명하게 지적되는 증상이므로 *ANX* 상승은 서로 다른 다양한 장애와 관련이 있다. *ANX* 점수의 상승은 여러 가지 불안장애 유형과의 진단적 상관이 가장 명확하다. 이런 장애가 있을 경우 *ANX* 점수가 상승하기 마련이지만, 하위 척도 유형은 서로 다른 장애에서 서로 다르다. 잠입적 사고와 관련된 관념 활동이 많은 강박장애, 또는 두려워하는 상황을 회피하는 것에 초점을 두는 사고 활동을 하는 공포증과 같이 관념적 요소가 현저한 불안장애의 경우 *ANX-C*가 현저하게 상승할 것이다. 생리적 반응이 현저한 불안장애의 경우, 예컨대 공황장애, 광장공포증 또는 외상후 스트레스 장애에서는 *ANX-P*가 상승할 것이다.

하지만 *ANX*는 다양한 진단군에서 상승한다. 적응장애에서 불안은 현저한 증상 중 하나에 해당하며, 이 경우에는 *STR*의 동반 상승도 살펴봐야 한다. 불안에 따르는 생리적 증상에 예민한 성향은 다수의 신체형 장애의 전형적인 특성이다. 조현병의 경우 *ANX* 상승은 정신병적 삽화에 따른 황폐화를 나타내는 불편감이거나 이런 삽화에서 회복된 것을 시사한다. 마지막으로, *ANX* 점수가 매우 낮은 경우는 반사회적 성격장애에서 지적되는 냉정함을 나타내는 것이다.

치료적 고려 사항

현저한 *ANX* 상승은 상당한 주관적인 불편감과 증상에 의해 무능하게 된다는 생각을 시사한다. 그 결과, 이러한 특징은 중요한 치료 동기가 될 수도 있고, 긍정적인 예후에 관한 징후가 될 수도 있다. 하지만 극단적으로 상승할 경우 지지적이고 당면한 위기를 다루는 데 초점을 두는 개입이 선행되어야 한다. 하위 척도 형태를 통해 서로 다른 치료 양식의 유용성 및 치료적 표적에 관한 정보를 수집할 수 있을 것이다. 예를 들면, *ANX-C*의 상승은 인지적 문제를 반영하므로 인지행동치료가 적합할 것임을 알 수 있다. 또한 *ANX-P*가 상승할 경우 자동적 각성을 통제하는 데 어려움을 경험할 수 있으므로 둔감화 절차 또는 불안 완화제를 통한 치료가 효과적일 수 있다.

불안 관련 장애(*ARD*)

불안은 대부분의 임상 장애에서 전형적으로 나타나는 특성이고, 그렇기 때문에 불안이 주된 증상인 구체적인 장애를 판별하는 데 한계가 있다. 하지만 장애에 따라 불안을 행동으로 표현하는 방식이 다양하기 때문에 진단적 증후군은 특징적인 행동으로 정의된다. 불안 관련 장애(anxiety-related disorders: *ARD*)는 *ANX*에서 측정하는 현저한 불안과 함께 중요한 세 가지 불안 관련 장애의 핵심적인 현상을 평가할 수 있는 구체적인 지표다.

*ARD*는 서로 다른 상태를 기술하는 하위 척도로 구성되어 있기 때문에 척도 점수를 해석하기 가장 어려운 척도다. *ARD*는 일반적으로 불안의 행

동 표현 정도를 측정한다. *ARD*의 *T* 점수가 60 미만으로 평균 범위에 해당하는 경우는 다양한 상황에서 불편감을 크게 경험하지 않는다는 것을 나타낸다. 이들은 전형적으로 안정되어 있고, 잘 적응하고 있으며, 매우 침착해 보인다. *T* 점수가 60~70에 해당하는 경우는 가끔 또는 경미한 정도의 불안을 경험하고, 이러한 불안을 통제하기 위해 부적응적인 행동을 보일 수도 있음을 나타낸다. 이들은 특정 대상에 대한 공포 또는 염려를 할 수 있고, 자신감이 낮을 수 있다. *T* 점수가 70 이상이라면 어떤 상황에 대한 불편감과 공포에 따른 손상이 있을 수 있다. 특정 하위 척도가 상승함에 따라 공포의 속성을 더 정확하게 알 수 있다. 이들은 불안정하고, 자신을 신뢰하지 못하며, 반복적으로 걱정하며, 사회적 상황에서 불편해한다. *ARD T* 점수가 90 이상 현저하게 상승한다면 복합적인 불안장애 및 불안과 관련된 광범위한 손상이 있을 수 있다. 이들은 심각한 심리적 혼동을 경험할 수 있다. 지속적으로 반추하며 실제로 과거에 있었거나 또는 상상에 의한 잘못에 대한 죄책감을 가질 수도 있다. 불안을 통제하기 위해 여러 가지 부적응적인 행동을 시도하지만, 불안을 경험하지 않고 기능을 손상시키지 않도록 하는 데 역부족이다.

하위 척도

〈빠른 참조 6-3〉과 같이 *ARD* 척도는 세 가지 하위 척도, 즉 강박장애, 공포증 및 외상적 스트레스로 구성되어 있다.

강박장애(*ARD-O*)

강박장애(obsessive-compulsive: *ARD-O*) 하위 척도는 오염에 대한 공포 또는 의식적 행동과 같은 증상적 특징과 완벽주의나 사소한 것에 지나치

빠른 참조 6-3

불안 관련 장애(*ARD*) 하위 척도	
강박장애(*ARD-O*)	잠입적 사고 또는 행동, 경직성, 우유부단, 완벽주의 및 제한적인 정서에 초점
공포증(*ARD-P*)	사회적 상황, 대중교통, 높은 곳, 폐쇄된 장소 또는 다른 특정 공포증과 같이 보편적인 공포에 초점
외상적 스트레스(*ARD-T*)	외상적 사건을 경험한 것에 초점을 맞추며, 이에 따라 고통이 지속되고, 이에 의해 내담자에게 어떤 변화가 발생되거나 치명적인 손상을 입은 점을 평가하는 것에 초점

게 신경을 쓰는 등 성격적 요소와 관련된 문항으로 구성되어 있다. 이러한 두 요소는 강박장애의 축 I과 축 II를 반영하는 것이다. 축 I은 잠입적이고 반복적인 생각이나 이미지, 행동과 관련이 있다. 문헌에 따르면, 이러한 생각에는 공통적으로 오염에 대한 공포가 주제가 되며, 이에 따라 손 씻기와 같은 회피 행동이 야기된다. 축 II는 완고하고 독단적이고 억제된 정서와 같은 성격 유형과 관련이 있다. 이 두 가지 행동 양상이 모두 *ARD-O*에 반영되어 있다.

*ARD*에 속하는 다른 하위 척도와 달리, *ARD-O*는 불안과 신경증적 경향에 대한 전통적인 지표와 상관이 낮다. 즉, *ARD-O* 점수가 높은 사람은 불안을 통제하기 위해 순서와 예측 가능성을 통해 강박적 전략을 적용한다는 것을 나타낸다. *ANX*가 정상 범위에 있으면서 *ARD-O*가 상승한다면 강박적 전략이 상당히 효율적으로 작용한다고 볼 수 있다. 하지만 이와 같은 불안 통제는 상당한 희생을 요구한다. 검사 결과의 다른 측면을 살펴본다면 완고하고 통제 욕구가 강해 대인관계적 문제가 지적되는 것을 알 수 있을 것이다. 하지만 *ANX*와 *ARD-O*가 동시에 상승한다면 불안을 통제하려는 강박적 전략이 성공적이지 않다는 것을 알려 주는 신호가 된다.

임상 표본에서 *ARD-O*가 상승하는 경우는 드물다. 이는 임상 표본에서 불안을 직접적으로 경험하는 것에 비해 강박적 행동과 방어가 더 드물다는 것을 시사한다. 따라서 *ARD-O*의 *T* 점수가 55~65로 상승하더라도 해석적 의미가 있다. 이 범위에 해당한다면 한 가지 사상을 반복해서 생각하고 사소한 것에 신경을 쓰고 순응적이며 태도와 행동이 다소 경직된 것처럼 보일 수 있다. *T* 점수가 65~75에 해당하는 경우는 상당히 경직되어 있고 융통성이 없으며 개인적인 행동 규칙을 고수하는 경향이 있을 수 있음을 나타낸다. 이들은 사소한 문제를 반복해서 생각한 나머지 때로는 의사결정을 내리기 어렵고 자신이 내린 결정의 중요성을 지각하기 어려울 수 있다. 또한 일상적인 변화, 예상치 못한 사건, 상반된 정보에 직면하면 스트레스를 경험하고, 특히 강한 정서를 수반하는 상황을 경계하는 경향이 있다. *ARD-O*의 *T* 점수가 75 이상 상승한다면 심하게 경직되어 있고, 반추적으로 염려하고 잠입적 사고가 있을 가능성이 높다. 이들은 자신의 충동을 두려워하고 이러한 충동을 통제할 수 있는 자신의 능력을 의심할 수 있다. 이들은 매우 우유부단하고 강박적 방어를 통해 강한 불안을 통제하기 어려워할 수 있다.

공포증(*ARD-P*)

공포증(phobias: *ARD-P*) 하위 척도는 높은 장소, 폐쇄된 공간, 대중교통, 사회적 노출 등 다양한 상황에 대한 일반적인 두려움을 평가하는 척도다. 이러한 공포증은 임상 장면에서 자주 관찰할 수 있는 공통적인 두려움을 근거로 선정한 것이다. 예를 들면, 사회공포증의 유병률을 고려해서 사회공포증과 관련된 문항으로 구성되어 있다. 따라서 이 척도가 상승한다면 심각한 사회적 불안을 경험한다는 것을 지적하는 것일 수 있다. 이 하위 척도는 일반적인 불안지표 및 다른 공포증 지표와도 밀접한 관련이 있다.

ARD-P 점수는 매우 낮더라도 해석적 의미가 있다. 원점수가 0 또는 1일 경우 *T* 점수는 대략 30 이하다. 이렇게 점수가 낮은 사람은 겁내는 것이 거의 없고, 공포를 느낄 만한 상황에서도 두려워하지 않는 경향이 있다. 이들은 적절한 경고가 있더라도 두려워하는 경향이 없으므로 무모하게 행동할 가능성이 있다. 정신병질적인 사람이 이 범위에 해당하는 경우도 있다. *T* 점수가 60~70일 경우 구체적인 대상에 대한 공포증이 있을 수 있으나, 심한 회피 행동은 없고 일상적인 기능을 수행하는 데에는 지장이 없다. *T* 점수가 70 이상 상승할 경우 수검자의 공포증적 행동은 어떤 식으로든 일상생활에 지장을 주고, 공포를 유발하는 대상이나 상황에 대한 접촉을 회피하기 위해 주변 환경을 항상 살피고 경계하는 경향이 있다. *ARD-P*가 현저하게 상승한다면 단순공포증이나 또는 더 제한된 대상에 대한 공포증을 경험하기보다 광장공포증과 같은 중다공포증이거나 공포가 생활 전반에 퍼져 있을 가능성이 있다.

외상적 스트레스(*ARD-T*)

외상적 스트레스(traumatic stress: *ARD-T*) 하위 척도는 악몽, 갑작스러운 불안, 외상 사건에 의해 돌이킬 수 없는 변화가 일어날 것 같은 느낌 등 외상적 스트레스에 대한 반응과 관련된 현상을 측정하기 위한 척도다. 전쟁 경험, 강간이나 학대, 스트레스 경험 등에 관한 문항으로 구성되어 있지만 외상 사건을 상세하게 다루는 것은 아니다. *ARD-T*가 상당히 상승할 경우 추후 질문을 통해 어떤 사건이 발생했는지 정확하게 알아보는 것이 유용하다. 이와 같은 방식을 통해 내담자가 말하기를 꺼리는 주제를 끄집어내도록 할 수 있다. 때때로 *ARD-T*는 내담자가 구체적인 외상적 기억에 대해 직접적으로 이야기하지 못하더라도 상승할 수 있다. 분명한 스트레스 요인을 알 수 없는 경우 아동기 학대에 대한 억제된 기억들이 갑작스럽게 떠올랐을 수 있다.

임상 장면에서 *ARD-T*가 상승하는 경우는 자주 볼 수 있다. 임상 표본의 평균 *T* 점수는 64다. 이는 치료 장면에 있는 환자에게 외상 사건의 발생 비율이 그만큼 높다는 것을 의미한다. 그러나 *ARD-T*가 상승하는 경우가 흔하기 때문에 이 척도를 외상후 스트레스 장애의 지표로 사용할 때에는 상당한 주의가 필요하다. 왜냐하면 특징적인 프로파일에는 *ARD-T*가 상승할 뿐만 아니라 다른 특성들도 포함되어 있기 때문이다. 즉, *ARD-T*가 상승할 경우 외상후 스트레스 장애를 고려할 수는 있지만 *ARD-T* 상승만으로 외상후 스트레스 장애를 단정할 수는 없다.

*ARD-T*의 *T* 점수가 65~75 범위에 해당하는 경우는 과거 고통스러운 외상 사건을 경험했고, 이 경험이 현재까지 지속해서 불편이나 불안을 야기할 가능성이 있음을 나타낸다. 점수가 상승할수록 외상 사건에 집착하는 정도는 증가한다. *T* 점수가 90 이상 상승한다면 생명을 위협할 정도로 심각한 외상 경험이 있었거나 그러한 외상 경험 때문에 자신은 회복이 불가능할 정도로 심한 장애가 있다고 생각하는 경향이 있다.

주목해야 할 하위 척도 형태

*ARD*를 구성하는 세 가지 하위 척도는 불안과 관련된 상이한 상태를 기술하므로 형태적으로 해석하기보다는 한 척도씩 추가해서 해석하는 경향이 있다. 가장 흥미로운 형태는 *ARD-O*가 상승하면서 *ARD-P*가 평균 이하인 경우다. 이 형태는 경직되어 있고, 잠재된 위협에 대한 역공포증적(counterphobic) 반응을 시사한다. 긍정적 인상관리를 시도했을 경우에도 이러한 양상이 나타날 수 있다. 특히 수검자가 평가 결과를 알게 될 사람에게 정리정돈과 침착함 등의 긍정적인 특성을 전달하고자 할 때 지적된다.

진단적 고려 사항

ARD 상승에 따른 진단적 시사점은 상당 부분 하위 척도에 따라 결정된다. 앞서 언급하였듯이, *ARD-O* 상승은 강박장애 또는 강박적 성격장애를 시사할 수 있다. 감별 진단은 개별 문항 탐색을 통해 가능할 것이다. *ANX*가 동반 상승한다면 이는 전형적으로 축 I (강박장애) 유형의 문제일 수 있다. 왜냐하면 다수의 성격장애의 특성은 불안과 같은 정서 경험을 억제하는 것에서 비롯되기 때문이다. ARD-P에서 그려지는 공포는 특정 공포증과 사회공포증 등의 진단과 일치하지만, 이와 동시에 회피성 성격장애 또는 조현병에서 지적되는 현저한 대인관계 문제에서 지적되는 수줍음 및 억제적 특성을 반영하는 것일 수도 있다. 끝으로 *ARD-T* 상승은 외상후 스트레스 장애 환자에게서 흔히 관찰할 수 있는데, 특히 PAI에서 외상후 스트레스 장애를 시사하는 다른 지표(예: *ANX- P, DEP-P, SCZ-S, PAR-H, MAN-I, AGG-P*)가 동반 상승할 때는 외상후 스트레스 장애로 진단될 수 있다. *ARD-T* 상승은 경계선 성격장애 또는 해리성 장애 등 아동기 학대 경험의 보고 빈도가 높은 진단군에서도 흔하다.

치료적 고려 사항

진단적 가설과 마찬가지로 *ARD*의 치료적 시사점도 하위 척도에 따라 다르다. *ARD-O*는 인지적 경직성을 시사하기 때문에 비구조화된 치료 형태는 불편해할 수 있다. 이런 수검자는 인지-행동 기법처럼 보다 구조화된 개입 유형에 반응을 보일 수 있고, 특히 치료 초기에 반응을 보일 수 있다. *ARD-T* 상승이 교통사고 또는 자연재해와 같은 비대인적 사건이 아닌 학대와 같이 애착 관계의 맥락에서 발생된 외상과 관련 있을 경우, 내담자는 치료 관계 자체에 상당한 경계심을 느낄 것이다. 이럴 경우 특히 치료 초기에 개방적이고 지지적인 접근을 적용하는 것이 중요하다.

우울(*DEP*)

우울(depression: *DEP*) 척도는 우울증후군의 주요 요소를 모두 포괄하면서 증후군의 심각도 전 영역을 적절히 평가할 수 있는 문항으로 구성되어 있다. 우울증의 임상적 증후군은 전형적으로 세 가지 요소로 구성되어 있다. 즉, 불행감과 무감동 등의 정서적 요소, 부정적 기대를 나타내는 인지적 요소, 그리고 수면장애나 식욕장애 및 에너지 수준의 저하 등의 생리적 요소로 구성되어 있다(예: Moran & Lambert, 1983). 역사적으로 널리 사용된 다양한 우울 척도 간에 비록 정적 상관이 있는 것으로 밝혀졌지만, 이러한 세 가지 요소 중 한 가지만 주목하여 다른 요소를 적절히 평가하지는 못했다. PAI의 *DEP*는 우울증후군의 주요 요소에 동일한 비중을 두고 우울증을 종합적으로 평가하기 위해 세 가지 요소를 각기 다른 하위척도로 구성하였다.

따라서 *DEP* 점수는 우울증으로 진단할 수 있는 전반적인 우울 증상을 나타내는 것이다. *DEP*의 *T* 점수가 60 이하로 평균 범위에 해당하는 경우는 불행감이나 불편감을 호소하지 않는 것을 나타낸다. 이들은 정서적으로 안정되어 있고, 자신감이 있고, 활동적이며, 이완되어 있다. *T* 점수가 60~70으로 중간 정도로 상승한 경우는 때때로 불행감을 경험하고, 민감하고 비관적이고, 자신을 신뢰하지 못한다는 것을 나타내는 것이다. *T* 점수가 70 이상 상승한다면 현저한 불행감과 불쾌감을 경험할 수 있다는 것을 나타낸다. 이들은 기력이 없고 자신이 즐기던 활동을 하지 못한다. 또한 죄책감과 울적한 기분에 사로잡혀 자신의 삶에 만족하지 못할 수 있다. *T* 점수가 80 이상 상승한다면 주요우울 삽화로 진단될 가능성이 증가하고, *T* 점수가 95 이상 현저하게 상승한다면 주요우울 삽화 진단을 고려해야 한다. 이 범위에 해당하는 이들은 무망감과 불만족을 가지며 자신은 쓸모없는 인간이라고 느낀다. 또한 사회적으로 위축되어 있고 다른 사람이 자신을 이해해 주지 않고 중요하게 생각하지 않는다고 느낀다. 이들은 전형적으로 사회적 역할 책임감을 추구하려는 에너지가 거의 없고, 타인의 관심 밖에 있으려 하며, 어떤 동기도 없다. 이 범위에 해당할 경우 자살관념도 흔하며, 특히 *DEP*와 *SUI*가 동시에 상승할 경우를 주의해야 한다.

하위 척도

〈빠른 참조 6-4〉와 같이 *DEP* 척도는 우울증후군과 관련된 서로 다른 세 가지 요소를 하위 척도로 포함한다.

인지적 우울(*DEP*-*C*)

우울증의 인지적(cognitive) 요소는 상황적 요구를 처리하는 과정에서 개인의 부적절감, 무능력 및 무망감에 대한 기대와 신념을 포함한다. 인

빠른 참조 6-4

우울(*DEP*) 하위 척도	
인지적 우울(*DEP–C*)	무가치감, 무망감, 그리고 개인적 실패에 관한 생각과 우유부단, 집중력 문제에 초점
정서적 우울(*DEP–A*)	슬픔, 일상적 활동에 대한 관심 상실, 무감동에 초점
생리적 우울(*DEP–P*)	수면 문제, 식욕 변화 및 체중 감량 등 신체적 기능 수준, 활동성과 에너지에 초점

지 이론가들에 따르면, 우울증은 주로 이러한 기대와 신념에서 비롯되는 것이다. 이러한 인지적 특징을 가지고 있는 사람은 부정적 사건에 직면할 경우 그 결과를 자신의 무능력과 부적절감에 귀인하고, 긍정적 사건에 직면할 경우 긍정적 측면을 최소화하며, 행운이나 다른 사람의 도움에 귀인하는 경향이 있다. 그 밖에 우울증의 인지적 특징에는 선과 악, 흑과 백처럼 사상을 극단적으로 보는 이분법적 사고, 사소한 실수를 저지르더라도 다른 사람이 다 알 것이라는 자기 참조적 가정, 부정적 사건의 선택적 추론 등이 있다.

인지적 우울(*DEP-C*)은 이러한 신념과 태도를 평가해서 개인의 유능감이나 자기효능감을 포함하는 자아존중감의 중요한 요소들을 알아볼 수 있는 하위 척도다. 이 척도가 상승한 경우는 자신은 아무런 가치가 없고 희망도 없는 실패자로 생각할 가능성이 있다. 이들은 매우 비관적이고 자신감도 낮다. 따라서 긍정적인 삶의 변화에 대해 무력하며, 자신은 그러한 변화를 할 수 있는 능력이 없다고 생각한다. 점수가 상승함에 따라 집중력이 저하되어 우유부단한 태도를 나타낼 가능성이 높아진다. 반대로 *DEP-C*의 *T* 점수가 40 이하로 낮다면 자신의 능력으로 못할 일이 없다고 생각하며, 과대성이나 자기애적 경향이 있을 가능성이 높다.

정서적 우울(*DEP-A*)

우울증의 정서적(affective) 요소는 심리적 불편, 불행, 비애, 우울 및 의기소침과 같은 느낌에 관한 경험을 의미한다. 정서적 우울(*DEP-A*)의 상승은 슬픔, 일상적인 활동에 대한 흥미의 상실, 과거에 개인적으로 즐기던 일들에 대한 즐거움의 상실 등을 시사한다. *DEP-A*는 PAI의 다른 어떤 척도보다 생활에 대한 전반적인 만족도를 가장 직접적으로 측정하는 척도다. 따라서 *DEP-A*는 개인적 불편을 측정한다는 측면에서 볼 때 긍정적인 예후를 지적하는 지표라고 볼 수 있다. 이 척도가 현재 자신이 처한 상황에 대한 불만을 반영하기에 불만과 관련된 불편은 변화에 대한 동기가 될 수 있기 때문이다.

생리적 우울(*DEP-P*)

생리적(physiological) 우울(*DEP-P*) 하위 척도는 수면 문제, 식욕 문제, 흥미 상실, 욕구 저하 등 우울증의 생장 징후들을 포함하는 문항으로 구성되어 있다. *DEP-P*의 상승은 신체적 기능의 변화를 경험하고 있다는 것을 시사한다. 이 하위 척도가 상승한 경우는 수면장애, 에너지 수준과 성적 관심의 저하, 식욕 상실과 체중 감소 등을 경험하고 행동이 느릴 가능성이 있음을 나타낸다. 에너지 수준의 저하는 *DEP-A* 상승이 시사하는 무감동을 더욱 악화시킨다. 왜냐하면 내담자는 자신이 참여하는 대부분의 활동을 방해하는 무력감을 극복할 수 없을 것이라고 느끼기 때문이다.

주목해야 할 하위 척도 형태

*DEP-C*와 *DEP-A*는 상관이 매우 높고, *DEP* 하위 척도 형태에서 가장 전형적인 하위 척도의 형태는 이 두 가지 하위 척도와 *DEP-P* 점수를 대조하는 것이다. 두 가지 하위 척도는 상승한 반면 *DEP-P*는 정상 범위에 해당한다면, 내담자는 상당한 불편과 불행감을 경험하지만 우울 증상은 다른 두 가지 척도에서 지적된 문제에 따른 부수적 증상일 것이다. 임상 척도 중 상승한 척도가 지적되지 않는 경우라면 이러한 양상이 보다 경미하지만 불쾌감과 같이 더 오래 지속된 형태일 수 있으며, 특히 임상 척도 중 *BOR*이 가장 상승한 척도일 경우 그러하다.

*DEP-P*는 상승했으나 다른 두 가지 하위 척도는 상승하지 않았을 경우에는 두 가지 가능성을 고려할 수 있다. 첫째, 이런 형태는 내담자가 부정

적인 정서 경험을 억압하려 하지만 신체적 형태로 불편감이 표현되는 것을 지적할 수 있다. 일반적으로, 이런 형태가 지적될 경우 *SOM* 하위 척도 중 최소한 하나의 하위 척도가 동반 상승하는 것이 전형적이다. 둘째, 다른 문제들에 의해 식욕 또는 수면 등 생명 유지에 중요한 기능에 지장이 초래될 수 있다. 예를 들면, 외상후 악몽, 조증 또는 강박적 반추에 의해 수면 양상이 손상될 수 있을 것이다.

*DEP-A*는 상당히 상승한 반면 *DEP-C*는 정상 범위에 해당하는 형태도 주목해야 한다. 이는 현저한 불행감을 경험하지만 자아존중감은 온전하므로 불편감을 초래한 원인이 외부 사상일 것이라고 추측할 수 있다. 이러한 형태는 단순한 사별과 같은 상황에서 나타날 수 있으나, 문제에 대한 책임을 투사하거나 현재 경험하는 불만족의 원인에 성격적 요인이 관여되어 있다는 사실을 인정하지 않으려 할 때에도 나타날 수 있다.

진단적 고려 사항

*DEP*가 상승했을 때 가장 처음 떠오르는 진단은 분명히 우울 기분장애의 형태일 것이다. 세 가지의 하위 척도의 *T* 점수가 모두 70 이상 상승한다면, 내담자는 주요우울 삽화의 준거를 충족할 수 있다. 하지만 *DEP*가 상승했으나 *DEP-P*는 상승하지 않았다면 기분부전장애와 같은 보다 경미한 형태의 장애를 나타내는 것이다. *DEP*와 다른 척도 간의 관계를 통해 서로 다른 우울장애를 구분할 수 있다. 다른 척도는 상승하지 않고 *STR*과 *DEP*가 비슷한 정도로 동반 상승한다면 우울증이 반응성 또는 상황에 따라 발생된다는 것을 나타낸다. 반면 *BOR*과 *DEP*가 비슷한 수준으로 동반 상승한다면 우울증은 보다 지속적이고 성격적 요인이 관여되어 있음을 나타낸다. *DEP-P*가 현저하게 상승하고 *MAN*은 매우 낮다면 내인성 또는

침울한(melancholic) 우울증일 가능성이 있으며, 이런 형태는 운동 지체와 무감동을 반영한다.

*DEP*는 광범위한 주관적 불편감을 측정하는 척도이기 때문에 다수의 정신과적 장애에서 상승할 수 있다. 따라서 *DEP*가 상승했다고 해서 우울장애만을 고려해서는 안 된다. 하지만 다른 척도가 상승하지 않았다면 우울장애의 가능성은 증가된다. *DEP* 상승은 불안장애, 외상후 스트레스 장애, 신체형 장애 또는 물질남용장애 등의 장애에 따른 부수적인 불편감을 반영하는 것일 수 있다. 조현병의 경우 특히 정신병적 삽화가 해결된 후 심각한 우울증을 경험할 수 있다. 우울 증상들은 조증 삽화 중의 히스테리 증상을 반영하는 것일 수도 있다.

치료적 고려 사항

DEP 상승은 주관적 불편감 수준과 관련이 있기 때문에 강력한 치료 동기로 작용할 수 있고, 따라서 긍정적인 예후의 징후일 수도 있다. 하지만 *DEP*가 현저하게 상승했다면 수검자는 무감동하고 치료에 참여하기에는 에너지가 부족할 수 있다. 이럴 경우 치료 초기에 항우울제를 사용하여 심리사회적 개입에 참여하도록 촉진할 필요가 있다. 자살관념은 *DEP*가 상승한 수검자를 위한 치료에서 반드시 고려해야 한다. 이럴 경우 *SUI*와 자살 가능성을 시사하는 다른 지표를 신중하게 검토해야 한다. 이런 환자는 치료 초기에 지지와 위기 개입을 적용해야 하고, 초기의 위기가 누그러지면 보다 구체적인 초점을 둔 기법으로 전환하는 것이 바람직하다.

우울증에 유용한 것으로 검증된 치료들은 다양한 형태가 있고, *DEP* 하위 척도는 서로 다른 개입과 관련된 치료 표적을 판별하는 데 유용하다. 예를 들면, *DEP-C*가 상승한 경우 수검자는 자신의 자기효능감과 관련해서 왜곡된 사고를 경험하고 있으므로 인지치료가 적합할 것이다. *DEP-P*는 우울증의 생장 증상의 징후이며, 다양한 항우울제에 가장 좋은 반응을 보인다. 끝으로, *DEP-A*는 특히 치료에 대한 환자의 주관적 반응을 추적하는 데 유용하다. 왜냐하면 *DEP-A*는 수검자의 현재 삶에 대한 만족도를 직접적으로 표현해 주기 때문이다.

조증(*MAN*)

조증(mania: *MAN*) 척도는 조증 삽화 동안 전형적으로 나타나는 원형적 징후를 측정하기 위한 것이다. 조증은 증상의 동요가 많은 장애이기 때문에 특정 시기에 수검자의 심리 상태를 평가하는 교차평가(cross-sectional assessment) 기법에서는 하나의 도전이기도 하다. 특정 조증 삽화 내에서도 증상은 다양하게 변화될 수 있다. 예를 들면, 매우 짧은 기간 내에 감정적 고양이나 초조감과 우울한 기분이 교대로 나타날 수 있다. Goodwin과 Jamison(1990)은 조울증후군을 종합적으로 검토하면서 증상을 네 가지 광범위한 영역, 즉 ① 기분, ② 인지적 증상, ③ 활동과 행동, ④ 정신병적 증상으로 구분하였다. 이 연구자들은 네 가지 영역에서 상이한 징후와 증상에 대해 진단적 민감도를 알아보았다. 기분에 관한 증상으로 초조감 · 우울 및 행복감이, 인지적 증상으로 과대성 · 사고 질주 및 집중력 저하가 그리고 행동적 증상으로 과다 행동 · 사고 압박 및 수면 감소가 가장 흔했다. 반면 망상 또는 환각과 같은 정신증적 증상의 빈도는 적었다. 따라서 최종적으로 *MAN*은 기분, 인지 및 행동의 혼동에 초점을 맞추고, 정신병적 특징은 가중치가 낮았다.

임상 장면에서 *MAN*이 상승하는 경우는 매우 드물다. 실제로 환자 집단과 일반 성인 집단의 *MAN* 평균 점수는 거의 같다. 따라서 *MAN*의 점수를 유의미하게 해석하기 위해서는 기준이 되는 점수를 더 낮게 설정할 필요가 있다.

*MAN*의 *T* 점수가 평균인 55라면 조증이나 경조증(hypomania)의 특징이 거의 나타나지 않는다. 우울한 사람은 과대적이지 않고 활동 수준도 높지 않지만 초조감은 높을 수 있다. 따라서 우울한 사람이라도 *MAN*이 크게 낮지 않을 수 있다. *T* 점수가 55~65에 해당한다면 적극적이고 활동적이며 자기 확신이 강한 사람일 수 있다. *T* 점수가 65에 가까울수록 참을성이 부족하고 적대적이며 쉽게 화를 낼 수 있다. *T* 점수가 65~75 범위에 해당한다면 안절부절못하고 충동적이고 에너지 수준이 높을 수 있다. 이들은 동정심이 없고 성질이 불같은 사람으로 보일 수 있다. *MAN*의 *T* 점수가 75 이상 현저하게 상승한다면 조증, 경조증, 순환성 기분장애일 가능성이 있다. 이들은 자신이 실제로 할 수 있는 것보다 더 많은 일을 벌이고 이런 활동을 제약하는 사람에게 적대적으로 반응할 수 있다. 이들은 전형적으로 매우 충동적이고 만족을 지연하는 능력이 부족하다. 충족을 지연해야 할 상황에 직면할 경우 판단력이 결여되어 역할 기능이 크게 손상될 수 있다. 또한 사고 비약이나 과대망상을 경험할 수 있다. 다른 사람과의 상호작용에서 많은 문제를 경험할 가능성이 높고, 자기애적 경향과 적대감이 타인에 대한 공감 능력을 방해할 수 있다.

하위 척도

〈빠른 참조 6-5〉와 같이 *MAN*은 세 가지 하위 척도, 즉 활동수준, 과대성 및 초조성으로 구성되어 있다.

빠른 참조 6-5

조증(*MAN*) 하위 척도	
활동수준(*MAN-A*)	광범위한 활동에 관여하지만 무질서하고 매우 빠른 사고 과정과 행동에 초점
과대성(*MAN-G*)	고양된 자존감, 확장 및 자신이 특별하고 독특한 기술이나 재능을 가졌다는 신념에 초점
초조성(*MAN-I*)	주위 사람들이 자신의 계획, 요구 또는 생각을 비현실적이라고 생각하고 들어 주려는 능력이나 의지가 없다는 좌절감으로 긴장된 관계에 초점

활동수준(*MAN-A*)

조증의 가장 중요한 특징은 행동 및 사고가 고양되는 것이다. 따라서 사고(예: 사고 비약)와 행동(예: 운동 활동)의 강도와 속도가 증가한다. 이러한 특징 때문에 행동의 양은 증가하지만 행동의 질은 저하된다. 즉, 활동수준(activity level: *MAN-A*) 하위 척도 점수가 증가함에 따라 아이디어와 외현적 활동에 대한 압박과 혼란이 나타난다. 따라서 *MAN-A*가 높다는 것은 단순히 많은 활동에 관여한다는 것뿐만 아니라 지나치게 관여하고 개입하는 행동 자체가 비효율적이라는 것을 지적한다.

*MAN-A*는 임상 척도 중 점수가 가장 낮을 가능성이 높다. *T* 점수가 30 이하라면 활동수준이 매우 낮고 심각한 우울증에서 볼 수 있는 정서적 냉담과 무관심이 나타날 수 있다. *T* 점수가 55~65로 중간 정도 상승한 경우는 활동수준이 정상적인 수준보다 다소 높다는 것을 의미한다. *T* 점수가 65에 가까울수록 지나치게 많은 활동에 개입하고 관여하겠지만 반드시 어수선해 보인다는 것은 아니다. *T* 점수가 75 이상 상승한다면 행동이 너무 혼란스러워 다른 사람이 이해하기 어려울 수 있고, PAI와 같은 검사를 끝까지 수행하기 어려울 정도로 집중력이 저하될 수 있다.

과대성(*MAN-G*)

조증의 과대성이란 자기상의 확장 또는 자신의 재능과 능력에 대한 과대평가를 뜻한다. 과대성(grandiosity: *MAN-G*) 하위 척도는 여러 가지 재능과 능력에 대한 자기 평가에 관한 문항으로 구성되어 있다. 과대성을 가진 사람은 어떤 일이든 자신이 잘할 수 있다는 신념이 있으므로 *MAN-G*가 상승할 수 있다. 과대성이 다소 약할 경우 낙천주의적 경향과 자신의 약점을 받아들이지 않으려는 것을 의미할 수 있다. 과대성이 극단적으로 강하다면 자신의 한계를 인식하지 못하고 자신의 능력에 대해 정확하게 판단하지 못할 수 있다.

*MAN-A*와 마찬가지로, *MAN-G* 역시 점수가 낮을 경우라도 해석적 의미가 있다. 이 하위 척도의 핵심적 요소는 자기 평가와 관련이 있기 때문에 반드시 우울하지 않더라도 자아존중감이 낮은 사람을 찾아내는 데 유용할 수 있다. *MAN-G*가 매우 낮다면 자신을 부적절하게 느끼고 긍정적 측면을 수용하거나 인정하기를 꺼리는 경향이 있는 사람과 마찬가지로 우울증에 취약할 수 있다. 반대로 *DEP*와 *MAN-G*가 동반 상승하는 경우 최근 자신이 처한 생활 상황을 비난함으로써 책임을 외부로 돌리려는 경향을 지적하는 것일 수 있다. 예를 들면, 망상적 경향이 있는 사람은 외적인 힘을 처리할 수 있는 자신의 능력을 의심할 수 있지만 자아존중감은 그런대로 유지할 수 있다. 이럴 경우 *DEP-C*가 상승할 수 있지만 외적인 힘에 저항할 수 있는 능력을 의심하면서도 문제의 원인을 외부 탓으로 돌리기 때문에 자아존중감이 손상되지 않을 수 있다. 따라서 *DEP-C*보다 *MAN-G*는 낮은 자기개념이 내면화된 정도를 더 잘 반영하는 척도일 수 있다.

*MAN-G*의 *T* 점수가 60~70으로 중간 정도 상승한 경우는 낙천적이고 정열적일 수 있음을 나타낸다. 이럴 경우 성공과 성취를 위한 전략에 초점을 두고 자기 확대와 자신감을 향상하는 사고가 뚜렷할 수 있다. *T* 점수

가 70에 근접할수록 확대된 자아존중감이 더 높아질 수 있다. *T* 점수가 70 이상 상승하였다면 과대성이 있는지 검토해 보아야 한다. 이럴 경우 다른 사람보다 일상적 기술이 매우 높다는 신념에서부터 명성과 행운을 얻을 수 있는 특별하고 독특한 재능이 있다는 망상적 신념에 이르기까지 다양한 정도로 자신을 과장할 수 있다. 이들은 흔히 자기중심적이고 자기애적 경향이 강하다.

초조성(*MAN*-*I*)

고양된 기분은 조증의 중요한 정서적 특성이지만, 실제로 기대한 만큼 기분의 고양이 나타나지 않을 수 있다. 오히려 정서적 변덕이 더 보편적인 증상이다. 조증 삽화를 경험하는 사람은 좌절에 직면하면 기분이 갑자기 변할 수 있다. 따라서 초조성(irritability: *MAN-I*) 하위 척도는 조증 환자가 좌절에 직면했을 때 전형적으로 나타나는 초조성을 평가하기 위한 문항으로 구성되어 있다. 이 문항들은 두 가지 측면을 다루는데, 어느 정도의 야심 및 좌절에 대한 내성이 제한적인 점에 관한 것이다. 이러한 특성들이 결합되어 *MAN-I*는 *PAR* 하위 척도가 측정하는 보편적으로 특성과 관련된 적대감이 아닌 구체적 특징을 직접적으로 측정하는 지표가 된다.

*MAN-I*의 *T* 점수가 40 미만인 경우는 참을성이 있고 좌절을 경험하더라도 잘 견딜 수 있다는 것을 나타낸다. *T* 점수가 60~70 정도로 상승한다면 참을성이 부족하고 쉽게 좌절을 경험한다는 것을 의미한다. *T* 점수가 70에 가까울수록 타인에게 요구가 많은 것처럼 보일 수 있다. 이들은 자신에게 협조적이지 않거나 자신의 계획이나 활동에 따라 주지 않는 사람과는 잘 지내지 못한다. *T* 점수가 70 이상 상승한 경우는 요구하는 것이 많아 주변 사람이 스트레스를 받을 수 있음을 나타낸다. 이들은 다른 사람과 협동해서 일하기 어렵기 때문에 쉽게 좌절을 경험할 가능성이 높다.

또한 이들은 자신의 실패를 다른 사람의 탓으로 돌리고 자신의 계획을 다른 사람이 방해한다고 느낄 수 있다. *T* 점수가 80 이상 상승한다면 좌절감을 경험한 적이 있는 상황에 직면할 경우 매우 변덕이 심하고 판단력이 떨어질 수도 있다. 이런 상황에서는 기분도 매우 급격히 변할 수 있지만 기분이 변하는 원인을 다른 사람의 탓으로 돌리는 경향이 있다.

주목해야 할 하위 척도 형태

세 가지 하위 척도 중 *MAN-I*는 나머지 두 척도와 관계없이 상승하는 경향이 있다. 이는 참을성이 부족하고 좌절을 견디는 능력이 부족한 우울한 사람 및 분노 관리 문제가 있는 사람에게서 관찰할 수 있는 전형적인 징후다. *MAN-I*가 *MAN-A*와 *MAN-G*에 비해 상대적으로 점수가 낮다면 보다 긍정적인 징후다. 왜냐하면 수검자의 에너지와 열정이 효과적인 활동으로 전환될 수 있을 만큼 보존되어 있다는 것을 반영하기 때문이다. *MAN-G*와 *MAN-I*가 동반 상승한다면 고양된 자아존중감을 시사하고, 건방짐과 오만 등으로 드러날 것이다. 특히 *BOR-I*가 상승한다면 상처를 받을 때 쉽게 자아존중감이 상할 수 있을 것이고, 위협을 받으면 좌절에 대해 주변 사람의 탓으로 돌릴 것이다. 이들은 아마도 자기 자신을 적대적으로 보는 것이 아니라 힘과 자신의 생각 그리고 신념의 중요성에 따라 행동하는 것이다.

진단적 고려 사항

대부분의 임상적 진단군에서 *MAN*이 상승하는 경우는 상대적으로 드물다. 왜냐하면 정서적 문제를 호소하는 환자가 고양된 활동수준이나 자아존중감이 상승된 경우는 거의 없기 때문이다. *MAN*의 진단적 함의는 하위 척도의 형태에 따라 달라진다. 세 가지 하위 척도가 모두 상승했을 경우 양극성 정동장애 내 조증 삽화가 가장 유력하다. *MAN-G*의 상승에 따라 *MAN*이 상승한 경우라면 현저한 자기애적 병리에 따른 장애로 문제가 발생되었을 가능성이 있기 때문에 자기애 또는 반사회적 성격장애를 염두에 둬야 한다. 끝으로, *MAN-I*에 의해 *MAN*이 상승했다면 충동 조절 그리고 특히 분노 관리 문제가 주된 문제일 가능성이 높다. *AGG*가 동반 상승했다면 간헐적 폭발장애 진단을 생각해 보아야 한다.

치료적 고려 사항

MAN 상승은 일반적으로 심리사회적 개입에 대한 부정적인 예후를 나타낸다. 이들은 흔히 치료 동기가 될 만큼 불편감을 호소하지 않는다. 혼동 또는 문제에 대한 책임을 외부로 귀인하며, 따라서 개인적 변화에 대한 욕구를 느끼지 않는다. 치료를 받는다고 하더라도 인내심과 좌절에 대한 내성이 부족하여 느리다고 지각한 치료적 진전을 견디지 못한다. 부정적 정서 경험을 방어적으로 회피한 보상으로 인해 치료적 저항이 오히려 늘어나고, 치료적 진전이 이뤄질 때 치료를 조기 종료할 수 있다. 조증 삽화가 의심되는 하위 척도 형태가 나타날 경우, 치료 초기에는 약물 선호도와 내담자의 판단력, 의사결정을 지지적으로 탐색해야 한다. 자기애적 병리가 시사되는 하위 척도 형태라면 치료 초기에 직면하는 도전은 동맹 형성일 것이다. 왜냐하면 내담자는 치료자의 전문성을 의심하고 치료자에게 경쟁적이거나 평가 절하하는 발언들을 할 가능성이 있기 때문이다. 어느 경우든 치료 초기 단계에는 적극적이고 보다 직접적인 치료적 자세를 취하여 내담자가 치료에 참여하도록 해야 한다.

망상(*PAR*)

망상(paranoia: *PAR*) 척도는 편집증의 증상과 지속적인 특성에 초점을 둔다. 편집증적 특성은 더 심각한 정신병리를 반영하는 다양한 장애에서 관찰할 수 있다. 망상은 편집증적 성격장애에서 나타나는 것과 같은 성격적 의심에서부터 망상형 정신병의 특징인 피해망상에 이르기까지 다양한 형태로 나타난다. 편집증적 증상은 단지 이러한 증후군에 국한된 증상이 아니다. 조현병, 조증, 반사회적 성격장애나 경계선 성격장애와 같은 성격 및 기질 장애에서도 관찰할 수 있다. 주된 진단에 관계없이 편집증적 특성이 있다면 진단과 치료적 노력을 의심하고 방어적이기 때문에 평가하기 어려운 경우가 많다. 이런 점을 고려하여 PAI는 *PAR* 문항에 대한 방어적인 수검자 태도의 영향을 줄이기 위해 망상의 외현적 증상보다 현상적인 측면에 더 큰 비중을 두었다.

*PAR*은 망상의 일시적인 증상 및 안정된 성격적 요소를 밝히기 위한 문항으로 구성되어 있다. 위협이 될 만한 환경적 요소에 대한 감시나 경계, 적대적이고 악의를 품는 경향, 다른 사람이 자신을 부당하게 대우하는 것에 대한 민감성 등과 관련된 문항으로 구성되어 있다. *PAR*의 점수는 대인관계에서 나타나는 불신과 적개심에 대한 직접적인 측정치로 사용할 수 있다. *PAR*이 평균 *T* 점수인 60 이하인 경우는 대인관계에서 개방적이고 타인을 잘 용서해 준다는 것을 시사한다. *T* 점수가 60~70에 해당한다면 민감하고 완고하며 회의적으로 보일 수 있다. *T* 점수가 70에 가까울수록 대인관계에서 경계하고 주의하는 경향이 증가할 수 있다. *T* 점수가 70 이상 상승할 경우 다른 사람을 공개적으로 의심하고 적대적일 가능성이 증가한다. 이들은 가까운 사람에 대해서도 불신하고 친하게 지내는 친구가

거의 없을 수 있다. *T* 점수가 84 이상 현저하게 상승한다면 전형적인 망상적 경향이 강하게 나타날 수 있다. 이들은 질투심이 많고 다른 사람을 자주 비난하기 때문에 대인관계에서 문제가 있을 수 있고, 이에 따라 관계망상, 피해망상 및 과대망상을 동반할 수도 있다.

하위 척도

〈빠른 참조 6-6〉과 같이, *PAR*은 세 가지 하위 척도, 즉 과경계, 피해망상 및 원망으로 구성되어 있다.

과경계(*PAR-H*)

망상적인 소인을 가지고 있는 사람은 잘 모르는 사람을 신뢰하지 않는 경향이 있다. 이들은 잘 모르는 사람과의 상호작용에서 매우 조심하고 경계하며, 상대방이 신뢰할 수 없는 사람이라는 것을 지적하는 징후를 찾으려고 노력한다. 이런 경향은 신념이라기보다는 다른 사람과 관계하는 상황과 관련이 있고, 다른 사람과 관계하는 방식에서 나타난다. 따라서 과경계(hypervigilance: *PAR-H*) 하위 척도의 상승 자체가 망상 체계를 지적하

빠른 참조 6-6

망상(*PAR*) 하위 척도	
과경계(*PAR-H*)	의심과 주변 환경 내 실제 또는 상상에 따른 타인의 모함을 감시하는 경향에 초점
피해망상(*PAR-P*)	부당한 대우를 받고 있고 다른 사람이 자신이 하는 일을 방해한다는 신념에 초점
원망(*PAR-R*)	대인관계에서 신랄함과 회의성, 타인에 대한 악의를 품고 불행에 대한 책임을 외부로 전가하는 경향에 초점

는 것으로 해석하기는 어렵다. 오히려 *PAR-H*의 상승은 다른 사람과의 관계에서 늘 경계하고, 경계 태세를 늦추지 못하고 긴장한다는 것으로 해석해야 한다.

*PAR-H*는 매우 낮을 수도 있다. *T* 점수가 40 이하라면 다른 사람을 지나치게 신뢰하고 개방적일 가능성이 있다. 수검자의 자기보고가 정확하다고 가정할 경우, *PAR-H*가 이렇게 낮은 사람은 다른 사람과의 관계에서 쉽게 이용당할 수 있고, 특히 *DOM*이 낮다면 이용당할 가능성은 더욱 증가할 수 있다. 그러나 자신이 믿을 만한 사람인 것처럼 보이려고 시도할 경우에도 *PAR-H*가 이 범위로 낮아질 수 있다. *T* 점수가 60~70 범위로 상승한 경우는 다른 사람과의 관계에서 독단적으로 행동하고 의심하는 경향을 보임을 나타낸다. 이들은 다른 사람이 이해하기 어려워하는 사람일 수 있고, 또한 잘 아는 사람이라도 일정한 거리를 두고 사귈 수 있다. *T* 점수가 70 이상 상승한다면 다른 사람을 믿지 못하고, 다른 사람이 자신을 해치거나 명예를 손상시키려고 한다는 증거를 찾기 위해 주변을 감시하는 데 많은 시간을 허비할 수 있다. 이들은 지나치게 예민하고, 어떤 방식으로든 다른 사람에게 상처를 입히려고 시도할 수 있고, 잘 알고 지낸 사람이나 주변 사람의 동기를 의심하고 불신하는 것을 당연하게 생각하는 경향이 있다. 이런 특징 때문에 직장 동료와의 관계가 늘 긴장되어 있고, 일을 성공적으로 수행하려면 비정상적일 정도로 많은 지지와 도움이 필요할 수 있다.

피해망상(*PAR*-*P*)

피해망상(persecution: *PAR-P*) 하위 척도의 문항은 다른 사람이 자신의 노력을 저해하거나 방해한다는 신념을 직접적으로 언급한다. 이러한 신념은 경미한 질투심에서부터 공모와 음모에 관한 망상적 신념에 이르기까지 다양할 수 있다. *PAR*의 세 가지 하위 척도 중에서 *PAR-P*는 편집증을 포함한 축 I의 망상장애와 가장 밀접한 관련이 있다.

*PAR-P*를 구성하는 문항 내용 자체가 비일상적이기 때문에 일반 표본은 원점수가 낮고 표준편차도 작은 편이다. 따라서 상대적으로 적은 수의 문항에 대해 시인할 경우라도 *T* 점수가 상승할 수 있다. 이 척도가 상승할 경우 자신이 부당한 대우를 받고 있다고 느끼고, 다른 사람이 자신이 하는 일을 방해한다고 믿는 경향이 있다. 직업적 · 사회적 관계에서 다른 사람의 지지와 도움이 있더라도 쉽게 긴장을 풀지 못하는 경향이 있다. *T* 점수가 85 이상 현저하게 상승하거나 *SCZ-P*가 동시에 상승한다면 망상적 신념을 가지고 있을 가능성을 감안해야 한다.

원망(*PAR-R*)

*PAR*의 세 번째 하위 척도인 원망(resentment: *PAR-R*)은 적개심과 증오와 관련된 망상적 성격, 삶을 경쟁이나 투쟁으로 보는 경향을 밝히기 위한 척도다. 다른 하위 척도에서 지적되었듯이 다른 사람이 자신을 방해한다고 믿고 있고, 이런 믿음에 집착할 경우 적개심의 중요한 원인이 될 수 있다. 이들은 늘 공정한 대우를 받지 못했다고 느끼고, 과거에 자신에게 해를 끼쳤다고 생각하는 모든 사람에 대해 악의를 품을 수 있다. 실패와 관련된 비난을 외부로 투사하고, 비난하는 사람을 결코 용서하지 않는 경향이 있다. 이들은 적개심을 느끼는 상대에게 보복하겠다는 생각에 집착할 수 있다.

*PAR-R*의 *T* 점수가 60~70으로 중간 정도로 상승한다면 쉽게 마음의 상처를 받거나 모욕감을 느끼는 민감한 사람이고, 자신에게 해를 입힌 사람에게 악의적으로 반응할 가능성이 높다. *T* 점수가 70 이상 상승한다면 실패의 원인을 다른 사람이 자신을 무시한 탓으로 전가하는 경향이 크게 증

가하고, 다른 사람의 성공은 운이나 편애의 결과로 비하하는 경향이 있다. 이들은 타인을 시기하고 다른 사람의 목표 달성과 성공을 도와주지 않을 수 있다. *T* 점수가 80 이상 상승한다면 과거 다른 사람에게 상처받은 경험에 집착하고 자신이 받은 만큼 똑같이 보복하려는 생각에 몰두하는 경향이 뚜렷할 수 있다. *DOM*과 *AGG*의 점수를 검토하여 이런 적개심이 직접적인지 수동-공격적 형태로 나타날지를 밝힐 수 있다.

주목해야 할 하위 척도 형태

앞서 언급하였듯이, *PAR* 하위 척도는 망상의 성격적 요소(*PAR-H*, *PAR-R*)와 증상적 요소(*PAR-P*)로 구분할 수 있다. 전형적인 *PAR*의 하위 척도 형태는 이와 같은 군집을 반영한다. 성격적 요소를 반영하는 하위 척도는 상승한 반면 *PAR-P*는 정상 범위일 경우, 이들은 성격적으로 의심하는 경향이 많은 사람으로서 타인의 동기에 대해 의심하고 불신할 수 있다. 이들은 자신이 부당하게 의심을 한다고 생각하지 않지만, 타인은 이들이 적대적이고 용서할 줄 모르는 것으로 생각할 수 있다. 이들이 상당한 스트레스를 경험하면 판단력과 현실 검증력이 황폐화될 수 있으며, 이럴 경우 *PAR-P* 점수가 다른 두 척도만큼 상승하거나 더 많이 상승할 수도 있다. *PAR-H*는 상승하지 않은 채 *PAR-P*와 *PAR-R*은 상승하는 경우도 있다. 이와 같은 형태는 행동화를 하면서 그에 대한 책임을 타인의 행동에 전가하려는 사람에게서 흔히 발견할 수 있다. 다른 두 하위 척도는 정상 범위에 해당하면서 *PAR-P*만 단독으로 현저하게 상승하는 경우는 드물다. 이런 형태는 꾀병을 가장하는 표본에서 전형적으로 지적되며, 꾀병지표를 구성하는 문항은 이러한 형태를 반영한다.

진단적 고려 사항

*PAR*이 상승하는 것은 서로 다른 진단에 따라서 임상적 특성의 핵심은 달라질 수 있겠지만 상당한 적개심과 의심이 현저한 진단을 시사한다. *PAR*이 현저하게 상승할 경우 가장 분명한 초기 진단은 편집성 성격장애 또는 편집성 망상장애다. 이러한 장애들은 전형적으로 *PAR-P*가 다른 두 가지 하위 척도와 비교해서 상승한 정도로 구분할 수 있다. 성격장애의 경우, *PAR-H*와 *PAR-R*은 상승하는 반면 *PAR-P*는 전형적으로 정상 범위에 해당한다. 반면 편집성 망상이 장애의 특징인 경우에는 세 가지 하위 척도가 모두 상승하고 *PAR-P*는 다른 두 하위 척도에 비해 더 많이 상승하는 경향이 있다. 후자의 형태는 조현병의 편집성 유형을 시사할 수 있고, 특히 *SCZ*도 함께 상승할 경우 더욱 그러하다. *MAN*이 동반 상승할 경우 망상적 신념에 과장성이 포함되어 있을 가능성이 높고, 조증 삽화 시기에 판단력이 황폐해질 수 있다.

경계선 또는 반사회적 성격장애처럼 현저한 적개심이 특징인 성격장애의 경우에도 *PAR*이 상승할 수 있다. 특히 하위 척도 중 *PAR-R*이 상승할 가능성이 높다. 반사회적 성격장애의 경우, 이와 같은 형태는 문제가 발생될 때면 그에 대한 책임을 외부로 투사하는 전형적인 반응을 반영한다. 경계선 성격장애의 경우, *PAR* 상승은 과거 자신에게 중요한 타인으로부터 적절한 보호를 받지 못했다고 지각하는 것을 표현하고, 미래의 관계에서도 제대로 보호받지 못할 것이라고 예상하는 것을 반영한다.

치료적 고려 사항

치료 장면에서 *PAR* 상승은 결코 긍정적 예후의 지표가 되지 못한다. 이런 내담자는 의심이 많으므로 정신건강 전문가와 신뢰적인 관계를 형성하는 데 상당한 어려움을 겪게 된다. 이들은 치료 과정 동안 치료자에 대한 신빙성을 반복해서 시험하려 한다. 이런 내담자의 경우 확고하고 개방적인 접근을 취하는 것이 중요하지만, 이는 어느 한 방향으로 실수를 범하기 쉽다. 내담자가 믿는 신념의 정확성을 지나치게 강력하게 직면시키려 하거나 그러한 신념에 대해 동정적으로 동조해 준다고 해서 내담자의 신뢰를 얻을 수 있는 것은 아니다. 다른 사람의 행동과 의도에 초점을 맞추는 이러한 내담자의 경향은 치료 과정을 해칠 가능성이 높지만, 이러한 지각은 전형적으로 상당한 투사가 관여되기 때문에 치료자와 내담자 간에 중요한 의사소통을 할 기회를 제공해 준다. 왜냐하면 이러한 대화가 직접적으로 이뤄질 경우 상당히 위협적일 수 있기 때문이다.

조현병(*SCZ*)

PAI의 조현병(schizophrenia: *SCZ*) 척도는 조현병의 세 가지 측면을 평가하고 조현병의 서로 다른 요소 또는 형태를 반영할 수 있도록 구성되어 있다. 조현병은 모든 임상 증후군 중에서 가장 이질적이고, 따라서 평가에도 여러 가지 어려움이 따른다. 역사적으로 조현병의 하위 유형 도식은 다양했다. 조현병을 최초로 분류했던 Kraepelin은 망상형, 긴장형 및 파과형으로 분류했으나, Leonhard는 조현병의 하위 유형은 수십 가지에 이를 정도로 다양하다고 했다(예: Ban, 1982). 최근 많은 연구자는 조현병의 증상을 양성 증상과 음성 증상으로 구분하는 것을 지지하고 있다. 양성 증상이란 정상인에게는 없는 환각, 망상, 기이한 행동과 증상이 나타나는 것이다. 음성 증상이란 사회적 행동이나 정서적 반응과 같이 정상인에게 있는 특징이 없어지는 것이다(Andraesen, 1985). 조현병의 증상을 이런 방식으로 구분하는 것은 임상적으로도 매우 중요한 의미를 갖는다. 예를 들면, 음성 증상이 주를 이루는 환자의 경우 약물치료에 대한 반응이 거의 없고 예후도 좋지 않은 경향이 있다(Angrist, Rotrosen, & Gershon, 1980). 그러나 사고장애는 양성 증상과 음성 증상의 구분에는 맞지 않지만 중요한 조현병의 핵심적인 특징이다. 이런 점을 고려하여 사고장애를 비교적 독립적인 조현병의 제3의 특징으로 간주하는 연구자들도 있다. 따라서 PAI는 양성 증상, 음성 증상 및 사고장애를 각각 평가할 수 있는 서로 다른 하위 척도를 포함하고 있다.

*SCZ*는 조현병의 여러 상이한 측면을 측정하기 위한 척도이기 때문에 다양한 원인에 따라 상승할 수 있다. 예를 들면, 비일상적인 신념과 지각, 사회적 능력의 부족이나 사회적 즐거움의 상실, 주의력과 집중력 장애 및 연상 과정에 장애가 있을 경우 상승할 수 있다. *SCZ*에 관한 몇몇 연구 결과에서 수렴타당도는 적절하지만 변별타당도는 제한적인 것으로 나타났는데, 이는 아마도 이와 같은 이질성 때문일 것이다. Rogers, Ustad와 Salekin(1998)은 *SCZ* 점수는 구조화된 면담으로 진단된 조현병과 높은 상관이 있는데, 우울증 진단과도 유사한 상관이 있음을 지적하였다. Boyle과 Lennon(1994)도 *SCZ* 변별타당도의 문제를 지적했는데, 이는 부분적으로는 이 연구에서 약물 유지 환자인 준거집단과 해독 중인 알코올 의존 환자인 대조집단 특성의 문제에서 비롯된 것일 수도 있다(Morey, 1995). 이 부분에 대한 연구가 더 이뤄져야 할 것이다. 이런 측면에서 볼 때, PAI 프로파일과 다른 평가 자료를 근거로 한 정보를 통합하여 조현병 장애에 대한 진단 결정을 하는 것이 매우 중요하다.

일반적으로 *SCZ T* 점수가 60 이하의 평균 범위에 해당한다면 효율적인 사회적 관계를 형성할 수 있고, 주의력이나 집중력 문제가 없을 수 있다.

T 점수가 60~70이라면 사회적 관계가 위축되어 있고 무관심하고 비관습적일 수 있다. *T* 점수가 70에 가까울수록 유지하고 있는 대인관계에서 상당히 경계하고 적대적인 경향이 있을 수 있다. *T* 점수가 70 이상 상승한다면 다른 사람으로부터 고립되어 있고 다른 사람이 이해해 주지 않는다고 생각하며 고립감을 느낄 가능성이 높다. 이 범위에 해당하면 사고력, 집중력 및 의사결정에 어려움을 경험할 수도 있다. 구체적인 하위 척도의 상승은 정신병적일 수 있는 비일상적인 정신병적 지각이나 신념을 지적하는 것일 수 있다.

*SCZ*의 *T* 점수가 90 이상으로 현저하게 상승한다면 전형적으로 조현병 삽화와 관련이 있다. 이 경우 정신적 혼동, 사회적 관계로부터의 위축 및 의심이 있고, 판단력과 현실 검증력이 저하될 수 있다. 그리고 현저한 정신병적 증상들이 나타날 가능성이 높고, 다른 척도의 상승을 검토하여 정신병적 증상의 성격을 확인해야 한다. 예를 들면, *PAR*이 동시에 상승한다면 피해망상을 지적하는 것일 수 있다. *T* 점수가 상승할수록 사고 전파(thought broadcasting), 사고 주입(thought insertion), 사고 철수(thought withdrawal) 및 사고 통제(thought control)가 있을 가능성이 높아진다. 이러한 증상이 있을 경우 약물치료의 필요성을 고려해야 한다.

주의

*SCZ*의 상승은 전형적으로 심각한 정신병리를 시사하지만 반드시 조현병에만 국한된 것이 아니다. 다양한 정보를 근거로 조현병과의 감별 진단에 유의해야 한다.

하위 척도

〈빠른 참조 6-7〉과 같이 *SCZ* 척도는 세 가지 하위 척도, 즉 정신병적 경험, 사회적 위축 및 사고장애로 구성되어 있다.

빠른 참조 6-7

조현병(*SCZ*) 하위 척도	
정신병적 경험(*SCZ-P*)	비일상적 감각과 지각, 마술적 사고, 망상적 신념에 가까운 비일상적 아이디어에 관한 경험에 초점
사회적 위축(*SCZ-S*)	사회적 고립, 불편감 및 사회적 상호작용에 대한 두려움에 초점
사고장애(*SCZ-T*)	혼동, 집중력 문제 및 사고 과정의 붕괴에 초점

정신병적 경험(*SCZ-P*)

조현병의 양성 증상은 망상이나 환각과 마찬가지로 기이한 사고 내용도 포함한다. 양성 증상은 일시적으로 악화되었다가 때로는 증상이 진정되는 경향이 있다. 양성 증상이 두드러진 조현병 환자는 지적 기능이 손상되는 경우도 비교적 드물다. 또한 양성 증상은 항정신병 약물에 대한 반응도 좋은 편이다.

정신병적 경험(psychotic experiencess: *SCZ-P*) 하위 척도는 비일상적인 지각과 마술적 사고에서부터 조현병의 일급 증상에 이르기까지 심각성이 다양한 양성 증상에 관한 문항으로 구성되어 있다. 이 척도의 문항들은 변별타당도를 유지하기 위해 과대망상이나 허무망상과 같이 다른 증후군에서도 발견되는 증상을 제외하고 상대적으로 조현병에 특징적인 증상에 관한 문항들로 구성되어 있다. *SCZ-P*의 *T* 점수가 60~70으로 중간 정도로 상승한 경우는 비관습적이고 비일상적인 사고를 할 가능성을 시사한다. *T* 점수가 70에 가까울수록 기이하고 이상한 사람처럼 보일 수 있다. *T* 점수가 70 이상 상승한다면 비일상적인 지각이나 감각적 경험 및 망상적 신념을 포함한 비일상적 사고가 있을 가능성이 높다. *T* 점수가 85 이상 상승한다면 정신병적 삽화와 관련된 판단력의 결여나 현실 검증의 붕괴, 그리고 조현병의 핵심 증상인 환각과 망상이 뚜렷하게 나타날 수 있다.

사회적 위축(*SCZ-S*)

조현병의 음성 증상은 대인관계에서 라포 형성의 어려움, 단조로운 정서 반응, 의사소통의 어려움과 같은 행동적 결함과 관련이 있는 증상이다. 이들은 다른 사람에 대한 무감동적 무관심이 분명하게 나타나고, 필요할 때만 다른 사람에게 말을 하고, 다른 사람과의 접촉을 되도록 피하는 경향이 있다. 이러한 조현병의 음성 증상은 삽화적인 증상과는 대조적으로 지속적이고, 양성 증상에 비해 약물치료에 대한 반응도 좋지 않다. 이러한 행동적 특징은 분열성 성격장애의 특징과 비슷하고, 동일한 현상에 대한 서로 다른 명칭일 수도 있다.

사회적 위축(social detatchment: *SCZ-S*) 하위 척도의 문항은 사회적 무관심과 정서적 반응의 결핍에 초점을 두고 있다. *T* 점수가 60~70으로 중간 정도로 상승한 경우는 다른 사람의 생활에 별 관심이 없고 내성적이고 수동적이라는 것을 시사한다. *T* 점수가 70에 가까울수록 중요한 대인관계적 행동의 함축성(nuance)을 이해하는 능력이 부족할 수 있다. *T* 점수가 70 이상 상승할 경우 친밀한 관계를 원치 않을 뿐만 아니라 즐기지도 않을 수 있고, 사회적 고립 혹은 거리를 둠으로써 다른 사람과의 접촉에서 생기는 불편을 줄이려고 할 수 있다. 이들은 다른 사람에 대한 관심이 거의 없을 뿐만 아니라 자신에 대한 관심도 매우 부족할 수 있다. 또한 자신에 대한 다른 사람의 생각에 관심이 없고, 자신의 문제에 대한 관심도 거의 없을 수 있다. 이들은 강한 정서적 자극에 직면하면 불편을 느끼고, 강한 정서적 경험은 거의 경험하지 않으며, 다른 사람의 강한 정서적 경험을 이해하지 못할 수 있다.

사고장애(*SCZ-T*)

사고 과정의 장애는 양성 증상이나 음성 증상과는 다른 조현병의 중요한 특징이다. 극단적인 사고장애가 있을 경우 사고가 지리멸렬하고 다른 사람들이 이해할 수 없는 문장을 구사한다. 가벼운 사고장애가 있을 경우 집중력, 의사결정 및 기억력에 관한 문제가 발생할 수 있고, 심한 기분장애와 관련된 조현병의 비특정적 증상일 수 있다. 따라서 심각한 주요우울장애일 경우 *SCZ-P*는 상승하지 않고 *SCZ-T*는 상승할 수 있다.

사고장애(thought disorder: *SCZ-T*) 하위 척도의 문항은 사고 과정에서 명료성 및 혼란 정도의 전체 범위를 평가할 수 있는 문항으로 구성되어 있다. *T* 점수가 60~70으로 중간 정도로 상승한다면 집중력과 의사결정에 어려움이 있을 수 있다. 따라서 우울하거나 불안한 환자도 이 범위로 상승할 수 있다. 그러나 *T* 점수가 70에 가까울수록 정신적 혼동과 혼란을 경험할 가능성이 높아지고 인지적 기능의 효율이 저하될 수 있다. *T* 점수가 70 이상으로 상승한다면 연상 이완과 자기 표현 및 의사소통의 어려움이 있을 가능성이 높다. *T* 점수가 이렇게 상승하더라도 *SCZ*가 상승하지 않는다면 조현병이 아닌 다른 원인을 고려해 봐야 한다. 심각한 우울증이나 조증, 뇌손상이나 뇌질환, 약물의 영향 및 약물·알코올 남용이 있을 경우 흔히 *SCZ-T*가 상승할 수 있다.

주목해야 할 하위 척도 형태

조현병 진단 측면에서 볼 때 *SCZ-P*는 세 가지 하위 척도 중에서 특이도는 가장 높은 반면 민감도는 가장 낮을 것이다. 따라서 *SCZ-P*는 상승하지 않으면서 *SCZ-S*와 *SCZ-T*가 상승한 경우는 흔히 볼 수 있다. 이런 양상은 다른 사람 그리고 그들의 정서적 상태에 무감동하고 관심이 없는 사람으로서 사회적으로 고립되어 있는 것을 반영한다. 이러한 형태는 조현병의 잔류기를 시사하지만, 심각한 우울증 및 분열성 또는 분열형 성격장애를 지적하는 것일 수 있다. 망상 체계가 잘 통합된 경우 *SCZ-P*와 *SCZ-S*는 상승할 수 있지만 *SCZ-T*는 상승하지 않을 수 있다. *PAR-P*도 같이 상승한다면 이러한 생각은 피해적 신념과 관련이 있을 수 있고, 이는 친밀한 관계가 거의 없고 사회적으로 고립된 점을 잘 설명해 줄 수 있다.

진단적 고려 사항

앞서 지적하였듯이, *SCZ*의 변별타당도에 관한 자료가 더 많이 수집되기 전까지 *SCZ*를 조현병의 진단 지표로 간주하는 데에는 신중을 기해야 할 것이다. 그리고 대부분의 장면에서 조현병의 상대적으로 낮은 유병률을 고려할 때에도 높은 점수가 지적되면 진단을 내리기 앞서 신중하게 고려해야 한다. 특히 *SCZ* 점수에만 의존해서 진단을 내려서는 안 된다. 왜냐하면 *SCZ-T*와 *SCZ-S*는 심각한 정서장애 또는 인지장애와 같은 다른 장애에서도 관찰될 수 있기 때문이다. 그렇지만 *SCZ*의 세 가지 하위 척도가 동시에 현저히 상승한다면 조현병 진단을 고려해야 할 것이다.

치료적 고려 사항

SCZ 상승은 전형적으로 대부분의 개입에 대한 부정적인 예후다. 왜냐하면 치료 유형에 관계없이 혼동과 철회적 증상은 치료적 동맹을 형성하는 데 상당한 문제를 발생시키기 때문이다. *SCZ*가 현저하게 상승하는 동시에 정신병적 특징을 시사하는 다른 지표들도 지적될 경우에는 항정신병 약물치료를 우선적으로 고려해야 한다. 특히 *SCZ-P*가 현저하게 상승한 경우 정신병의 표적 증상을 완화시키기 위한 약물치료가 필요하며, 인지적 혼동을 반영하는 *SCZ-T*가 상승한 경우에도 약물치료가 필요하다.

*SCZ-S*가 상승한 사람은 관계적 측면에서 불편해하기 때문에 상당히 구

조화된 치료 형태에서도 어려움을 경험할 수 있다. 이러한 환자를 치료할 때에는 동맹 형성이 지연될 수 있고, 치료자가 상당한 인내심을 발휘해야 한다. 이들은 신뢰성 있고 예측 가능하며 구조화된 치료 장면에서 그나마 편안해할 수 있고, 치료자와의 상호작용도 지지적이어야 한다. 치료자는 치료 초기에 신속한 진전을 기대하지 않도록 스스로 조절해야 한다. 치료자의 입장에서는 동일한 소재를 접하거나 동일한 기법을 반복해서 사용하는 것이 지겹고 진전이 없는 점에 대한 좌절도 경험할 수 있겠지만, 환자의 입장에서는 이와 같은 반복이 치료에 대한 예측 가능성을 높여 주기 때문에 초기 단계에 보다 편안해질 수 있을 것이다. 치료가 잘 진전됨에 따라 환자와 치료자 간의 확고한 동맹 관계가 형성되어 사회기술 훈련, 수반성 관리(contiugency management), 인지적 개입 등 구체적인 기법의 효과가 더욱 나타날 수 있다.

경계선적 특징(*BOR*)

경계선적 특징(borderline features: *BOR*) 척도는 심각한 성격장애와 관련된 다양한 요소를 평가하기 위한 척도다. 이런 요소들은 모두 경계선 증후군의 일부분에 해당하지만 다양한 다른 장애에도 나타나는 공통적인 특징일 수 있다. 경계선 특징의 구성개념은 매우 복잡하기 때문에 *BOR*은 유일하게 네 가지 하위 척도로 구성되어 있다. 경계선 특징의 구성개념은 우울증이나 조현병과 같이 오래전부터 잘 알려진 장애보다 더 복잡하기 때문에 많은 하위 척도가 필요할 수밖에 없다. 경계선이라는 용어 자체는 어떤 가장자리를 나타내는 경계라고 생각할 수 있다. 그러나 가장자리의 개념이 분명하게 규정된 적은 없다. 초기에는 경계선 성격이 정신분석을 적용해서 치료할 수 있는 경계선에 있는 환자를 일컫는 말이었다. 시간이 경과하면서 경계선이라는 개념은 신경증과 정신병의 경계라는 것을 의미하는 용어로 사용되었다. 신경증적 적응이라는 말은 불안이 특징적이고, 정신병적이라는 말은 현실의 붕괴를 포함하는 보다 원초적인 문제들을 반영한다. 이런 관점에서 보면 경계선이라는 말은 신경증과 정신병의 중간에 해당한다고 볼 수 있다. 그래서 경계선은 흔히 겉으로 보기에는 신경증적 적응을 하고 있으나 스트레스나 애매한 상황에 직면할 경우 심각한 적응력의 장애나 정신병적 증상이 나타날 수 있다는 것을 지적하는 용어로 사용되고 있다.

오랫동안 Grinker, Werble과 Drye(1968), Hurt와 Clarkin(1990), Morey (1989)를 포함하여 요인분석이나 군집분석을 이용한 경계선의 구성개념에 관한 많은 연구가 이뤄졌다. 이러한 연구에서 경계선 성격장애의 구성개념에 관한 중요한 측면과 이러한 측면에 관한 정신병리학적 기제가 밝혀지게 되었다. *BOR*의 네 가지 하위 척도는 이러한 측면들을 측정하기 위한 것이다.

여러 연구자는 *BOR*의 구성타당도를 밝히는 연구를 실시했다. Bell-Pringle, Pate와 Brown(1997)은 입원 치료를 받고 있는 22명의 경계선 성격장애(borderliue personality disorder: BPD) 여자 환자와 22명의 여대생 통제집단을 대상으로 *BOR* 분류 정확도를 검증하였다. 연구 결과, '*T* 점수 ≥ 70' 기준을 적용했을 때 BPD 환자의 81.8%(22명 중 18명), 여대생의 77.3%(22명 중 17명)를 정확하게 분류할 수 있었다. 유사하게, Trull(1995)은 대학생 표본을 대상으로 일련의 자기보고 검사들과 반구조화된 면담을 실시하여 성격장애 증상을 평가했고, '*BOR* 원점수 ≥ 38'을 기준으로 임상적으로 유의미한 참가자와 이 범위 이하인 참가자를 구분하여 일련의 검사 결과를 비교했다. 그 결과, *BOR*이 임상적으로 유의한 참가자들은 기분과 정서, 성격, 대처 양식 및 전반적인 정신병리 척도 점수에서 차이가 나타났고, 경계선 성격의 특징도 더 많이 지적되었다. 이와 같은 *BOR* 척도의 분류는 대학생을 대상으로 2년 후의 학업적 지표도 예측할 수 있었고, 학업 잠재성과 물질 남용 진단을 통제했을 때에도 예언력을 확인할 수 있었다(Trull, Useda, Conforti, & Doan, 1997).

BOR 전체 점수는 경계선 성격을 신경증과 정신병의 중간에 해당하는 성격적 특징 또는 적응으로 보는 Kernberg(1975)의 관점에서 이해하는 것이 바람직하다. 따라서 *BOR*이 낮을 경우 성격이 비교적 건전할 것이고, 높을 경우 *DSM*에 포함된 다양한 성격장애와 관련된 특징이 나타날 가능성이 높다. 진단의 측면에서 볼 때, *BOR*이 상승할 경우 성격적 문제에 관한 징후가 나타날 것이고, 하위 척도의 형태는 성격적 문제의 특징을 지적하는 것일 수 있다. 예를 들면, 3~4개의 하위 척도가 상승할 경우 전통적인 경계선 성격장애일 가능성은 있으나, *BOR-N*이 상승할 경우 외상후 스트레스 장애에 의한 대인관계적 문제를 지적하는 것과 같이 단일 하위 척도가 상승할 경우 다른 문제를 반영하는 것일 수 있다.

*BOR*의 *T* 점수가 60 이하 평균 범위에 해당하는 경우는 정서적으로 안정되어 있고, 안정된 대인관계를 유지하고 있다는 것을 시사한다. *T* 점수가 60~70이라면 우울하고 예민하며 생의 목표가 불확실할 수 있다. 성인 초기의 수검자는 흔히 이 범위로 *T* 점수가 상승한다. *T* 점수가 70에 가까울수록 대인관계에서 분노와 불만을 경험할 가능성이 증가할 수 있다. *T* 점수가 70 이상이라면 충동적이고 정서적으로 불안정할 수 있다. 이럴 경우 다른 사람은 수검자를 자기중심적이라고 지각하지만, 수검자 자신은 다른 사람이 자신을 오해한다고 느끼고 친밀한 관계를 유지하기 어려울 수 있다. 이들은 다른 사람에게 분노를 느끼고 의심하는 경향이 있고, 다른 사람과의 관계에서 불안을 경험하고 많은 것을 요구하고 양가감정을

경험할 가능성이 높다. 그러나 *BOR*의 *T* 점수가 이 범위로 상승하더라도 하위 척도 가운데 현저하게 상승한 것이 없을 경우에는 반드시 경계선 성격장애를 시사하는 것이라고 할 수 없다. 왜냐하면 이런 성격적 특징은 다른 장애에서도 흔히 나타나기 때문이다.

*BOR*의 *T* 점수가 90 이상으로 현저하게 상승한다면 경계선 성격과 관련된 전형적인 특징이 나타날 가능성이 더 높다. 이럴 경우 전형적인 위기 상태, 흔히 다른 사람과의 관계에서 위기 상태 또는 어려움을 지적하는 것일 수 있다. 이들은 대부분 주변 사람에 대해 적대감, 분노 및 배신감을 느낀다. 또한 주변 상황 때문에 매우 우울하고 불안하다는 증상을 호소하는 경우가 많고, 충동적이고 자기 파괴적인 방식으로 행동할 가능성도 높다. 예를 들면, 이들은 자신이 가장 관심을 기울이고 있는 일을 행동화적 행동(acting-out behavior)으로 망칠 수 있다. 이러한 행동화는 알코올이나 약물의 남용, 자살 제스처 또는 공격 행동 등으로 나타날 가능성이 높고, 이를 밝히기 위해서는 *ALC, DRG, SUI* 및 *AGG*를 검토해야 한다.

하위 척도

〈빠른 참조 6-8〉과 같이 *BOR*은 성격적 성숙도를 평가할 수 있는 서로 다른 네 가지 측면을 나타내는 하위 척도, 즉 정서적 불안정, 정체성 문제, 부정적 관계 및 자기손상으로 구성되어 있다.

정서적 불안정(*BOR-A*)

경계선 성격장애는 심한 정서적 변화가 가장 중요한 특징이다. 이런 특징 때문에 경계선 성격장애를 양극성 기분장애의 한 유형으로 분류하는 학자들(예: Akiskal, Yerevanian, & Davis, 198 5)도 있다. 하지만 이러한 정서

빠른 참조 6-8

경계선적 특징(*BOR*) 하위 척도	
정서적 불안정(*BOR-A*)	정서적 반응성, 급속한 기분 변화 및 부족한 정서적 통제 능력에 초점
정체성 문제(*BOR-I*)	중요한 인생의 문제에 대한 불확실감, 공허감, 충족되지 않는 느낌, 목적 의식의 상실에 초점
부정적 관계(*BOR-N*)	양가적이고 강렬한 관계에서 착취당했거나 배신당했다고 느낀 경험에 초점
자기손상(*BOR-S*)	부정적 결과를 초래할 정도로 충동적인 양상에 초점

적 변화가 기쁨과 슬픔과 같은 극단적인 양상으로 나타나는 것은 아니다. 경계선 성격을 가지고 있는 환자는 정서적 불안정을 지적하는 불안, 분노, 우울 또는 초조감 등이 갑자기 나타나는 경향이 있다. 정서적 불안정(affective instability: *BOR-A*) 하위 척도는 이러한 갑작스러운 정서적 변화를 반영한다. 예를 들면, 이 하위 척도의 상승은 성질이 좋지 않다는 것을 지적한다. 이럴 경우 *AGG-A*를 검토하면 구체적으로 확인할 수 있다. 또한 갑자기 불안해질 경우 *ANX-A*나 *ANX-P*를 검토하면 적절한 결론을 내릴 수 있다. *BOR-A*는 갑작스러운 정서적 변화를 확인할 수 있다는 점에서 매우 유용하다.

따라서 *BOR-A* 척도가 높다는 것은 정서적으로 매우 민감하고 전형적인 기분장애에서 관찰할 수 있는 주기적인 정서 변화보다 갑작스럽고 극단적인 정서 변화를 시사하는 것이다. *T* 점수가 80 이상 극단적으로 상승한다면 분노와 통제력의 결여와 관련된 다양한 정서적 문제가 나타날 수 있다. *T* 점수가 70~80이라면 어떤 부정적 정서를 경험하고 있을 가능성이 높고, 전형적인 불안(*ANX-A*, *ARD-P*), 우울(*DEP-A*) 또는 분노(*AGG-A*)가 나타날 수 있다. 드물기는 하지만, *T* 점수가 40 이하로 낮다면 자기 스스로 정서적인 반응이 거의 없는 사람이라고 생각하고, 다른 사람이 보기에도 정서적으로 억제적인 사람으로 보일 수 있다.

정체성 문제(*BOR-I*)

정체성과 관련된 문제들은 경계선 성격에 대한 Kernberg(1975)의 이론에서 가장 핵심적인 개념이다. Kernberg는 경계선 성격을 지닌 환자는 자기 자신, 인생의 목표와 가치에 대해 안정된 표상을 유지하기 어려울 때가 많고, 이를 '정체성 혼동(identity diffusion)'이라고 했다. 이들은 자기 자신에 대한 혼동 때문에 전적으로 다른 사람의 도움을 얻어 자신의 정체감을 형성하려고 시도한다. 이럴 경우 주로 다른 사람과의 관계를 통해 자신을 정의하게 된다. 이론적으로 볼 때, 이런 경향은 발달 과정에서 양육자와 독립된 자율적인 정체성을 형성하지 못했기 때문에 성인기에 와서도 유사한 문제를 경험할 수 있다. 따라서 이들은 *DSM* 준거에 명시된 유기공포에서 관찰할 수 있는 바와 같이 다른 사람에게 지나치게 의존하게 된다. 경계선 성격장애와 의존적 성격장애는 진단과 관련해서 상당히 중첩되는 점이 있지만, 이런 행동의 본질에는 질적인 차이가 있다(Morey, 1989). 경계선 성격을 지닌 사람은 자신의 업무 수행이나 의사결정에서 다른 사람의 도움을 달갑게 여기지 않는다. 이들은 단지 자기 자신의 정체감을 확인하기 위해 다른 사람의 도움을 절실히 필요로 할 뿐이다. 자신의 주의에 중요한 사람이 없을 경우 자신의 업무를 제대로 수행할 수 없을 것이라는 두려움 때문이 아니라 자신의 존재를 확인할 수 없을 것이라는 두려움 때문에 적극적으로 다른 사람과의 접촉을 시도하는 경향이 있다. 이와 같이 중요한 사람이 주변에 없을 경우 자기개념이 불안정하고 일관성이 없을 수 있다. 어떤 일에 깊은 애착을 가지다가도 곧 완전히 다른 방향의 행동에 열중할 수도 있다. *BOR-I*가 상승할 경우, 자신의 야망과 목표가 빨리 그리고 쉽게 바뀔 수 있다.

*BOR-I*의 *T* 점수가 70 이상 상승한다면 삶과 관련된 중요한 문제가 불확실하고 목표를 세우고 유지하는 데 어려움이 있을 수 있다. 이러한 불확실성은 청소년기에서 성인기 초기에 더 흔히 나타나므로 *BOR-I*는 연령과 관련이 있을 수 있다. 즉, 18~29세일 경우 *BOR-I*의 평균 *T* 점수는 55이고, 60세 이상일 경우 46이다. 하지만 *T* 점수가 70 이상 상승하는 것은 연령과 관계없이 정체성에 관한 문제를 경험한다는 것을 반영한다. *T* 점수가 80 이상 상승할 경우 인생의 계획과 목표에 예상하지 못한 갑작스러운 전환이 있을 수 있다. 또한 *BOR-I*가 중간 정도 상승한 경우는 공허감, 충족감 결여, 권태감 등이 있다는 것을 시사한다. 이럴 경우 정체성과 관련된 문제에 대해 상당한 불안을 경험하고 있을 가능성이 높기 때문에 가족 내의 혼동이나 역기능의 가능성을 탐색해 보아야 한다. *BOR-I*의 *T* 점수가 45 이하로 낮은 범위에 속하는 것은 정서적으로 안정되어 있고 고정된 자기개념이 있다는 것을 시사한다. 이럴 경우 많은 장점이 있겠지만, 정체성에 강한 부정적인 요소가 고정되어 있다면 치료 대상이 될 수 있다.

부정적 관계(*BOR*－*N*)

부정적 관계란 반복해서 강렬하고 혼란스러운 관계에 관여하는 것을 의미한다. 부정적 관계(negative relationships: *BOR-N*) 하위 척도 점수가 높을 경우 가족, 배우자 또는 치료자를 포함한 가장 중요한 사람에 대한 애착 관계가 강렬할 수 있다. 경계선 성격을 가지고 있는 사람의 강렬한 애착은 자신에게 중요한 사람이 자신의 욕구를 충족해 준 적이 없다는 경험에서 비롯될 수 있다. 이럴 경우 매우 높은 기대를 가지고 접근을 시도하기 때문에 충족되기 어렵고, 결국 이들은 실망하고 심지어는 배신당하고 이용당한 것처럼 느낄 수 있다. 이러한 경향은 경계선 성격의 일반적인 정서적 반응성에서 비롯된 것이라고 설명할 수 있다. 그러나 경계선 성격을 지닌 환자는 아동기에 신체적 · 성적 학대 경험의 비율이 높다는 것을 지적하는 연구도 있다(Herman, Perry, & Van der Kolk, 1989). 이런 점을 고려한다면, 경계선 성격을 가지고 있는 사람은 가장 친한 사람이 자신을 이용할 것이라고 두려워하는 점을 쉽게 이해할 수 있을 것이다. *BOR-N*은 과거에 있었던 배신에 대한 지각 및 향후 주변 인물과의 관계에 대한 불신과 회의에 관한 문항으로 구성되어 있다.

BOR-N 자체는 양가감정과 강렬하고 불안정한 관계에 관여한 경험을 반영하는 것이다. *T* 점수가 80 이상 극단적으로 상승한다면 과거에 대한 사람과 관계하는 방식에 대한 비애와 원망, 한때 친했던 사람에 대한 배신감, 현재 자신에게 중요한 사람이 자신을 버리거나 거절할 것이라는 생각에 대한 두려움에 집착할 수 있다. *T* 점수가 70~80일 경우는 *T* 점수가 80 이상일 경우보다 과거에 이용당했다는 강한 감정은 적지만 애착 관계에서 다양한 문제와 실패를 경험했을 수 있다.

자기손상(*BOR-S*)

*BOR*의 마지막 하위 척도인 자기손상(self-harm: *BOR-S*)은 행동의 결과를 생각하지 않고 충동적으로 행동하려는 경향을 반영한다. 물질 남용, 무분별한 성적 관계 및 특별한 계획 없이 직장을 갑자기 그만두는 행동 등은 자기 손상적이고 자기 파괴적일 수 있다. 마치 자살이나 신체적 자해를 지적하는 지표로 *BOR-S*를 잘못 이해할 수도 있다. 물론 *BOR-S*가 높다면 낮은 사람보다 자살이나 자해 행동을 할 위험이 더 높다고 예상할 수 있겠지만, *BOR-S*는 자살이나 자해 위험보다 충동적 행동을 할 가능성을 더 직접적으로 지적한다. 신체적 자해 행동이 있는 사람에게 PAI를 실시한 결과에 따르면, *BOR-S*가 상승했으나 이 척도가 상승했다고 해서 모

두 자해 행동이 나타나는 것은 아니다(Morey, 1991). 이와 마찬가지로 자살 위험이 높다고 생각되는 경우는 *BOR-S*가 평균보다 다소 높기는 하지만 평균 *T* 점수는 약 60에 불과했다(Morey, 1991). 많은 자살 시도는 사전에 계획된 행동이고 충동적인 행동이 아니기 때문에 *BOR-S* 자체는 자살 행동에 민감하지도 않고 자살의 구체적인 지표도 아니다.

*BOR-S*의 *T* 점수가 85 이상 상승한다면 충동적 행동과 무모하게 행동할 위험이 있다. *BOR-S*가 이렇게 높을 경우 소비 습관, 성적 관계 및 물질 남용 등 대부분 부정적인 결과를 야기할 가능성이 높은 영역에서 충동적으로 행동할 수 있다. 이러한 행동들은 효율적인 사회적 · 직업적 수행을 방해하는 경우가 많다. *BOR-S*가 높을수록 자신의 신체를 손상시키거나 자살을 시도할 가능성은 더 높고, *SUI*가 동시에 상승할 경우 충동적인 자살 제스처의 가능성을 지적하는 것일 수 있다.

주목해야 할 하위 척도 형태

*BOR-N*과 *BOR-I*가 함께 상승한 형태는 다른 사람에 대한 많은 요구(*BOR-I*)와 대인관계에서 갈등과 불편(*BOR-N*)을 지적하는 하위 척도가 상승한 것으로서 경계선 성격의 분리를 지적하는 것이다. 이들은 대인관계에서 자신이 무엇을 원하는지에 대한 감각이 불안정할 수 있다. 이런 특징 때문에 대인관계가 강렬하고 요구가 많지만 오래 지속하기 어려우며, 다른 사람이 자신을 버리거나 거절할 것이라는 두려움에 집착하는 경향이 있다. *BOR-A*와 *BOR-S*가 함께 상승한 형태는 외부에 대한 과도한 반응이 현저하게 나타난다. 이런 특성 때문에 극단적이고 급격한 기분 동요와 통제력이 부족해서 충동적으로 분노를 표출할 가능성이 높다. 하지만 이러한 분노 표출이 다른 사람에게 향하기보다 자신에게 향할 가능성이 높고, 이에 따라 무책임한 낭비, 성적인 문제, 물질 남용과 같은 자기 손상적이

고 자기 파괴적인 행동을 초래하기 쉽다. 밖으로 분노를 표출하려는 제스처를 취했을 경우 상당한 죄책감을 느끼고 뉘우치기 때문에 다른 고통이 따르더라도 관계를 유지할 수 있다. 정서적 혼란에 직면할 경우 자해나 자살을 시도할 위험이 증가할 수 있으므로 반드시 *SUI*를 검토해야 한다.

진단적 고려 사항

BOR 전체 점수가 상승했다고 해서 수검자가 반드시 경계선 성격장애의 준거를 충족한다고 할 수는 없지만, 임상적 양상이 성격장애와 관련이 있을 가능성은 높아진다. 어떤 유형의 성격장애든 관계될 수 있으므로 PAI의 다른 척도를 검토하여 축 II 진단에 관한 가설을 설정할 수 있을 것이다. *BOR*이 상승하더라도 특정한 축 I 진단을 시사하기보다는 현재 진단된 축 I 장애가 상대적으로 만성적이고 장기간 지속되어 왔다는 것을 시사한다.

BOR 하위 척도 중 3~4개의 *T* 점수가 70 이상 상승한다면 경계선 성격장애의 진단 가능성이 높아질 것이다. 단일 하위 척도가 상승해서 *BOR* 척도가 상승한다면 다른 진단일 가능성이 있지만 성격적 요인이 상당 부분 관여될 것이다. 부가적 진단은 하위 척도에 따라 결정할 수 있을 것이다. 예를 들면, *BOR-A* 가 상승한 경우는 히스테리 성격장애 또는 양극성 장애를 지적하는 정서적 반응성 수준을 반영할 수 있을 것이다. 반면, *BOR-A* 점수가 낮은 경우는 분열성 또는 강박적 성격장애의 전형적인 특성인 제한적인 정서를 시사하는 것일 수 있다. *BOR-I*가 시사하는 정체성 문제는 해리성 장애와 관련이 있다. *BOR-N*의 상승은 대인관계의 갈등을 나타내며, 이런 갈등은 물질 남용 또는 신체화 장애에서 지적되는 문제의 핵심이다.

치료적 고려 사항

BOR 척도의 상승은 거의 모든 개입 형태에서 문제가 발생될 가능성을 나타내는 징후다. *BOR*이 상승한 내담자는 위기가 있을 때 치료 장면을 찾아온다. 이들은 자신이 처한 상황을 해결하기 위한 절실한 마음 때문에 초기의 변화 동기가 매우 높다. 하지만 위기가 해소됨에 따라 변화 욕구가 이내 사라져 버린다. 이러한 충동성 때문에 이들은 여러 치료자를 찾아 다니고, 다음 개입을 통해 해결책을 찾으려 하며, 새로운 치료자에게 이전 치료진의 노력에 대해 헐뜯는다. 개인 및 집단 치료 또는 심리치료와 약물치료 등과 같이 다중적인 치료 유형을 적용할 경우 치료자 간의 상호 대결이 발생되지 않도록 치료자들 간의 긴밀한 협력을 유지하는 것이 특히 중요하다.

반사회적 특징(*ANT*)

반사회적 특징(antisocial features: *ANT*) 척도는 *BOR*과 함께 성격적 병리를 구체적으로 평가하기 위한 것이다. 이 두 구성개념은 지금까지 수행된 성격장애에 관한 경험적 연구들을 거의 대부분 설명할 수 있기 때문에 PAI에 포함시켰다. 그러나 DSM-IV에서 규정한 경계선 성격장애의 개념과 *BOR* 간의 차이보다 DSM-IV에서 규정한 반사회적 성격장애와 *ANT* 간의 차이가 더 크다는 점을 명심해야 한다. PAI에 반사회적 성격을 포함시킨 것은 Cleckley(1941)가 기술한 고전적인 정신병질의 개념에 토대를 두고 있으며, Hare(1985)가 수편의 경험적 연구를 통해 그 개념을 다듬은 것이다. 이 접근을 통해 정신병질적 성격과 범법자에 관한 개인적 특징의 차이를 분명히 할 수 있게 되었다. 예를 들면, Cleckley가 강조한 정신병질적 성격의 병리적 특징은 죄책감을 거의 느끼지 못하고, 불안하거나 우울한 것도 아니며, 경험을 통해 학습하는 능력이 제한적인 점 등이 있다. DSM-III(1980)에 제시되어 있는 반사회적 성격장애는 정신병질적 성격과는 개념적으로 상당한 차이가 있다. DSM-III에 제시되어 있는 반사회적 성격장애의 정의는 Cleckley와 그 밖의 연구자들이 기술했던 성격적 특징과는 달리 생활 배경에 나타난 비행이나 반사회적 행동을 지나치게 강조하는 경향이 있다. 이러한 준거는 오래된 정신병질적 성격 개념과는 상이한 다른 집단의 특징을 기술하는 것으로 보일 수 있다.

DSM-III의 반사회적 성격장애 개념이나 이후 여러 연구자가 제시한 구성개념은 더 많은 성격적 요소를 통합시키지 못함으로써 반사회적 행동의 중요한 동기적 측면을 간과했다는 문제가 있다. 이러한 정의는 반사회적 성격장애를 마치 범죄 행동과 동의어로 간주하는 것이라고 비판한 학자들도 있다. 이러한 정의에 따르면, 교도소 수감자들 중 최소한 절반은 DSM-III의 반사회적 성격장애의 범주에 부합할 것이다(Hart & Hare, 1989). 또한 DSM-III은 비행에 초점을 맞춤으로써 반사회적 성격장애자 중 화이트칼라는 포함시키지 않고 주로 사회경제적 지위가 낮은 집단에 치우치게 되었다는 주장도 있다. 끝으로, 정신병질이라는 개념이 DSM-III의 개념보다 더 타당하다는 입장을 지지하는 연구 결과도 있다. 예를 들면, 교도소 수감자들 중 상습범을 예측할 경우 DSM-III의 반사회적 성격 개념보다 정신병질 평정이 더 유용한 것으로 나타났다(Hart, Kropp, & Hare, 1988; Serin, Peters, & Barbaree, 1990).

정신병질에 대한 Hare의 접근에 따르면, 정신병질은 상이한 두 가지 구성 요소가 있다. 한 요소는 다양한 반사회적 행동을 포함하는 행동적 요소로 DSM-III의 개념과 상당히 유사하다. 다른 한 요소는 공감이 부족하고 냉담하고 자기중심적인 경향과 같은 성격적 특징이다. 반사회적 성격장애의 개념에 이러한 성격 특성을 포함시키면 예언타당도를 높일 수 있다는 관점에서 PAI는 이러한 특질들을 평가할 수 있도록 척도를 구성하였다.

*ANT*의 타당도에 관한 연구 결과는 상당히 지지적이었다. Salekin, Rogers와 Sewell(1997)은 여성 범법자를 대상으로 *ANT*와 정신병질 간의 관계를 검토했고, 그 결과 주로 *ANT-A* 문항에 시인한 점 때문에 *ANT*가 상승한 것으로 나타났다. 또한 정신병질을 평가하는 다른 척도인 PCL-R(Psychopathy Checklist-Revised) 총점(r=0.53), 성격장애 검사(Personality Disorder Examination; Loranger, Susman, Oldham, & Russakoff, 1987)의 반사회적 척도(r=0.78)와의 수렴타당도가 적절했다. 유사한 연구에서 Edens 등(2000)은 *ANT* 척도와 PCL:SV(Psychopathy Checklist Screening Version; Hart, Cox, & Hare, 1995) 및 PCL-R(Hare et al., 1990) 간의 관계를 검토하였다. *ANT*와 PCL:SV 및 PCL-R 총점 간에는 중간 정도로 높은 상관이 있었고, 이 척도들과 *ANT-A*와의 상관이 가장 높았다. 끝으로, *ANT*와 *AGG*를 적용하여 여성 수감자의 14개월 후 재범 예측률을 검토하였다(Salekin, Rogers, Ustad, & Sewell, 1998). 그 결과 *ANT*와 *AGG* 척도 모두 재범과 유의미한 상관이 지적되었고, *ANT-E, ANT-A* 및 *AGG-A*는 가장 높은 상관이 있었다.

*ANT*는 반사회적 성격과 정신병질의 구성개념에 관한 성격적 · 행동적 특징을 평가하기 위한 척도다. 앞서 지적하였듯이, *ANT*는 자기중심성, 모험심 및 공감 능력의 부족과 반사회적 태도나 행동에 관한 문항으로 구성되어 있다. 따라서 *ANT*가 평균이나 중간 정도 상승할 경우에는 상당히 다른 양상이 나타날 수 있다. 즉, 이 경우 정신병질을 시사하는 세 가지 하위 척도의 상승과 관련이 있을 수 있다. 그러나 정신병질과 관련된 특징

이 없을 경우에는 *ANT-A*가 영향을 미쳐 *ANT*가 중간 정도로 상승했을 수도 있다.

*ANT*의 *T* 점수가 60 이하로 낮은 것은 다른 사람과의 관계에서 사려 깊고 온정적인 사람이라는 것을 반영한다. 이들은 자신의 충동과 행동을 합리적으로 통제할 수 있다. *T* 점수가 60~70이라면 다소 충동적이고 위험한 행동을 할 수 있다. 성인 초기에는 중간 정도로 상승하는 경우가 흔한데, 이는 특히 남성에게 더 흔하며, 평균 *T* 점수가 60에 해당한다. *T* 점수가 70에 가까울수록 대인관계에서 자기중심적이고 자제력이 부족하며, 다른 사람의 의도를 의심하고 무감동적일 수 있다. *ANT*의 *T* 점수가 70 이상이라면 충동적이고 적대적일 가능성이 높고, 무모하거나 반사회적인 행동을 한 경험이 있을 수 있다. 이들은 다른 사람과의 관계에서 냉담하고 우정을 오랫동안 유지하기 어려울 수 있다.

*ANT*의 *T* 점수가 82 이상으로 현저하게 상승한다면 흔히 반사회적 성격장애에서 뚜렷한 전형적인 특징이 나타난다. 이럴 경우, 신뢰성과 책임감이 없을 가능성이 높으며, 사회적 · 직업적으로 성공하기 어려울 가능성이 높다. 이들은 대인관계에서 냉담하고 현실적 이득을 추구하고, 자신의 욕구를 충족하기 위해 다른 사람을 이용할 가능성이 높고, 권위적 인물과 갈등을 경험한 적이 있을 수 있다.

하위 척도

〈빠른 참조 6-9〉와 같이 *ANT*는 반사회적 성격을 가진 사람의 성격적 · 행동적 특징을 측정하는 세 가지 하위 척도, 즉 반사회적 행동, 자기중심성 및 자극 추구로 구성되어 있다.

빠른 참조 6-9

반사회적 특징(*ANT*) 하위 척도	
반사회적 행동(*ANT–A*)	반사회적 행동이 있었거나 불법적 행위에 가담한 경험에 초점
자기중심성(*ANT–E*)	대인관계에서의 공감 부족 또는 원망, 전반적인 착취적 접근에 초점
자극 추구(*ANT–S*)	흥분과 자극 추구, 지루함에 대한 낮은 내성, 무모함과 위험한 행동에 초점

반사회적 행동(*ANT–A*)

반사회적 행동(antisocial behaviors: *ANT-A*) 하위 척도는 청소년기와 성인기의 반사회적 행동에 관한 문항으로 구성되어 있다. 높은 척도 점수는 청소년기에 품행장애가 있었을 가능성이 높고, 성인기에 불법적인 일이나 절도, 재물 손상 및 타인에 대한 신체적 공격을 포함한 범죄 행위와 관련이 있을 수 있음을 나타낸다. *ANT-A*는 반사회적 행동을 저지른 사람을 나타내는 것이므로 반사회적 성격장애에 관한 행동적 요소와 가장 유사하다.

그러나 이 척도는 반사회적 행동과 관련된 심리적 특성을 지적하는 것이 아니다. 반사회적 행동은 충동성, 자기중심성, 환경적 압력과 분노 관리에 관한 문제 등 다양한 원인이 있을 수 있다. 따라서 PAI의 다른 척도와 하위 척도를 검토하면 이러한 잠재적 원인을 밝힐 수도 있다.

*ANT-A*의 *T* 점수가 70 이상 상승한 경우는 권위적 인물과 사회적 관심과 관련된 문제를 경험하고 있다는 것을 반영한다. 이럴 경우 청소년기에 반사회적 행동이 있었을 가능성이 높고, 이러한 행동이 성인기까지 지속될 수 있다. *T* 점수가 60~69로 중간 정도 상승할 경우 척도가 더 상승할 때보다 과거에 반사회적 행동과 관련이 있었을 가능성이 더 높을 수 있다. *ANT-A* 문항들은 현재와 관련된 문항이 아니라 과거 경험에 관한 문항이 많기 때문에 과거의 경험에 따라 상승하는 정도가 결정될 수 있다.

예를 들면, "법에 저촉되는 일을 저지른 적이 있다."는 문항은 30여 년 전에 있었던 행동을 의미할 수도 있다. *T* 점수가 40 이하로 매우 낮은 경우는 매우 순응적이고 도덕적인 사람이라는 것을 나타낼 수도 있으나 과거에 있었던 사소한 비행마저 부인하려는 사람일 수도 있다.

자기중심성(*ANT-E*)

자기중심성(egocentricity: *ANT-E*) 하위 척도는 다른 사람과의 상호작용에서 정서적으로 냉담하고 공감할 수 있는 능력의 부족과 관련된 문항으로 구성되어 있다. 이러한 성격적 특성은 개념상 전통적인 정신병질과 가장 가깝지만, 이 척도 자체가 정신병질적 요소를 의미하는 것은 아니다. 오히려 이 척도는 히스테리나 자기애적 경향과 관련된 자기중심성을 시사한다. 따라서 *ANT-E*와 함께 행동화적 행동을 지적하는 *ANT-A*와 분노관리 문제를 지적하는 *AGG*가 상승할 경우 정신병질적 성격일 가능성이 상당히 높다. 18~29세의 평균 *T* 점수가 56인 것처럼, 연령이 낮은 표본의 점수가 상승하는 경향이 있다.

*ANT-E*의 *T* 점수가 70 이상 상승하는 경우는 자기중심적이고 다른 사람이나 사회적 의견을 고려하지 못하는 경향이 있다. 이럴 경우 자신의 목적과 욕구를 충족하기 위해 다른 사람, 심지어 자신과 가까운 사람을 이용할 수 있다. 이들은 다른 사람의 안녕에 대해서는 전혀 책임을 느끼지 않을 뿐만 아니라 친한 사람도 존중하지 않는다. 또한 배우자, 부모 또는 종업원으로서의 사회적 역할과 의무를 중요하게 생각하지 않는 경향이 있다. 이들은 과거에 저지른 잘못에 대해 죄책감을 나타낼 수 있지만 자기감의 확대와 개인적 권리라는 생각 때문에 자신의 잘못을 인정하지 않을 수 있다. 이들은 다른 사람과의 상호작용에서 적대적이고 초조감을 나타낼 수 있으나 정서적 관여를 거의 하지 않을 수 있다. 분노와 적개심

이 현저할 경우 *AGG*, *PAR* 및 *ANT-E* 상승을 검토해야 한다.

*ANT-E*의 *T* 점수가 60~69로 중간 정도 상승한 경우는 자기중심적이고 다른 사람과의 관계에서 자신만의 실속을 차리려는 경향을 시사한다. 이들은 사회적 불안과 죄책감을 상대적으로 적게 느끼기 때문에 피상적인 사회적 접촉은 상당히 효율적일 수 있다. 그러나 다른 사람의 욕구보다 자신의 욕구 충족을 우선시하므로 장기적인 대인관계는 성공적이지 않을 수 있다. 반면 *ANT-E*의 *T* 점수가 40 이하라면 다른 사람의 욕구를 먼저 고려하는 경향이 있기 때문에 자신의 욕구 충족에는 어려움을 경험할 수 있다. *ANT-E*와 함께 *MAN-G*가 평균 이하일 경우에는 자아존중감이 낮아서 자신을 비하하는 경향이 있을 수 있다.

자극 추구(*ANT-S*)

자극 추구(stimulus-seeking: *ANT-S*) 하위 척도는 성격적으로 위험을 감수하면서 새로운 것을 추구하려는 의지와 관련된 문항으로 구성되어 있다. 반사회적 성격을 가진 사람은 대부분 감각 추구 척도의 점수가 높지만, 이런 특성은 반사회적 성격장애에서만 나타나는 것이 아니고 반드시 병리적이거나 바람직하지 않다고 말할 수도 없다. 그러나 자극 추구가 공감 능력의 결여, 충동 조절력 부족, 분노 관리의 문제와 결합될 경우 불안을 억제하는 효과가 최소화되기 때문에 다양한 문제 행동을 야기할 수 있다. 따라서 *ANT-S* 상승은 탈억제의 효과와 관련이 있다. *ANT*의 다른 하위 척도와 마찬가지로, *ANT-S*도 18~29세의 평균 *T* 점수는 53으로 젊은 연령층에서 상승하는 경향이 있다. 이는 아마도 젊을수록 모험심이 더 강하다는 사실을 경험적으로 지지하는 것으로 볼 수 있다.

*ANT-S*의 *T* 점수가 70 이상 상승한 경우는 모험적이고, 자신이나 다른 사람에게 위험을 초래할 수 있는 행동을 할 가능성이 높다. 이럴 경우 새

로운 것과 자극을 추구하고 틀에 박힌 일이나 관심에 쉽게 싫증을 내며 흥분을 즐기기 위해 충동적으로 행동할 수 있다. 새로운 경험에 대한 욕구 때문에 어떤 일에 오랫동안 몰두하기 어렵고, 방랑생활을 할 수도 있다. 이들은 대부분의 사람에 비해 불안이 적고 불안을 야기하는 상황에서도 불안을 적게 느끼는 경향이 있다. *T* 점수가 60~69로 중간 정도 상승한다면 자제력이 있다는 것을 시사하지만, 여전히 무모하게 행동할 가능성은 있다. 그러나 *T* 점수가 중간 정도 상승한다면 자제력이 있기 때문에 문제를 일으킬 가능성은 상대적으로 낮다. *ANT-S*와 함께 *ANT-A, AGG, BOR-S, ALC* 및 *DRG*가 상승한다면 자기 파괴적이고 행동화적 방식으로 새로운 것을 추구할 수 있다.

*ANT-S*의 *T* 점수가 40 이하로 낮은 경우는 매우 소심하고 새로운 것을 회피하는 경향이 있다는 것을 시사한다. 이들은 일상적인 틀이 흐트러지면 거북하게 느낄 수 있다. *ARD-T*가 상승하고 *DOM*과 *WRM*이 낮다면 두려움과 관련된 회피 행동을 보이거나 대인관계에서 지나치게 순종할 수 있다.

주목해야 할 하위 척도 형태

앞서 언급했듯이, *ANT* 하위 척도는 반사회적 성격과 정신병질적 특징의 성격적 요소(*ANT-E, ANT-S*)와 행동적 요소(*ANT-A*)로 구분될 수 있다. *ANT*의 전형적인 하위 척도 형태는 이러한 구분을 잘 반영한다. *ANT-A*가 단독으로 상승한 경우라면 고전적인 정신병질적 성향 때문이 아니라 충동 조절 문제, 분노 관리 문제, 물질 남용, 판단력 손상 등의 다양한 원인 때문에 발생된 행동 문제를 일으킨 경험이 있을 수 있다. 이와 반대로, *ANT-E*와 *ANT-S*가 상승한 반면 *ANT-A*는 정상 범위라면 성공적이고 효율적으로 보이겠지만, 궁극적으로는 자기중심적이고 사회적 · 직업적 의

무 수행에 대한 무책임을 나타낸다. 이럴 경우, 부정적인 결과를 피하기 위해 사회적 관습에 순응할 수도 있지만 다른 사람에 대한 공감이나 존중은 부족할 수 있다. 이들은 위험에 따르는 모험과 개인적인 이득을 추구하기 위해 위험이 따르는 모험을 시도할 수 있고, 망설임 없이 다른 사람들을 위험에 노출시킬 수도 있다.

진단적 고려 사항

ANT 척도가 상승한 경우는 반사회적 성격장애가 시사되며, 특히 *ANT-A*가 많이 상승한 경우는 반사회적 성격장애를 고려할 수 있을 것이다. 경계선 또는 자기애적 성격장애처럼 반사회적 성격장애와 동일한 성격장애 B군에 해당하는 장애일 가능성도 높다. 축 I 장애 중 가장 흔히 동반하는 것은 물질 남용과 양극성 장애이고, 각 진단으로 확정하려면 PAI 척도 중 각각 *DRG*와 *MAN*을 검토해야 한다.

치료적 고려 사항

ANT 상승은 일반적으로 대부분의 치료에서 부정적 예후를 시사하지만, 하위 척도 형태에 따라서 부정적인 정도가 달라질 수 있다. *ANT-A*가 상승하고 다른 하위 척도는 정상 범위일 경우에는 적절한 죄책감을 느끼고(종종 *DEP* 상승), 가족, 친구 또는 직장 관계 등의 사회적 지지망 내에서 관계를 유지한다면(즉, 정상 범위의 *NON*) 치료에 순응할 것으로 예상할 수 있을 것이다. *ANT-E*가 현저하게 상승한 경우는 대부분의 치료에서 부정적인 예후가 시사된다. 왜냐하면 일상생활에 혼란이 초래되더라도 그 원인을 모두 외부로 투사하고, 도구적인 이득이 관여되지 않는 한 정신건강

전문가와 어떤 종류의 동맹도 형성하려고 하지 않기 때문이다. 이런 내담자라면 차라리 집단치료를 추천할 수 있다. 왜냐하면 집단치료 장면은 자기 검진(self-examination)을 할 능력이나 견딜 내성이 부족한 내담자에게 자신과 유사한 동기를 가지거나 결과를 초래한 다른 구성원을 자세히 조사할 기회를 제공하기 때문이다. 끝으로, *ANT-S*가 유의미하게 상승한다면 구조화되고 집중적인 단기간의 치료가 요구되며, 특히 수반성 관리와 같이 행동에 초점을 둔 목표와 기법이 유용할 것이다.

물질 남용 척도: 알코올 문제(*ALC*)와 약물 문제(*DRG*)

PAI의 물질 남용 척도는 알코올 문제를 측정하는 알코올 문제(alcohol problems: *ALC*) 척도와 약물 사용 및 남용에 관한 약물 문제(drug problems: *DRG*) 척도를 말한다. *ALC*와 *DRG*의 척도 점수를 해석하기에 앞서 다음의 사항들을 고려해야 한다. 첫째, 이 척도의 문항 내용은 과거에 있었던 사건에 관한 것이다. 생활사에서 있었던 사건에 관한 문항들은 물질 남용의 발달에 관한 중요한 시점을 시사하는 것이고(Jellineck, 1960), 이러한 시점은 *DSM*을 포함하여 널리 사용되는 대부분의 진단 체계를 적용하여 진단할 때 중요하다. 따라서 과거에 물질 남용 문제가 있었으나 최근에는 알코올이나 약물을 사용하지 않은 경우라도 *ALC*와 *DRG*가 상승할 수 있다. 최근에 물질 남용 문제가 있을 경우 *ALC*와 *DRG*의 *T* 점수가 전형적으로 80 이상 현저하게 상승할 수 있다. 하지만 보다 많은 경우 *ALC*와 *DRG*의 *T* 점수는 70 범위로 상승하며, 이는 최근의 비교적 약한 문제 또는 과거의 문제를 반영할 수 있을 것이다. 예를 들면, 약 10년 동안 금주하고 있는 회복된 알코올중독자라 하더라도 과거에 과도한 음주 때문에 직장을 잃었거나 금단 증상을 경험했을 경우 *ALC*의 점수가 상승할 수 있다. *ALC*와 *DRG*가 상승한다면 각 척도의 개별 문항을 검토하여 최근의 상황 또는 과거에 관한 정보를 평가해야 할 것이다. 또한 중간 정도의 남용 때문에 현재 기능 손상이 발생된다면 주관적 불편감을 경험하게 될 것이며, *ANX* 또는 *DEP*이 상승할 수 있을 것이다. 하지만 과거에만 물질을 사용했다면 이와 같은 불편감을 보고하지는 않을 것이다. 끝으로, *ALC*와 *DRG*가 중간 정도로 상승한다면 최근 또는 현재 물질을 섭취하는 패턴에 관해 추후 질문을 해야 한다.

*ALC*와 *DRG* 해석에서 특히 유의해야 하는 문제는 물질 남용 또는 사용을 부인할 가능성이다. 일반적으로 지적되는 긍정적 왜곡의 경우 물질 남용을 부인할 경우 자기기만(self-deception) 및 타인 기만(other-deception)의 형태가 나타날 수 있다. 자기기만은 문제를 최소화하고 알코올이나 약물을 사용하면 부정적인 결과가 초래된다는 사실을 받아들이지 않으려고 한다. 예를 들면, 알코올중독자는 바닥을 치지 않고서는(hit bottom) 자신의 음주 문제를 인식하지 못한다는 임상적 지식이 있다(Alcoholics Anonymous, 1937). 부인의 두 번째 형태는 물질 사용 또는 오용의 정도에 관해 다른 사람을 속이려고 적극적으로 시도하는 것이다. 이와 같은 노력은 평가 맥락에 상당한 영향을 줄 수 있다. 예를 들면, 체포된 이후 정신건강 평가를 받을 경우 불법 약물 사용을 인정하는 것은 자신의 범행을 고백하는 것과 동일한 의미이므로 불법 약물 사용을 부인할 것이다. 이와 마찬가지로, 양육권 평가를 받는 부모 역시 일반적인 문제를 포함하여 특히 물질 오용을 인정하지 않으려고 할 것이다.

어떤 식으로 부인을 하든 *PIM* 점수가 상승했다면 물질 사용에 따른 손상을 축소 보고했을 가능성을 고려해야 한다. Fals-Stewart(1996)는 약물 문제 집단과 법적 문제로 심리평가를 받는 집단을 대상으로 물질 남용의 축소 보고를 검토했다. 약물 문제 집단의 경우 물질 문제에 대해 방어적으로 반응하도록 지시했으며, 법적 문제가 있는 집단의 경우 체포 당시 소변 검사에서 물질 사용에 대한 양성 반응이 확인되었음에도 물질 사용을 부인했다. Fals-Stewart는 *PIM*의 *T* 점수가 56 이상이라는 분할 점수를 사용해서 표준 지시 조건에서 반응하는 물질 남용자와 방어적 반응을 하는 집단의 88%를 성공적으로 구분할 수 있었다. 또한 표준집단과 축소 보고 집단을 구분할 수 있는 판별함수도 추출했으나, 이 함수는 이후 교차타당화 표본에서 판별 기능이 우수하지는 못했다(Fals-Stewart & Lucente, 1997).

중요

PIM 상승은 알코올 또는 약물과 관련한 문제를 축소했다는 점을 시사한다.

물질 남용과 관련된 축소 보고를 감지하는 두 번째 전략(Morey, 1996)은 물질 사용 및 오용에 대해 직접적으로 묻지 않고, 성격을 예측할 수 있는 척도를 근거로 *ALC*와 *DRG*의 회귀값을 산출하는 것이다. Fals-Stewart (1996)의 판별함수 및 회귀값 산출 공식은 5장에 소개되어 있다. 회귀값을 산출하는 절차는 물질 오용과 전형적으로 관련된 두드러진 성격적 특성을 반영하는 척도 점수를 근거로 예상한 *ALC*와 *DRG* 점수보다 수검자가 보고한 알코올 또는 약물 관여도 점수가 낮은지를 결정하는 것이다. *ALC* 및 *DRG*와 가장 상관이 높은 척도의 *T* 점수의 총점을 사용해서 *ALC* 및 *DRG*의 추정치를 산출하여 실제로 내담자가 보고한 척도 점수와 비교한다.

앞서 언급한 Fals-Stewart(1996)의 연구에서 이런 절차를 적용해서 산출한 방어 집단의 *ALC*와 *DRG* 척도의 추정치는 실제 수검자가 보고한 점수보다 *T* 점수가 평균 10~15점 높았다(Morey, 1996). 따라서 추정치를 적용할 때의 일반적인 원리는 추정치가 관찰치보다 10점 이상 높을 때 알코올 또는 약물 문제를 축소 보고했을 가능성을 염두에 두는 것이다. 하지만 Fals-Stewart(1996)의 자료 외에 이러한 절차에 관한 확증적인 연구가 없으므로 추정치를 적용할 경우 신중해야 한다. 특히 내담자의 연령과 *PIM*

점수 변인은 이런 절차의 효율성에 대한 중재적 역할을 하는 것으로 알려져 있다. 연령 변인에 대해 살펴보면, 물질 남용 척도 점수 추정치를 산출하기 위한 다수의 예언 척도들은 연령과 높은 상관이 있고, 젊은 내담자는 나이가 많은 내담자에 비해 점수가 높은 경향이 있다. 물질 오용, 특히 *DRG* 척도는 이와 유사하게 연령과의 상관이 있기 때문에 젊은 내담자의 추정치가 과도하게 추정될 가능성이 있다. 18~21세의 성인 초기의 경우 추정치와 관찰치 간의 차이는 물질 사용과 관련된 문제를 축소 보고하는 것이 아니라 알코올 또는 약물 관련 문제가 형성될 경향을 반영한다는 가정을 향후 검증해 봐야 한다.

이런 추정치 절차의 효율성과 관련된 두 번째 잠재 중재자는 *PIM* 점수다. *PIM* 상승은 대부분의 PAI 척도를 억제하는 효과가 있고, 물질 남용 추정치 절차에 포함된 5개의 성격 척도도 *PIM* 상승에 따라 억제되는 경향이 있다. *PIM* 자체도 물질 남용 왜곡과 관련된 것으로 지적되었기 때문에(Fals-Stewart, 1996) 물질 남용 척도뿐만 아니라 물질 남용 예언 지표에도 억제 효과가 있을 것이다. 따라서 *PIM*의 점수가 57 이상으로 상승할 경우 물질 남용 추정치 점수의 절대적인 상승 점수 자체가 아니라 추정치와 관찰치 간의 차이에 특히 주의를 기울여야 한다. 이럴 경우 추정치는 진정으로 솔직하게 반응한 프로파일에서 산출한 점수보다 과소 추정된 값일 가능성이 있다. *PIM*이 상승할 경우 물질 남용 척도의 점수가 정상 범위에 있더라도 추정치와 관찰치 간의 차이가 유의미하다면 주목해야 한다. 예를 들면, *DRG*의 추정치 *T* 점수가 58인 반면 관찰치 *T* 점수가 45일 경우 *PIM*이 상승했다면 물질 남용을 축소 보고했을 가능성이 높다. Fals-Stewart(1996)의 연구에서 왜곡 표본은 전형적으로 이와 같은 차이를 보여주었는데, 왜곡 표본의 88%에서 *PIM* 점수가 상승했다. *PIM*이 정상 범위라면 물질 남용 추정치는 관찰치에 대한 정확한 추정치로 사용될 수 있을 것이다.

때로는 수검자가 알코올이나 약물을 사용하지 않기 때문에 *ALC*와 *DRG* 척도 문항이 자신과 관련이 없다고 생각하여 문항에 응답하는 것을 망설일 수도 있다. 신중하게 또는 문자 그대로 검사에 접근하는 수검자에게서 흔히 이와 같은 반응을 관찰할 수 있다. 예를 들면, 입사선발 검사에 임하는 지원자에게서 이런 반응을 볼 수 있다. 이들은 "약물로 문제를 일으킨 적은 없다(My drug use never caused problems for me)."와 같은 문항에 응답하지 않을 것이다. 왜냐하면 이 문항에 반응한다면 약물 사용을 시인하는 것처럼 보인다고 우려하기 때문이다. 이럴 경우 수검자에게 처방받는 약을 처방된 용량 이상으로 사용하거나 불법 약물 등 모든 종류의 약물을 고려하라고 설명해 준다. 이와 같은 방식으로 반응한다고 해서 매번 물질 남용을 숨긴다는 것을 의미하는 것이 아니라 수검자가 매우 신중하고 방어적인 방식으로 검사에 임한다는 것을 시사하며, 이러한 수검자의 태도 자체를 검사 결과 평가 시에 사용해야 한다.

알코올 문제(*ALC*)

*ALC*는 알코올 사용, 남용 및 의존과 관련된 행동과 결과를 평가하기 위한 척도다. 이 척도는 완전한 금주, 상습적인 음주나 이에 따른 심각한 결과, 통제 상실 및 알코올에 대한 갈망 등에 관한 문항으로 구성되어 있다. 알코올 사용에 대해 직접적인 방식으로 질문하기 때문에 알코올 문제를 부인할 경우 *ALC* 점수가 낮아질 수 있다. *ALC* 원점수가 매우 낮고, 앞서 언급한 5개 예언 척도의 점수가 상승하였다면 알코올 사용에 대한 추후 질문이 필요할 수 있다. 이런 경우라도 간접적인 정보를 근거로 추정하는 것보다 직접적인 방식으로 질문하면 더 정확한 정보를 얻을 수 있다.

*ALC*의 *T* 점수가 60 이하의 평균 점수라면 술을 마시기는 하지만 술에 의한 문제는 거의 없다는 것을 의미한다. *T* 점수가 60~70이라면 정기적으로 술을 마시고 술에 의한 부정적인 결과를 경험할 수 있다. *T* 점수가 70에 가까울수록 술에 의한 문제가 있을 가능성이 높아진다. *T* 점수가 70 이상일 경우 알코올 남용 준거에 부합할 가능성이 있다. 이럴 경우 알코올 때문에 일상생활에 부정적인 영향이 많을 수 있다. 알코올과 관련된 문제로 대인관계나 직업적인 문제 또는 건강 악화 등이 있을 수 있고, 최근 생활 기능이 상당히 의심스러운 상태일 수 있다.

알코올중독 치료 센터에서 치료받는 환자의 *ALC* 평균 *T* 점수가 84 이상 현저하게 상승할 경우 전형적으로 심각한 알코올 의존과 관련이 있다. 이 범위에 해당한다면 술에 의한 부정적인 결과가 많을 수 있다. 알코올과 관련된 문제는 대인관계나 직장에서의 문제 및 건강 악화 등을 포함한다. 이들은 대부분 반복해서 금주를 시도하지만 음주를 중단하기 어려울 수 있다. 이들은 음주에 대해 죄책감을 느끼면서도 음주가 자신의 생활에 미치는 영향을 통제하기 어려울 수 있다. 이들은 대부분 음주 때문에 사회적 · 직업적 실패를 경험한 적이 있고, 오랫동안 중독된 상태였을 것이다. 또한 이 범위에 해당할 경우 술에 취한 상태에서 일시적인 의식 상실이나 알코올에 대한 생리적 의존 및 금단 증세가 나타날 수 있다.

진단적 고려 사항

ALC 척도는 알코올 오용과 그 결과에 대해 직접적인 방식으로 질문하기 때문에 점수가 상승할 경우 알코올 남용 및 의존 진단일 가능성이 높다. *ALC* 점수의 상승 정도에 따라 진단 결정을 할 수 있다. 수검자가 알코올과 관련된 문제를 부인하지 않은 것으로 지적되었고 *ALC*가 현저하게 상승한다면 알코올 의존으로 진단할 수 있을 것이다. 알코올 치료 센터

내담자들의 평균 *T* 점수는 84다. *T* 점수가 70~80인 경우 알코올 남용으로 진단할 수 있지만, 과거 알코올 의존에 해당하는 증상을 경험할 정도로 알코올 문제가 있었으나 최근에는 이런 문제를 경험하지 않을 수도 있다. 이럴 경우 프로파일 내 다른 척도를 검토하여 구분할 수 있을 것이다. 예를 들면, 만성적인 알코올 의존은 말초신경염을 동반할 수 있고, 이런 증상으로 *SOM*이 상승하고, 이와 관련된 탈억제로 신체적 공격을 하여 *AGG-P*가 상승할 수도 있다. 끝으로, 과거 알코올 금단 증세를 경험했을 경우 *ANX-P*가 상승하는 반면, 현재 알코올 의존 상태라면 *NIM, SCZ*가 상승할 수 있다.

치료적 고려 사항

알코올 문제의 경과는 회복과 재발이 장기간 동안 반복되어 순환하는 경향이 있기 때문에 치료도 매우 어렵다. *ALC* 점수가 현저하게 상승하면 만성적인 경과가 보다 심각하게 나타날 수 있다. 다른 한편으로는 알코올 오용으로 발생한 심각한 결과를 인식한다는 것을 반영하므로 때로는 긍정적 예후일 수도 있다. 심각한 결과들을 경험하고 인식하게 되면 수검자는 변화를 위한 준비를 지원하는 강한 동기를 가질 수 있을 것이다.

약물 문제(*DRG*)

약물 문제(*DRG*)는 약물의 사용, 남용 및 의존과 관련된 행동과 결과를 평가하기 위한 척도다. 이 척도는 가끔 물질을 사용하지만 완전한 절제에서부터 약물 사용에 의한 심각한 결과에 관한 문항으로 구성되어 있다. 의사가 처방해 준 약물이나 불법적인 약물에 대해 직접적인 방식으로 질문하기 때문에 약물 문제를 부인할 경우 점수가 낮아질 수 있다. *ALC*와 마찬가지로, *DRG*의 원점수가 매우 낮고 앞서 언급한 다섯 가지 예언 척도의 점수가 상승할 경우 약물 사용에 대해 추후 질문을 하는 것이 바람직하다. *DRG* 문항 중에는 불법적인 행위를 시인하는 내용이 포함되어 있기 때문에 특히 자발적인 치료 장면이 아닌 법적 평가 장면에서는 *ALC*에 비해 *DRG* 문항에 대한 의도적인 과소평가가 더 큰 문제가 될 수 있다. 이럴 경우 5장에 기술된 *DRG* 추정치 산출 절차를 활용해서 이를 해결할 수 있다.

*DRG*의 *T* 점수가 60 이하로 낮은 것은 약물을 거의 사용하지 않거나 전혀 사용하지 않는다는 것을 반영한다. *T* 점수가 60~70이라면 정기적으로 약물을 사용할 수 있고, 따라서 부정적인 결과를 경험할 수 있다. *T* 점수가 70에 가까울수록 약물이나 약물 사용에 의한 문제를 경험하고 있을 가능성이 높다. 이럴 경우 약물 사용에 의해 대인관계나 직무 수행에 문제가 나타나고 최근 생활 기능이 상당히 저하될 수 있다.

약물 남용 때문에 치료받는 환자의 *DRG* 평균 *T* 점수가 80 이상으로 현저하게 상승한다면 전형적으로 심각한 약물 의존과 관련이 있을 수 있다. 이럴 경우 물질 사용을 중단하려고 시도하지만 약물 사용을 중단하기 어렵고 약물이 일상생활에 미치는 영향을 거의 통제하지 못할 수 있다. 이들은 대부분 약물 때문에 사회적 · 직업적 실패를 경험했을 가능성이 높다. 흔히 물질에 대한 심리적 · 생리적 의존의 징후와 금단 증세가 나타날 수 있다.

진단적 고려 사항

*DRG*는 약물 남용 및 의존과 가장 관련이 있고, 주로 척도 점수의 상승 정도에 따라 진단 결정이 가능하다. *T* 점수가 70~80이라면 약물 남용일 가능성이 높지만, 과거의 의존 증상을 시사하고 더 이상 이런 증상이 나타나지 않을 수도 있다. 프로파일 내 다른 척도들을 검토하여 이를 구분

할 수 있다. 예를 들어, 물질 의존 상태인 경우 전형적으로 일상생활에서 심각한 혼란(*STR*) 및 탈억제와 관련이 있는 문제(*AGG-P*)를 경험한다. 이들은 자신의 건강 상태에 대해 크게 염려하지 않기 때문에 *SOM-H* 점수가 비교적 낮다. 끝으로, *DRG* 상승은 PAI 임상 표준화 표본의 반사회적 성격장애 진단과 상관이 있었다.

치료적 고려 사항

*DRG*가 현저하게 상승한다면 수검자는 신체적 의존이 나타날 수 있고, 치료의 일부분으로 의학적 해독이 필요할 것이다. *DRG*가 매우 높게 상승한 상태에서 혼동 또는 정신증(*NIM, SCZ-P, PAR-P* 검토)이 지적될 경우, 특히 해독 치료가 필요한지 검토해야 한다. *DRG* 문항은 물질 남용 때문에 일상이 혼란스럽다는 것을 인식하는 점을 평가하므로 *DRG*가 상승할 경우 긍정적 예후가 가능한 변화 준비 정도를 반영할 수 있을 것이다. 반면 앞서 언급한 절차에 따라 산출한 *DRG* 추정치가 실제 관찰된 점수보다 상당히 높고 *RXR*의 *T* 점수가 50을 넘을 경우, 수검자는 물질 남용 치료에 순응하지 않을 가능성이 높을 수 있다. 이들은 흔히 집단치료를 적용하여 그들의 부인을 직면시키는 것이 유용하다.

공격성(*AGG*)

공격성(aggression: *AGG*) 척도는 치료고려 척도에 해당하는 척도로 진단 범주와 직접 관련이 있는 것은 아니지만 공격성은 많은 진단과 관련된 기본적인 정동이나 행동과 관련이 있다. 실제로 DSM에는 분노, 공격성 및 분노와 공격성 처리에 관한 문제의 범주를 적절히 포함하지 못한다는 비판도 있다(Deffenbacher, 1992). 분노 통제에 관한 문제를 핵심으로 하는 다양한 진단집단이 있고, 이 중 성격장애가 차지하는 비율이 가장 높다. 반사회적 성격장애, 경계선 성격장애, 수동-공격적 성격장애 등은 모두 분노 처리와 관련한 문제가 있다. 간헐적 폭발장애는 충동조절장애로 분류되지만, 이 장애의 핵심은 분노 통제의 실패다. 성인이나 아동의 신체적 학대는 임상적 주의를 필요로 하는 분노 처리와 관련된 문제다. 따라서 *AGG*는 광범위한 진단집단을 이해하는 데 유용한 정보를 제공하기도 하지만 치료 계획 및 의사결정에도 중요하다.

*AGG*는 공격성의 요인에 관한 연구(Riley & Treiber, 1989)를 근거로 세 가지 요인을 평가하기 위한 척도다. 이 요인들은 기질적 분노와 적대감에 대한 전반적인 평가 및 분노와 적대감이 표현되는 전형적인 행동 양식에 대한 평가다. 이러한 세 가지 하위 척도는 분노 통제 문제와 관련해서 상당히 다른 양상으로 나타날 수 있다. 예를 들면, 분노를 '내적'으로 전환시키는 사람과 같이 강한 분노의 제지와 억제는 분노 경험을 지적하는 것일 수 있으나, 억압 척도는 분노 경험이 어떤 방식으로든 표현된다는 것을 시사한다.

*AGG*는 공격성, 분노 및 적대감과 관련된 태도와 행동에 관한 전반적인 특성을 평가하기 위한 척도다. *AGG*는 언어적 공격과 분노 통제의 어려움에서부터 폭력적·위협적 행동에 이르기까지 다양한 수준을 지적하는 문항으로 구성되어 있다. *AGG*의 평균 *T* 점수는 다른 척도에 비해 낮은 편이다. 점수가 낮다면 다른 사람 앞에 서는 것을 꺼리고 필요한 경우라도 자신의 주장을 하지 못할 정도로 매우 유순하고 비주장적일 수 있다. *T* 점수가 60~70이라면 좌절감을 경험하거나 다른 사람이 자신의 일을 방해하면 이를 참지 못해 쉽게 흥분하고 성질을 부릴 수 있다. *T* 점수가 70에 가까울수록 성질을 부릴 가능성을 증가하고, 주변 사람의 행동

때문에 쉽게 흥분할 수 있다.

T 점수가 70 이상 상승한다면 만성적으로 분노를 느끼고 분노와 적대감을 거리낌없이 표현할 수 있다. 이럴 경우 상승한 하위 척도를 검토하면 언어적 · 신체적 표출과 같은 분노 표출 방식을 알 수 있을 것이다. *AGG*의 *T* 점수가 82 이상 현저하게 상승한다면 뚜렷한 분노나 잠재적 공격과 관련이 있을 가능성이 높다. 이럴 경우 쉽게 흥분하고 좌절을 경험할 때 감정이 폭발할 수 있다. 주변 사람은 이들이 화내는 것을 두려워할 수 있다. 이들은 다른 사람과 싸운 이력과 더불어 분노 때문에 판단력이 흐려져서 법적 · 직업적 문제를 일으킨 적이 있을 가능성이 있다. 공격 행동은 임상 양상에서 중요한 역할을 하고, 치료를 복잡하게 만드는 잠재적 요인이기 때문에 치료 계획을 수립할 때 주의해야 한다. 이럴 경우 PAI 또는 다른 자료를 통해 폭력 잠재성을 신중하게 검토해야 한다. 9장에서 이런 절차에 대해 설명하였다.

하위 척도

AGG 척도는 세 가지 하위 척도로 구성되어 있는데, 한 가지 하위 척도는 임상 양상에서 분노와 적대감의 정도를 평가하기 위한 것이고, 나머지 두 가지 척도는 분노와 적대감을 표현하는 전형적인 행동 양식을 평가하기 위한 것이다. 〈빠른 참조 6-10〉과 같이 AGG는 공격적 태도, 언어적 공격성 및 신체적 공격성으로 구성되어 있다.

공격적 태도(*AGG-A*)

공격적 태도(aggressive attitude: *AGG-A*) 하위 척도는 쉽게 화를 내거나 공격 행동을 수단적으로 사용하는 것과 같은 공격적 행동에 대한 전반적

빠른 참조 6-10

공격성(AGG) 하위 척도	
공격적 태도(AGG-A)	적개심, 분노 통제력 부족, 공격 행동을 수단적으로 사용하는 것에 초점
언어적 공격(AGG-V)	주장부터 욕설까지 다양한 언어적인 분노 표현 및 타인에게 분노를 쉽게 표출하는 성향에 초점
신체적 공격(AGG-P)	물건을 부수거나 신체적으로 가격하거나 폭력을 행사하겠다고 위협하는 것에 초점

인 감정과 행동을 포함하는 것으로 개념화할 수 있다. 이 척도 점수가 높게 상승한 경우는 스스로 쉽게 화를 낸다고 생각하고 공격적으로 행동하면 수동적 접근을 취할 때보다 긍정적인 결과가 나타날 가능성이 높다고 믿는 경향이 있음을 나타낸다. 하지만 이런 개념화는 분노를 느낄 수 있지만 표현하지 않고 분노를 억제하거나 내적으로 향하게 하는 것과는 분명한 차이가 있는 것으로, 분노에 대한 예민성(anger-proneness)과 비슷하다. 즉, 공격적 태도는 쉽게 분노를 느끼거나 쉽게 좌절하거나 과민한 경향 또는 다른 사람의 비판이나 소홀한 대접에 대해 화를 내는 경향과 유사하다.

*AGG-A*의 낮은 점수는 조용하고 차분한 사람으로 쉽게 화내지 않고 인내심이 많고 다른 사람에게도 관대할 수 있음을 시사한다. *T* 점수가 60~70으로 중간 정도 상승한 경우는 쉽게 화를 내고 좌절감을 경험한다는 것을 시사한다. 다른 사람은 이들을 적대적으로 쉽게 성질을 부리는 것처럼 지각할 수 있다. *T* 점수가 70 이상 상승한다면 쉽게 분노를 느끼고 때로는 조금만 기분을 자극해도 쉽게 이성을 잃을 수 있다. 이들은 다른 사람을 위협하거나 통제하는 수단으로 분노를 이용할 수 있고, 다른 사람이 자신을 비판하거나 방해하면 불같이 화를 낼 수 있다. 그러나 다른 하위 척도들이 상승하지 않았다면 이런 분노를 쉽게 표현하지 않을 수 있다.

언어적 공격(*AGG-V*)

언어적 공격(verbal aggression: *AGG-V*) 하위 척도는 빈정거림이나 비판과 같은 가벼운 형태에서부터 고함을 치거나 독설을 퍼붓는 보다 극단적인 형태에 이르기까지 다양한 형태의 공격성을 언어적으로 표현하는 것을 지적하는 척도다. 이런 방식의 분노 표현에 관한 가장 중요한 측면은 가시성(visibility)이다. 즉, *AGG-V*의 높은 점수는 분노를 경험할 때 억제하거나 숨기기보다 쉽게 분노를 표현할 가능성이 높다는 것을 시사한다. 세 가지 하위 척도 중 *AGG-V*는 분노를 통제하려는 노력과 부적 상관이 있다. 이 척도의 점수가 낮다면 다른 사람에 대한 분노를 숨기려고 노력하지만, 점수가 높다면 분노 표현을 통제하려는 노력을 거의 하지 않거나 전혀 하지 않을 수 있다. 따라서 *AGG-V*는 외부 관찰자가 볼 수 있도록 분노를 표출할 것인지를 결정하는 데 유용하다.

*AGG-V*의 낮은 점수는 분노를 경험하더라도 표현하지 않을 가능성을 시사한다. 이들은 분노를 지나치게 통제하고 화를 되도록 내지 않고 참는 경향이 있다. 분노를 통제하는 것은 바람직하지만, 과도하게 통제할 경우 수동성이나 사회적 위축(낮은 *DOM*), 내벌적(intropunitive) 태도(높은 *DEP-C* 또는 낮은 MAN-G) 또는 분노를 느낄 때 통제하기 어렵거나 삽화적 분노 표출(높은 *AGG-P*)이 있을 수 있다. *AGG-V*의 *T* 점수가 60~70으로 중간 정도 상승하였다면 주장적이지만 직접 위협하지는 않을 수 있다. *T* 점수가 70에 가까울수록 조금만 기분을 자극하더라도 비판, 모욕 및 언어적 위협과 같은 언어적 공격이 있을 수 있다. *T* 점수가 70 이상 상승한 경우는 폭력에 가까운 폭언을 할 가능성을 시사한다. 이럴 경우 흔히 다른 사람에게 인기가 없을 뿐만 아니라 매우 적대적으로 보일 수 있다. 다른 사람은 이들이 실제로 화가 나 있는 정도보다 더 화가 난 것으로 지각한다.

신체적 공격(*AGG-P*)

신체적 공격(physical aggression: *AGG-P*) 하위 척도는 신체적 공격 행동에 대한 경력과 현재 태도와 관련된 척도다. *AGG-P*는 성인기 동안에 있었던 폭력이나 싸움에 관한 문항으로 구성되어 있다. 실제로 성인기에 신체적 공격과 관련된 문제가 없는 사람이 청소년기의 행동 문제 때문에 이 척도가 유의미하게 상승하는 경우는 거의 없다. 일반 성인의 경우 이 척도의 점수가 상승하지 않지만 임상 표본에서는 흔히 상승하는 경향이 있다.

*AGG-P*가 평균 정도라면 분노와 충동을 잘 통제하고 분노 폭발과 관련된 문제가 없을 가능성이 높다. 중간 정도로 상승한다면 이성을 잃는 경우가 더 흔하고, 물건을 부수거나 공격 행동과 같이 공격성을 신체적으로 표현하는 경향이 더 증가할 수 있다. 이럴 경우 파괴적인 방식으로 분노를 표현할 위험보다 분노를 적극적으로 통제하려고 시도할 수 있다. *T* 점수가 70 이상 상승한다면 분노를 통제하지 못할 수 있고, 물건을 파괴하거나 다른 사람에 대한 신체적 위협과 같은 극단적인 형태의 분노 표현이 있을 가능성이 높아진다. 이들은 분노를 느끼더라도 쉽게 드러내지 않기 때문에 *AGG-V*가 평균 이하라면 분노 표출이 갑작스럽고 예상하기 어려울 수 있다. 다른 사람은 이들의 못된 성질과 신체적 폭력을 행사할 가능성 때문에 위협을 느끼고, 되도록이면 이들의 기분을 자극하지 않으려고 할 것이다.

주목해야 할 하위 척도 형태

*AGG*의 상승과 관련된 하위 척도의 형태는 공격적 행동의 성격과 심각성을 결정하는 데 유용하다. 일반적으로 분노 통제 문제가 있을 경우 *AGG-A*는 대부분 상승하지만, *AGG-V*와 *AGG-P*의 상승 형태는 서로 다르다. *AGG-V*는 상승한 반면 *AGG-P*는 평균 또는 그 이하일 경우, 화가

나면 조용히 참거나 억제하기보다 즉각적으로 표출하는 경향이 있다. 달리 말하면, 이들은 본성은 나쁘지 않으나 말이 거칠다. 이들이 분노를 자주 표출하기 때문에 성질을 참지 못하고 더 극적이고 과도한 분노 표출을 예방할 수 있을 것이다. *AGG-P*가 상승하고 *AGG-V*가 일반 성인의 평균 이하로 낮을 경우, 성질을 참으려고 노력하지만 쉽게 통제력을 잃을 수 있다. 이들은 통제력을 상실하면 더욱 극단적으로 분노를 표출하고, 평소 쉽게 화를 내지 않기 때문에 이와 같은 분노 표출은 매우 갑작스럽고 예측하기 어렵다. 주변 사람은 이들의 행동을 예측하기 어렵고, 폭발적인 표출 및 신체적 폭행의 가능성 때문에 두려워한다. 드물기는 하지만, *AGG-A*만 현저하게 상승하고 *AGG-V*와 *AGG-P*은 평균 또는 그 이하인 형태도 있다. 이런 형태는 분노 표출을 억제하기 위해 상당히 노력하고(낮은 *DOM*), 표출하는 대신 분노를 내적으로 향하도록 한다(*DEP-C* 상승, 낮은 *MAN-G*).

진단적 고려 사항

다양한 진단집단에서 분노 처리와 관련된 문제가 지적되고 *AGG*가 상승한다. 간헐적 폭발성 장애는 DSM에서 분노 문제를 직접적으로 드러내는 장애다. 앞서 언급한 과도하게 통제된 '*AGG-P, AGG-A*>*AGG-V*' 형태는 분노 억제와 폭발을 반복하는 간헐적 폭발성 장애의 행동적 양상을 반영한다. 현저한 분노와 적개심은 반사회적 성격장애, 경계선 성격장애, 편집성 성격장애 등 많은 성격장애의 특징이기도 하다. 알코올 또는 약물 남용 문제가 있는 사람의 경우에도 물질 사용으로 탈억제된 상태에서는 공격성이 외부로 표출될 수 있기 때문에 *AGG-P*가 상승할 수 있다. 외상후 스트레스 장애의 경우에도 현저한 분노와 원망을 경험하고 *AGG*

가 상승할 수 있다. 끝으로, *AGG*가 낮은 장애도 있다. 의존적인 사람은 비주장적이고 하위 척도와 *AGG*가 전반적으로 낮고, 특히 *AGG-V*가 낮다. 전환장애 또는 히스테리 성격이 있을 경우 분노 경험을 강하게 부인하므로 *AGG*가 평균 이하인 경향이 있다. 수동–공격적 성향도 상당한 분노를 경험하므로 *AGG-A*는 평균 이상이겠지만, 외부로 분노를 표출하는 것을 피하기 위해 상당한 노력을 하므로 *AGG-V*와 *AGG-P*는 평균 이하인 경향이 있다.

치료적 고려 사항

*AGG*의 높은 점수와 낮은 점수는 모두 중요한 치료적 시사점을 제공한다. *AGG*의 점수가 매우 높을 경우 구체적인 진단에 관계없이 치료에서 분노 관리 문제를 반드시 다뤄야 한다. 특히 *AGG-P*가 높다면 더 집중적이고 고도로 구조화된 치료가 필요하고, 타인에 대한 잠재된 위험을 신중하게 평가해야 한다. 이에 대해서는 9장에서 더욱 자세히 다루고 있다. 이런 내담자의 경우 치료에서 분노 통제를 우선적으로 다뤄야 하고, 이완, 인지적 재구조화, 문제해결 기술 훈련 등의 분노 관리 전략을 치료의 초기 단계에 실시해야 할 것이다.

낮은 *AGG*는 주장성 문제를 반영하므로 그 자체가 치료 표적이 될 수 있고, 다양한 진단과 관련된 자아존중감 문제를 반영할 수도 있다. *AGG* 점수가 정상 범위에 해당하더라도, *AGG-V*가 *AGG-P*와 *AGG-A*보다 상당히 낮은 것처럼 *AGG* 하위 척도 중 과도한 통제를 시사하는 형태가 지적된다면 전반적으로 정서 억제 경향을 반영하고, 이럴 경우 치료에서 과거에 대한 회상이 어려울 수 있을 것이다. 이들은 다양한 주제에 대한 자신의 감정을 토론할 때 검열을 할 것이고, 주제에 미치는 정서적 영향은 언어보다 행동에서 더 확연히 드러날 것이다.

자살관념(*SUI*)

자살관념(suicide ideation: *SUI*) 척도는 PAI에서 자살 잠재성을 평가하는 출발점이다. 다른 척도와 마찬가지로, *SUI*도 죽음에 대해 생각해 본 적이 있거나 자살을 고려해 본 적이 있다거나 최근 자살을 진지하게 고려한다 등 심각한 정도가 다양한 문항으로 구성되어 있다. 이 척도 문항들 중 마지막 문항들은 검사의 후반부에 위치하여 도움이 절실히 필요하다는 사실을 주변 사람에게 알릴 수 있는 마지막 기회다. PAI의 다른 척도처럼 *SUI*의 문항은 자살 사고(thought) 및 그와 관련된 행동과 직접적으로 관련이 있기 때문에 자살 의도를 숨기려고 한다면 쉽게 숨길 수 있다. 하지만 자살을 시도하는 사람은 자살하기 전에 자살 의도를 어떤 식으로든 전달하는 경향이 있기 때문에 *SUI*는 이런 의도를 밝히는 데 유용할 수 있고 (Shneidman, 1985), *SUI*는 자살 의도에 대해 깊이 있게 탐색할 수 있게 해준다. *SUI*는 자살 위험성이 높은 임상 환자 및 자살관념에 대한 자기보고 척도와 상관이 높다(Morey, 1991). 유사하게, Rogers 등(1998)의 연구에서도 응급실에 의뢰된 교정 표본과 PAI의 *SUI* 및 구조화된 임상적 면접으로 평가한 자살 증상과 상관이 있었다.

*SUI*는 자살을 예언하는 척도가 아니라 자살관념을 평가하기 위한 척도라는 점을 명심해야 한다. 따라서 점수가 높다는 것은 자살을 생각한다는 것을 지적하는 것이지 반드시 실제 자살을 시도할 것이라는 의미는 아니다. 자살 시도와 달리 임상 집단뿐만 아니라 정상 집단도 때때로 자살에 대해 생각하므로 원점수가 0인 경우는 많지 않다. 그렇지만 자살 발생 빈

도는 매우 낮기 때문에 자살에 대해 생각하는 것과 실제로 자살을 시도하는 것은 다른 문제다. 실제로 자살을 시도할 것인지를 결정하는 요인은 자살관념 외에도 많은 요인이 작용한다. 하지만 자살 시도 조건과 관련해서 자살관념은 충분조건은 아니지만 필요조건으로서 중요한 의미를 가진다.

*SUI*의 평균 *T* 점수는 60 이하이고, 이 범위일 경우 자해에 관한 생각을 하지 않는 것으로 볼 수 있다. 임상 집단에서 *T* 점수가 45 이하인 경우는 드물다. *T* 점수가 45 이하이더라도 다른 위험 요인이 동반되었다면 자살을 부인하고 자살관념을 숨길 가능성을 고려해야 한다. 임상 표본의 *T* 점수는 전형적으로 60~69다. 이들은 자해에 대해 주기적으로 생각하고, 순간적인 경험이 있을 가능성도 있다. 이들은 미래에 대해 비관적이고 불행하다고 생각한다. 물론 임상 표본에서는 흔히 이 범위에 해당하겠지만, 자살 사고 및 잠재적인 자살 행동에 대해 자세하게 질문해야 한다.

T 점수가 70~84라면 반복적인 자살 사고를 시사한다. 자살 사고를 하는 사람 중 실제로 실행에 옮기는 사람은 소수에 불과하지만, 이 범위에 해당하면 자살 가능성에 관한 중요한 신호로 생각해야 한다. *T* 점수가 이렇게 상승하더라도 자살에 대한 상당한 양가감정이 있을 수 있기 때문에 부가적인 위험 요소에 대해서도 관심을 가져야 한다. 이 범위에 해당하는 사람에 대해서는 환경과 가용할 수 있는 지지 체계를 평가하는 것이 중요하다. *T* 점수가 85~99로 더욱 상승할수록 자살에 대한 양가감정이 줄어들고 자살에 관한 사고는 더욱 강렬하고 반복적이다. 이들은 자살에 대한 예방이 필요한 상태다. *SUI*의 *T* 점수가 100 이상 극단적으로 상승한다면 죽음 및 자살에 대해 병적으로 집착할 수 있고, 소지품을 정리하거나 유서를 작성하고 구체적인 자살 계획을 세우는 등 자살 시도를 위한 단계가 진행 중일 수도 있다. 이럴 경우 자살 가능성을 즉각 평가해야 하고, 지체 없이 적절한 개입을 실시해야 한다. 이 범위에 해당한다면 다른 척도의

상승 수준에 관계없이 자살 가능성에 대한 중요한 경고 신호로 해석해야 한다.

진단적 고려 사항

자살관념과 위험이 증가하는 것은 정신건강과 관련된 거의 모든 진단군과 관련이 있다. 따라서 *SUI*는 특정 진단을 시사하는 구체적인 진단적 지표는 아닐 수 있다. 하지만 *SUI* 상승은 동일한 진단군 내에서의 감별 진단에는 유용할 수 있다. 예를 들어, 주요우울장애의 경우 *SUI* 점수가 상당히 상승하지만, 기분부전장애와 같이 다소 약하지만 만성적인 우울증의 경우 *SUI*가 그렇게 높게 상승하지는 않는다. 마찬가지로, 경계선 성격장애의 경우 관련이 있는 반사회적 성격장애, 편집증 또는 의존적 성격장애에 비해서 *SUI* 점수가 상승하는 경향이 있다.

치료적 고려 사항

*SUI*가 상승한 경우에는 치료 초기 단계에서 자살 가능성에 대해 신중하게 평가해야 한다. *SUI*가 분명히 자살관념의 심각성이나 침투성에 관한 유용한 정보를 제공해 주지만, PAI에는 우울증, 알코올 남용, 제한적인 사회적 지지 또는 충동성 등 자살과 관련이 있는 다른 위험 요인을 평가할 수 있는 부가적인 정보도 제공할 수 있다. 이러한 위험 요인을 평가하는 과정은 9장에서 자세히 다루고 있다. 자살 가능성 평가를 하려면 PAI를 통해서는 알기 어려운 중요한 정보, 예컨대 수검자의 구체적인 자살 계획, 치명적인 자해 수단, 구체적인 일상 정황, 판단력 수준 등을 결정해야 한다. 자살관념이 현저하고, 다양한 위험 요인들이 지적되었다면 입원

치료가 필요할 것이다. 자해 위험이 덜 급박할 경우에는 집중적인 외래치료를 실시할 수 있다. 외래치료에서 결합하는 한 가지 기법은 환자에게 자살을 하지 않겠다는 계약에 서명하도록 하는 것이다. 이 기법은 환자에게 특정 기간 동안 자해하지 않겠다고 동의하고, 자살 위험이 악화될 경우 치료자와 면담하도록 하는 것이다. 이와 같은 계약을 적용할 경우에는 추적조사를 자주 해야 하고, 위험이 분명할 경우 새로 계약을 작성해야 한다. 환자의 사회 지지 체계를 계약 내용에 포함시키는 것이 이상적이고, 이러한 지지 체계가 없다면 자해의 위험 요인이 증가되는 것이다.

환경에 대한 지각 평가: 스트레스(*STR*)와 비지지(*NON*)

성격 평가 도구들은 전형적으로 행동에서의 개인차에 기여하는 요소들을 밝히는 데 초점을 두지만, 실제로 개인의 행동은 환경의 영향을 받지 않을 수 없다. PAI는 이와 같은 환경적 영향의 특성을 이해하기 위한 두 가지 척도를 포함한다. 한 가지 척도는 어느 정도 예측이 가능한 환경에서부터 매우 쉽게 변하고 심한 스트레스를 야기하는 환경에 이르기까지 개인을 둘러싼 환경의 예언 가능성, 조직 및 구조적 측면에 관한 것이다. 다른 하나는 환경의 가용성과 지지의 질적인 측면에 관한 것이다. 두 측면 모두 환경에 대한 객관적인 평가가 아니라 수검자가 지각한 측면을 반영하는 것이고, 따라서 이러한 평가는 그 자체로 개인차를 반영하는 것이다. 하지만 PAI의 다른 척도와 이 두 척도를 비교해 본다면 구체적인 환경적 영향과 전반적인 성격적 양식을 구분할 수 있을 것이고, 이 점에 대해서는 마지막 부분에서 자세히 언급할 것이다. 여기서는 두 가지 척도에 대해 자세히 살펴보고, 두 척도의 형태에 따른 수검자의 환경에 대한 지각을 평가하는 방법에 대해 설명한다.

스트레스(*STR*)

스트레스(stress: *STR*) 척도는 현재 경험하고 있거나 최근에 경험한 생활 스트레스를 평가하기 위한 것이다. 이 척도를 구성하는 문항들은 주로 가족 관계에 관한 문제, 경제적 문제, 직업의 성격이나 지위에 관한 문제, 또한 최근에 발생하였거나 발생할 가능성이 높은 주요 변화와 관련되어 있다. *STR*은 생활사건 질문지(life events checklists)와 중간 정도의 상관이 있다. 하지만 이 질문지와 달리, PAI의 *STR*의 문항은 스트레스 요인의 분명한 특징을 구체적으로 기술하지 않고 개인의 생활에서 예측할 수 없을 정도로 많은 일상적인 변화를 지적한다. 문항 내용이 구체적이지는 않지만 *STR*과 대부분의 우울지표 간의 상관이 높다는 것은 이러한 변화들을 긍정적으로 지각하지는 않는다는 것을 지적한다.

*STR*의 *T* 점수가 60 미만으로 평균 범위에 해당하는 경우는 생활이 안정되어 있고 예측 가능하고 평온하다는 것을 시사한다. *T* 점수가 60~70이라면 삶의 주된 영역에서 다소 어려움을 경험하고 있고 중간 정도의 스트레스를 경험할 수 있다. *T* 점수가 70 이상이라면 이러한 어려움과 스트레스가 상당한 영향을 줄 수 있다. 따라서 최근 직장 상황, 가족과 친밀한 관계 및 경제적 상태를 살펴보면 근심이나 반추적 사고, 불행감의 원인이 되는 상황을 찾아낼 수 있을 것이다. 이들은 적응장애나 반응성 장애가 있을 위험이 있다. 이럴 경우 임상 척도의 점수를 검토하여 그러한 증상의 심각성과 특성을 결정해야 할 것이다.

*STR*의 *T* 점수가 85 이상 현저하게 상승한 경우는 수검자가 자신이 위기 상황을 직면했다고 지각한다는 것을 시사하고, 이럴 경우 거의 모든 주요

생활에서 혼란을 경험한다고 보고할 수 있다. 이들은 자신에게 발생하는 바람직하지 못한 일련의 사건을 통제할 힘이 없다고 생각할 수 있다. 자신은 무력하고 의존적이며, 고통을 야기하는 상황과 같은 주변 환경에 의해 희생당한다고 지각할 수 있다. 스트레스가 이렇게 높은 수준일 경우 다양한 임상 장애에 취약할 가능성이 높고, 임상 척도의 점수를 검토하여 스트레스에 대한 반응의 특성을 정확하게 결정해야 할 것이다.

비지지(*NON*)

비지지(nonsupport: *NON*) 척도는 지각한 사회적 지지의 부족을 측정하는 척도로 사회적 관계의 가용성과 질적 측면을 모두 평가한다. *NON*은 동료, 친구 및 가족 구성원과의 상호작용 정도와 특징에 관한 문항으로 구성되어 있다. *NON*의 점수가 낮을수록 지각한 사회적 지지 수준이 높고, 점수가 높을수록 사회적 환경을 비지지적인 것으로 지각한다는 것을 의미한다.

*NON*의 *T* 점수가 60 미만으로 평균 범위인 경우는 일반적으로 가족이나 친한 친구와 친밀한 관계를 유지하고 있다는 것을 반영한다. *T* 점수가 60~70인 경우는 친밀한 대인관계가 적거나 이러한 관계가 만족스럽지 않다는 것을 시사한다. *T* 점수가 70 이상이라면 사회적 관계에서 전혀 지지를 받지 못하는 것으로 지각한다는 것을 시사한다. 가족 관계도 소원하거나 갈등이 있을 수 있고, 또한 친구는 필요할 때 도움이 되지 않거나 도움을 줄 수 없다고 생각한다.

*NON*의 *T* 점수가 88 이상 현저하게 상승하였다면 삶의 중요한 사건들을 다루는 데 유용한 사회적 지지 체계가 거의 없거나 전혀 없다고 지각할 수 있다. 이들은 자신을 도와주지 않고 거절할 것이라고 지각한 다른

사람뿐만 아니라 자기 자신에 대해서도 매우 비판적일 수 있다. 이들은 위기에 대응할 정서적 자원이 거의 없고, 특히 스트레스에 대해 매우 강렬하게 반응할 수 있다.

*STR*과 *NON*의 형태

*STR*과 *NON*은 중간 정도의 정적 상관이 있고, 임상 장면에서는 두 척도가 다소 상승하는 경향이 있다. 임상 표준화 표본의 *STR*과 *NON* 평균 *T* 점수는 각각 64, 60이다. 두 척도가 평균 이하일 경우는 안정적이고 비교적 스트레스 적은 환경이고 사회적 지지도 충분하다는 것을 의미하고, 향후 적응에 관한 좋은 예후를 지적하는 긍정적 징후일 수 있다. 하지만 두 척도의 점수가 낮으면서 임상 척도, 특히 *DEP* 또는 *ANX*가 상승한다면 문제의 책임을 내향화하는 경향이 강하다는 것을 시사한다. 이와 반대로, 두 척도의 점수가 평균 이상으로 상승한다면 수검자는 일상생활과 관련된 다양한 영역에서 뚜렷한 스트레스와 혼동과 혼란을 경험하고 있을 가능성이 높다. 수검자는 자신의 사회적 관계가 비지지적이라고 기술했기 때문에 관계 문제가 주된 스트레스 요인일 수 있고, 가족관계가 상당히 소원하거나 갈등을 경험할 수 있고, 자신이 필요할 때 도와줄 친구가 없다고 생각할 수 있다.

*STR*과 *NON* 간 점수 차가 현저하게 크다면 척도에 대한 해석이 보다 구체적으로 이뤄져야 한다. *STR*의 *T* 점수가 *NON*보다 10 이상 높을 경우 임상 양상은 최근 직업 상황, 경제적 상황과 같은 일상생활의 주요 영역 등 외적 특징과 관련된 스트레스와 혼동이 주를 이룰 것이다. *DEP*와 *ANX* 등의 임상 척도에서 지적되는 문제들은 지속적인 양상이라기보다는 대체로 상황적 압력과 관련되어 있을 가능성이 있다. 상대적으로 낮은

*NON*은 이러한 스트레스의 영향을 완충시켜 주는 지지적 관계가 있다는 것을 의미한다. 반대로 *NON*의 *T* 점수가 *STR*보다 상당히 높을 경우 지지 체계에 의해 상당한 스트레스를 받는 것을 시사한다. 이들은 자신에게 중요한 다른 사람이 거부적이고 자신에게 관심을 기울여 주지 않는다고 생각하고, 어떤 사람에게도 도움을 청할 수 없다고 믿고 있을 수 있다. 이러한 관계 문제가 주된 스트레스 및 걱정의 원인이다. *PAR* 또는 *BOR-N*과 함께 상승할 경우 사회적 관계에 대한 불만이 만성적이며, 특정한 환경적 정황이 아닌 성격적 문제와도 관련되어 있을 수 있다.

진단적 고려 사항

*STR*와 *NON*은 직접적으로 단일의 진단적 구성개념을 시사하지는 않지만 모두 진단 결정에 유용하다. *STR*은 특히 상황에 따른 적응장애를 진단할 때 유용하다. 상황에 의해 적응장애가 발생된 경우 *STR* 점수는 프로파일에서 가장 많이 상승할 수 있고, 전형적으로 *DEP*, *ANX* 또는 두 척도 모두가 동반 상승할 수 있다. 가족 또는 부부간의 문제가 있을 경우, 흔히 *NON*이 대부분의 임상 척도 중에서 가장 높이 상승할 가능성이 있다. 신체화 장애의 경우 주변 사람이 자신의 신체적 문제를 충분히 이해해 주지 않거나 익숙해졌다고 생각하기 때문에 흔히 *NON*이 상승한다.

치료적 고려 사항

*STR*이 프로파일 내 다른 척도들에 비해 상대적으로 현저하게 상승한다면 상황적 위기가 있다는 것을 의미하고, 치료는 이러한 위기에 초점을 맞춘다. 특히 지지와 문제 해결을 사용해서 위기를 다루어야 하지만 다른 척도, 특히 *BOR*이 부가적으로 상승한다면 현재 지적된 위기는 긴 연속선상에서 최근에 발생된 위기에 불과하므로, 치료의 초점은 이러한 양상의

근원으로 바뀌야 한다. *NON*이 현저하게 상승한다면 치료를 통해 내담자의 환경에 부족한 지지를 제공해 줘야 한다. 이와 같은 지지적 맥락에서 지지 체계가 결여되도록 만든 내담자의 대인관계 양식을 탐색하는 것이 중요하다. *NON*이 프로파일에서 상당히 많이 상승한 것은 가족 문제를 시사할 가능성이 높고, 이럴 경우 가족/부부 치료를 실시하는 것이 적합할 것이다.

치료거부(*RXR*)

치료거부(treatment rejection: *RXR*) 척도는 치료 동기와 관련해서 문제가 될 수 있는 태도를 측정하기 위한 문항으로 구성되어 있다. 치료에 대한 동기가 있는 내담자의 경우 특징적인 태도를 보여 주는데, 적극적으로 참여하려는 의지, 정직한 자기 기술, 문제에 대한 인식, 문제 및 그 해결에 대한 책임 수용, 심리적 마음 자세, 새로운 생각에 대한 개방성 및 개인적 성장에 대한 흥미 등을 관찰할 수 있다. *RXR*이 상승한 경우는 이러한 특징이 부족하다는 것을 의미하고, 치료에 순응하지 못하며, 치료를 조기에 종결할 위험이 높을 수 있다. *RXR*은 전통적인 심리치료뿐만 아니라 약물치료 또는 자조집단 등 다양한 치료적 형태에 적용할 수 있도록 구성되어 있다. 이 척도는 자신의 문제 인식에 대한 거부, 자기 성찰 부족, 치료에 적극적으로 참여하려는 의지 결여, 자신의 생활에 대한 변화의 책임을 수용하려는 의지 결여 등 광범위한 영역에 관한 내용으로 구성되어 있다. 치료 장면에 참여하는 내담자의 *RXR* 평균 점수는 일반 성인 표본에 비해 표준편차가 1~2 정도 낮기 때문에 *RXR* 점수는 치료 장면에 참여하는 환자와 그렇지 않은 내담자 간에 쉽게 구별해 준다(예: Alterman et al., 1995;

Boyle & Lennon, 1994; Cherepon & Prinzhorn, 1994).

RXR 점수를 해석할 때 치료 표본이 아닌 일반 성인 표본의 *T* 점수를 참조했다는 것을 염두에 두어야 한다. 전형적인 정상 집단은 실제로 치료 동기가 없을 수 있다. *T* 점수가 평균 범위에 속하더라도 임상 장면에 적용할 때에는 치료 동기에 관한 부정적인 의미를 시사하는 것일 수 있다. *T* 점수 50은 인사 선발과 같은 다른 비임상적 장면에서는 전형적인 점수이지만 임상 표본에서는 전형적이지 않을 수 있다. 임상 표준화 표본의 평균 *T* 점수는 40이다.

RXR 해석과 관련해서 또 다른 중요한 점은 이 척도가 예후를 지적하는 것이 아니라 치료 동기와 관련되어 있다는 것이다. 치료 동기는 성공적인 치료의 필요조건이지 충분조건은 아니다. 즉, 변화의 필요성을 인식하고 있다고 해서 변화될 것이라는 의미는 아니다. 실제로 *RXR*이 매우 낮을 경우 과도한 심리적 불편을 경험하고 있고, 즉각적으로 고통을 경감시켜 줄 수 있을 것이라는 비현실적인 기대를 나타내는 도움의 요청일 수 있다. 예를 들면, 갑작스러운 심리적 불편을 경험하고 있는 경계선 성격장애 환자가 *RXR*이 매우 낮다면 치료 동기가 매우 높다는 것을 시사한다. 또한 자신의 삶을 진심으로 변화시키고 싶어 하는 것을 반영한다. 하지만 이들은 다른 이유들로 치료가 매우 어렵기 때문에 이와 같이 치료 동기가 높다고 해서 치료적 예후가 반드시 좋다고 하기는 어렵다.

중요

임상 문제가 있는 수검자의 *RXR T* 점수가 50인 것은 일반 성인의 평균 값에 해당하지만 치료 동기가 상당히 낮다는 것을 반영한다.

*RXR*은 이러한 의미를 시사하기 때문에 점수가 낮을 경우 치료 동기가 높은 반면, 점수가 높을 경우 치료 동기가 거의 없다는 것을 시사한다. 임상 장면에서 *RXR*의 *T* 점수가 40 이하로 낮은 경우는 생활의 주요 영역에서 심각한 기능장애가 있다는 것을 인식하고 이러한 문제를 해결하기 위해 즉각적인 도움이 필요하다는 것을 시사한다. *T* 점수가 20 이하라면 이러한 도움

이 절실히 필요하는 것을 지적하지만, 치료 예후가 좋지는 않다는 것을 지적하는 것일 수 있다. *T* 점수가 40~50인 경우는 자신에게 부분적인 변화가 필요하다는 것을 인식하고 변화 가능성에 대해 긍정적인 태도를 취하며 개인의 중요성을 수용한다는 것을 나타내는 것이다. 과거력이나 PAI의 다른 정보에 근거해서 예상한 점수보다 *RXR T* 점수가 50 이상으로 상승하였다면 어떤 손상을 시사하는 것이므로, 이럴 경우 방어의 가능성, 경직성, 통찰 부족 등을 우선적으로 고려해야 한다. *T* 점수가 50~60인 경우는 대체로 자신에 대해 만족하고 있고 자신의 행동에 변화가 필요하지 않다고 생각하는 것을 시사한다. 이럴 경우 심리치료를 받으려는 동기가 거의 없고 치료를 시작하더라도 타인에 의한 경우가 대부분이며, 조기에 탈락할 위험이 있다. *T* 점수가 60 이상인 경우는 현재 생활에 아무런 어려움이 없고 변화의 필요성도 느끼지 않는다는 것을 시사한다. *T* 점수가 이 정도로 상승하면 자발적으로 치료를 받을 가능성이 매우 낮고, 치료에 참석하더라도 저항할 가능성이 매우 높다. 또한 치료의 가치에 대해 따지고 치료적 시도에 전혀 관여하지 않을 가능성이 높다. 한편 자신에 대해 긍정적인 인상을 주려고 노력할 경우 공통적으로 RXR이 상승한다.

진단적 고려 사항

*RXR*은 주로 치료 계획에 관한 정보를 제공하기 위해 제작된 척도이기 때문에 구체적인 진단 결정에 크게 유용하지는 않다. 경계선 성격장애 환자의 경우 *RXR*이 매우 낮은 경우가 있을 수 있다. 법정 장면과 같이 치료 이수를 명령받는 경우 *RXR*의 *T* 점수가 50 또는 그 이상 상승할 수 있다.

치료적 고려 사항

앞서 지적했듯이, *RXR*이 상승하였다면 치료 형태와 관계없이 치료 과정이 어려울 수 있다. 하지만 *RXR*은 개인적 변화를 위해 노력하려는 의지를 의미하는 것일 뿐 변화 달성 가능성을 예측하는 척도는 아니다. 변화를 실현할 가능성을 예측할 수 있는 다양한 특징을 찾아내는 전략은 9장에 자세히 기술하였다.

대인관계 양식: 지배성(*DOM*)과 온정성(*WRM*)

PAI의 두 대인관계 척도인 지배성(dominance: *DOM*)과 온정성(warmth: *WRM*)은 대인관계 양식을 평가하는 핵심적인 부분이다. 이들 두 차원은 대인관계 원형 모형을 근거로 한 것이다. 이 모형은 Leary(1957)가 처음으로 제안한 이후 여러 학자가 보다 정교화하였다. 대인관계 양식은 개인의 성격에서 매우 중요한 부분을 차지한다. 개인이 다른 사람과 관계하는 양식은 분명히 전반적인 적응 수준과 관련이 있다. 하지만 다른 사람과 상호작용하는 양식은 다양하므로, 개인의 효율성을 높여 주는 하나의 건전한 대인관계 양식이 있는 것은 아니다. 그럼에도 불구하고 대인관계 양식은 임상적 관심의 대상이 되는 여러 가지 문제를 중재할 수 있다.

*DOM*과 *WRM*은 임상 집단과 일반 집단의 분포가 거의 동일하다. 이는 이 척도들이 정상적인 성격 특성에 관한 다양한 상태를 포착할 수 있을 뿐만 아니라 이들 차원에 포함된 다양한 특성은 임상 집단과 함께 일반 집단에서도 광범위하게 나타난다는 결론을 지지하는 것이다. 두 척도는 점수가 높을 경우에도 문제가 있을 수 있고, 낮을 경우에도 문제가 있을

수 있다. 대인관계 척도는 PAI의 모든 척도 중에서 가장 양극성이 강하고, 이는 극단적으로 높은 점수뿐만 아니라 낮은 점수도 해석적 가치가 있고 문제가 있을 가능성을 시사한다.

지배성(*DOM*)

*DOM*은 대인관계에서 통제 욕구의 수준을 포착하기 위한 것이다. *DOM*의 *T* 점수가 40 이하로 낮을 경우는 관계에서의 통제 욕구가 낮고 수동적인 방식으로 관계에 접근하기를 선호하는 것을 시사한다. 이들은 사회적 상호작용에서 자신을 내세우지 않고 자신감이 부족할 수 있다. 이러한 특성들 때문에 이들은 대인관계에서 자신의 욕구를 충족하기 어렵고, *T* 점수가 30에 가깝다면 자기 처벌적인 방식을 통해 자신의 욕구를 다른 사람의 욕구보다 경시하는 경향이 있다. 이들은 주장성이 부족하기 때문에 다른 사람이 부당하게 대하거나 이용할 가능성이 있다.

이와 대조적으로, *DOM*의 *T* 점수가 60 이상 상승한다면 자기 확신에 차 있고 자신감이 있으며 지배적이다. 이들은 야심에 차 있고, 지도자에 어울린다는 평을 들을 가능성이 있다. 사회적 장면을 비교적 편안하게 여기지만, 어떤 장면에서든 잘 어울리지는 못하고 스스로 통제권을 행사할 수 있는 상황에서 상호작용하는 것을 선호하는 경향이 있다. *T* 점수가 70에 가까울수록 지배적이고 지나치게 통제하려고 할 수 있다. 이 범위에 해당할 경우 타인에 대한 통제 욕구가 강하고, 그에 대한 보상으로 존경과 칭찬을 기대한다. 이들은 경쟁적이고 권위적으로 보이고, 그들의 계획이나 욕구에 동의하지 않는 사람에 대한 내성이 제한적일 가능성이 높다.

온정성(*WRM*)

*WRM*은 애착 관계에 대한 관심과 그것을 편안히 여기는 정도를 측정한다. *WRM*은 일반 성인 집단에서 정규분포를 그리지만, 이 척도는 전형적으로 적응 수준과 정적 상관이 있기 때문에 대다수의 경우 낮은 점수보다는 높은 점수를 선호하는 경향이 있다. 하지만 항상 그런 것도 아니다. 왜냐하면 *WRM*이 상승할 경우 애착 관계를 유지하기 위해 지나치게 희생하여 많은 면에서 비효율적인 대인관계를 시사할 수 있기 때문이다.

*WRM*의 *T* 점수가 40 이하로 낮다면 관계에 소원할 수 있다. 이들은 친밀하고 오래 지속되는 관계가 중요한 장소에는 나타나지 않고, 사회적 상호작용을 흥미롭지 않다고 생각할 수 있다. 이들은 보수적이고 감정이 메마르고 인정이 없다는 평을 들을 수 있다. 하지만 *WRM*이 낮은 사람은 스스로 독립적이고 실용적이며, 다른 사람보다 타인의 의견에 영향을 많이 받지 않는다고 생각할 수 있다. *T* 점수가 30에 가깝거나 더 낮아질수록 냉담하고 감정이 없는 것처럼 보일 수 있다. 이들은 인정사정 없고 대인관계에 관심이 없으며, 대인관계에서 감정을 표현하거나 관계를 시도하지 못할 수 있다. PAI의 다른 척도들을 검토하여 대인관계적 철수의 본질을 이해할 수 있다. 예를 들면, *SCZ-S, ARD-P, ANT-E, BOR-N, PAR-R* 또는 *PAR-P*를 확인할 수 있을 것이다.

이와 달리, *WRM*의 *T* 점수가 60 이상 상승하였다면 온정적이고 친절하고 동정심이 많은 사람일 수 있다. 이들은 특히 화목한 관계를 가치 있게 여기고, 이런 관계를 통해 상당한 만족감을 느낀다. 화목에 큰 비중을 두기 때문에 대인관계적 대립이나 갈등을 불편하게 생각하고, 논쟁을 꺼리는 경향이 있다. 이들은 다른 사람을 쉽게 용서해 주고 기회를 한 번 더 줄 수 있다. *T* 점수가 70에 가까울수록 타인으로부터 인정받으려는 욕구가 지나치게 강해질 수 있다. 이들은 지나치게 다른 사람을 보살피려고 하고, 믿고, 그들의 이익을 지지해 주는 것으로 비춰질 수 있다. 이들은 지나치게 다른 사람을 수용해 주기 때문에 자신의 개성이나 창조성을 상실할 위험이 있다. 대인관계에서 어떤 종류의 갈등도 무조건 피하려고만 하기 때문에 자기 자신의 적개심에 관한 단서를 쉽게 인정하지 못하고, 특히 *AGG-V*와 *MAN-I*가 평균 이하일 경우 그러하다. 다른 사람은 타인으로부터 호감을 사려는 이들의 강한 욕구를 이용해서 수검자의 신뢰를 착취할 수 있다.

*DOM*과 *WRM*의 형태

Leary(1957)가 처음으로 제안한 대인관계 원형 모형은 다른 사람과의 상호작용에서 각자 선호하는 방식의 특징을 지배성과 온정성이라는 두 차원으로 결합하여 나타내는 것이다. 대인관계 원형 이론에서 주된 관심의 대상이 되는 것은 상보성(complementarity)의 원리다. 이 원리는 원형 내에서 예상되는 대인관계 유형의 성격을 결정하는 것이다. 즉, 모든 대인관계적 행동은 상보적이고, 이러한 행동은 주어진 사건이나 상호작용에 대해 자연스러운 대인관계적 행동이다. 온정 차원과 이에 상반되는 지배 차원의 상보적 행동은 유사할 수 있다. 예를 들면, 양육 관계와 같이 친절한 방식(온정)으로 사람을 통제(지배)할 경우 이에 대한 상보적 반응은 친절한 방식으로 복종하는 것일 수 있다. 또한 적대적이고 상대방에 대한 배려가 전혀 없는 방식으로 통제하려고 하는 사람의 상보적 반응은 적대적 복종일 수 있다. 이와 같은 대인관계 차원의 속성은 어떤 사람의 행동이 다른 사람에게 어떤 행동을 유발할 것인지 예측하는 데 유용할 수 있다.

지배성과 온정성 척도를 결합하면 온정 · 통제, 냉담 · 통제, 냉담 · 복종, 온정 · 복종 분원으로 구성된 4분원으로 나타낼 수 있다. 각 분원은 서로 다른 전형적인 행동 특징으로 기술할 수 있다. 온정 · 통제 분원(높은 *DOM*, 높은 *WRM*)은 우호적인 통제 양식으로, 애착 관계를 유지하는 데 관심을 가지면서 다른 사람을 통제하려는 양육 행동으로 볼 수 있다. 이들은 다른 사람에게 인기가 많고 사회적으로도 효율적일 수 있다. 두 척도의 점수가 높아질수록 관심에 대한 욕구가 현저하게 강해지고, 자기 자신의 욕구를 충족하기 위해 타인과의 사회적 상호작용을 통제하거나 간섭하려고 할 수 있다.

냉담 · 통제 분원(높은 *DOM*, 낮은 *WRM*)은 적대적 통제 양식으로, 비인간적인 상하 관계를 특징으로 한다. 이들은 실제적이고 독립적인 대인관계 양식을 갖는 경향이 있다. 이들은 잔소리가 심하고 경쟁적이고 자만심이 강한 사람으로 보일 수 있다. 두 척도의 점수 간의 차이가 커질수록 자기중심적이고 의심이 많아질 수 있다. 이들은 관계를 통해 다른 사람에게 베풀기보다는 요구가 많고, 자기 발전을 위해 관계를 착취적인 방식으로 이용하는 경향이 있다.

적대적 순종 양식인 냉담 · 복종 분원(낮은 *DOM*, 낮은 *WRM*)은 다른 사람에게 어쩔 수 없이 복종하는 수동-공격적 반응이 주요 특징이다. 이들은 철회적이고 내향적이다. 다른 사람과의 사회적 상호작용을 반기지도 않고, 친절하게 보이려고 노력하지도 않고, 그나마 유지되는 관계에서도 수동적이고 소원할 것이다. *PAR-R*이 상승한다면 이와 같은 수동적 양식은 다른 사람들이 협조해 달라고 요청할 때 원망을 하도록 만들 수 있다.

끝으로, 우호적인 복종 양식인 온정 · 복종 분원은 애착 관계를 유지하는 데 관심이 많고, 이러한 관계를 유지하기 위해 애착과 관련된 맥락에서 기꺼이 복종하는 의존성이 주된 특징이다. 이들은 얌전하고 순응하고 사회적 상호작용에서 관심의 대상이 되는 것을 피하려고 한다. 이들이 사회적 상호작용에서 나서지 않으려는 태도를 고려할 때 눈에 보이는 것보다 관계를 더 가치 있게 여길 수 있다. 이들은 쉽게 기쁘게 해 줄 수 있지만, 때때로 다른 사람과 관계를 하는 데 지나치게 민감할 수 있다. 두 점수의 차이가 더욱 커질수록 대인관계에서 요구가 많아지고 속기 쉬워질 것이다. 이들은 타인으로부터 거절당하는 것에 강한 공포를 느끼기 때문에 자기주장이나 분노 표현이 어려울 수 있다. 사소한 어려움에 부딪히더라도 무력감과 당혹감을 느끼고, 의존적으로 다른 사람의 도움을 청하는 경향이 있다. 자존감 지표를 검토해 보면 자아상이 저조할 수 있을 것이다.

진단적 고려 사항

대인관계 척도는 진단적 구성개념은 아니지만, 성격장애와 같이 현저한 대인관계적 요소의 상태를 진단 결정하는 데 유용할 수 있다. 분열형, 분열성, 편집성 및 강박적 성격과 같이 많은 성격장애의 경우 낮은 *WRM*이 특징적이다. 회피성, 수동-공격적 성격의 경우에는 *DOM*도 낮을 수 있다. 자기애와 반사회적 성격은 *DOM*이 상승하는 경향이 있는데, 이는 관심과 통제 욕구를 반영하는 것이다. 앞서 지적했듯이, 의존적 성격장애는 관계를 유지하는 데 관심이 있지만(높은 *WRM*) 수동적인 방식으로 행동할 것이다(낮은 *DOM*). 대인관계 척도는 유용한 정보를 제공하지만 축 I 진단에는 덜 유용하다. *WRM*이 낮을 경우 조현병의 대인관계적 철회뿐만 아니라 사회적 불안 또는 공포증을 의미할 수 있다. 조증 삽화의 경우 통제적이고 *DOM*이 평균 이상 상승할 수 있을 것이다.

치료적 고려 사항

상보성 원리에 따라 대인관계 척도는 치료에 참석하는 환자에 대한 치료자의 반응을 예상하는 데 특히 유용하다. 예를 들면, 치료자는 자신이 습관적으로 순종적인 대인관계 양식을 취하여 환자에게 통제를 당하는 것을 발견할 수 있을 것이다. 애착 축에서 치료자는 자신이 철회적인 방식으로 환자와 거리를 두려는 것을 알 수 있을 것이다. 이러한 행동들은 자연스러운 반응이지만, 이는 환자가 치료를 받으려고 했던 대인관계적 문제를 더욱 키우는 위험을 불러일으킬 수 있다. 따라서 대인관계 척도의 형태는 치료자의 역전이 반응을 예상하는 데 유용할 것이다.

TEST YOURSELF

1. *T* 점수가 50일 경우 심리치료 과정에서 문제가 발생될 가능성을 시사하는 척도는 무엇인가?
   ㉮ *ICN* ㉯ *SOM* ㉰ *RXR* ㉱ *SUI*

2. PAI 척도 중 하위 척도가 4개로 구성된 것은 무엇인가?
   ㉮ *BOR* ㉯ *DEP* ㉰ *AGG* ㉱ *SUI*

3. *ALC*가 중간 정도로 상승했을 때의 시사점은 무엇인가?
   ㉮ 현재 중간 정도의 문제가 있다.
   ㉯ 과거에 심각한 알코올 관련 문제들이 있었다.
   ㉰ 심각한 음주 문제의 결과를 인식하지 못한다.
   ㉱ ㉮, ㉯, ㉰ 모두

4. 다음 중 전체 척도의 해석이 가장 어려운 것은 무엇인가?
   ㉮ *ANX* ㉯ *ARD* ㉰ *DEP* ㉱ *BOR*

5. 내담자의 사회적 환경의 특징을 결정하기 위해 살펴봐야 할 척도는 무엇인가?
   ㉮ *ICN*과 *INF* ㉯ *NON*과 *STR*
   ㉰ *ANT*와 *PIM* ㉱ *ALC*와 *DRG*

6. 대인관계 척도의 점수 분포는 임상 집단과 일반 집단에서 비슷하다. 예/아니요

7. 무모하게 행동할 경우 점수가 낮아지는 척도는 무엇인가?
   ㉮ *ANT-S* ㉯ *BOR-S* ㉰ *ARD-P* ㉱ *AGG-P*

8. *DOM*의 평균 점수는 임상 집단보다 일반 집단이 더 높다. 예/아니요

9. *DOM*이 상승하고 *WRM*이 낮을 경우, 다른 사람에게 어떤 행동을 유발시킬 수 있는가?

10. *AGG* 하위 척도 형태 중 예상치 못한 공격적 행동을 할 가능성이 높은 형태는 무엇인가?

정답 1. ㉰ 2. ㉮ 3. ㉱ 4. ㉯ 5. ㉯ 6. 예 7. ㉰ 8. 아니요 9. 적대적 순종 10. *AGG-P*와 *AGG-A*가 높고 *AGG-V*는 낮음

제7장

척도쌍 해석

Essentials of

PAI

Assessment

제7장

척도쌍 해석

개별 척도에 대한 해석을 마친 다음에는 프로파일 형태를 살펴보아야 한다. 프로파일 형태 해석의 출발점은 프로파일에서 가장 높이 상승한 두 개의 임상 척도 점수(척도쌍)의 시사점을 고려하는 것이다. 척도쌍을 이용하는 것은 평가 영역에서 하나의 전통으로 자리 잡았다. PAI 역시 척도쌍을 중심으로 프로파일에 대한 형태적 해석이 가능하지만, 이럴 경우 프로파일에 포함된 다양한 정보를 제한적으로 요약한 것에 불과할 수 있으므로 다음과 같은 측면에서 신중하게 해석해야 한다. 첫째, 척도쌍을 중심으로 해석할 경우, 검사의 다른 척도가 포함하는 풍부한 정보를 간과할 수 있다. 둘째, PAI는 여러 하위 척도가 있으므로 동일한 척도쌍이 상승하더라도 척도쌍의 상승을 구성하는 하위 척도가 서로 다를 수 있다. 끝으로, 심리검사에서 척도쌍을 결정할 때 척도 점수의 작은 차이는 그다지 신뢰할 만하지 못하다. 가령 *DEP*, *ANX* 및 *BOR*의 *T* 점수가 각각 75, 72, 71일 경우를 생각해 보자. 이 경우 *DEP-ANX*를 척도쌍으로 볼 수 있지만 *ANX*와 *BOR*의 점수 차이가 측정의 표준오차 1보다 작기 때문에 두 척도

주의

프로파일 내 척도쌍을 구분하는 것이 때로는 신뢰할 만하지 못할 수도 있다. 이럴 경우에는 척도쌍과 관련한 시사점을 모두 검토해 볼 필요가 있다.

간에 유의미한 차이가 있다고 해석하기 어렵다. 그러나 *DEP-BOR*과 *DEP-ANX* 척도쌍은 상당히 다른 의미를 가진다. 이러한 제한점들을 고려할 때 척도쌍을 중심으로 한 해석적 가정은 단지 프로파일을 해석하기 위한 하나의 참고 자료로 삼는 것이 바람직하다. 또한 척도쌍을 결정하는 척도들의 점수 차이가 표준오차 1보다 작을 때에는 *DEP-ANX, DEP-BOR, ANX-BOR*과 같이 가능한 척도쌍에 관한 해석적 기술을 모두 검토할 필요가 있다.

이 장에서는 PAI에서 나타날 수 있는 55개 척도쌍의 상승에 관한 주요 특징과 해석적 의미를 기술한다. 이러한 척도쌍은 PAI의 11개 임상 척도에서 *T* 점수가 70 이상인 두 척도를 근거로 구성한 것이다. 척도쌍에서 척도의 순서는 특별한 의미가 있는 것은 아니다. 예를 들면, *SOM-ANX*은 어느 척도가 더 상승하였는가에 관계없이 임상 척도 중에서 *SOM*과 *ANX*

빠른 참조 7-1

PAI 척도쌍의 빈도	
흔한 척도쌍	임상 집단에서의 빈도*
ALC-DRG	9.0%
SOM-DEP	2.8%
ARD-DEP	2.5%
DEP-BOR	2.5%
DEP-SCZ	2.4%
드문 척도쌍	
SOM-ANT	0.0%
ANX-ANT	0.0%
ARD-MAN	0.0%
DEP-MAN	0.0%
SCZ-ANT	0.0%

* Morey (1991).

척도가 *T* 점수 70 이상 상승한 것을 말한다. 척도 유형의 순서는 6장에서 기술한 개별 척도 순으로 조합한 것이다. 따라서 *SOM*과 결합한 10개의 척도쌍을 먼저 제시하고, 이어서 *ANX*와 결합한 9개의 척도쌍을 제시하며, 다른 11개 임상 척도도 같은 방식으로 제시한다. 〈빠른 참조 7-1〉은 임상 집단에서 관찰할 수 있는 척도쌍의 빈도를 정리한 것이다.

SOM-ANX

- 이 척도쌍은 많은 불편을 호소하고, 특히 신체적 기능에 대한 염려가 많다는 것을 시사한다. 다양한 신체적 문제 때문에 자신의 생활에 심각한 어려움이 있다고 지각하고, 신체적 문제는 어느 정도 스트레스와 관련이 있을 수 있다. 긴장감이 증가하고 불행하다고 느끼고, 중요한 일상적 과제에 집중하고 수행할 수 있는 능력이 손상될 수 있다. 신체적 관심 때문에 친한 관계에서 마찰이 있을 수 있고, 때로는 불평이 많고 요구하는 것이 많은 사람처럼 보일 수 있다.
- *ARD*와 *DEP*가 종종 부가적으로 상승할 수 있고, 이럴 경우 이러한 신체적 특징은 공황발작의 자동적 특징 또는 우울증의 생장 징후 등 광범위한 신경증적 양상의 일부분일 수 있다. 신체적 관심이 일상생활을 방해하는 정도를 알아보려면 *STR*이 상승한 수준을 검토하면 도움이 될 수 있다.
- 치료: *ANX*가 상승했기 때문에 자신의 문제를 순수한 신체적 문제로 생각하는 사람에 비해 건강 문제에 대한 심리학적 개입에 더 잘 반응할 수 있다.
- 비교적 흔한 프로파일로, 임상 표본의 1.1%가 관찰되었다.

- 신체형 장애, 외상후 스트레스 장애, 적응 반응 및 주요우울증과 상관이 있다. 흥미롭게도 조현병에서도 이 척도쌍이 지적되는 경우가 있는데, 이는 신체망상을 시사하는 것일 수 있다.

SOM-ARD

- 이 척도쌍의 상승은 자신의 신체적 기능에 대한 반추적 염려를 시사한다. 다양한 신체적 문제 때문에 일상에 심각한 지장이 있다고 지각하고, 신체적 문제는 스트레스와 분명한 관련이 있을 수 있다. 이러한 문제 때문에 예민하고 걱정이 많아서 결국 친밀한 관계에도 지장이 초래된다.
- *ARD-T*와 *STR*이 상대적으로 상승한 정도를 검토하면 스트레스를 일으키는 요인이 최근 사건과 관련된 것인지(*STR* > *ARD-T*), 더 오래된 사건과 관련된 것인지(*ARD-T* > *STR*)를 밝힐 수 있다
- *ANX*와 *DEP*가 종종 부가적으로 상승하는데, 이는 일반적인 신경증적 양상의 일부를 반영한다.
- 치료: *ARD*의 하위 척도 중 *ARD-O*가 상승해서 *ARD*가 상승한 경우라면 자신의 문제에 대한 신체적 해석을 고수하려고 하고, 심리사회적 개입에 저항할 가능성이 있다.
- 임상 표본의 0.9%가 관찰되었다.
- 순수한 신체형 장애보다는 외상후 스트레스 장애를 포함한 불안장애와 관련이 있을 가능성이 높다.

SOM-DEP

- 이 척도쌍의 상승은 신체적 기능에 대한 염려와 함께 상당한 정도의 불편에 관한 호소를 시사한다. 이들은 신체적 문제 때문에 자신의 생활에 심각한 장애가 있다고 생각하는 경향이 있다. 또한 신체적 문제 때문에 불행하다고 느끼고, 일상생활에서 중요한 과제에 대해 집중하고 수행할 수 있는 에너지나 열정도 없고 앞으로 더 좋아질 것이라는 희망도 없는 경우가 많다. 이런 심리적 특징 때문에 중요한 사회적 역할을 수행하기 어렵고, 이 어려움이 다시 스트레스의 원인으로 작용할 수 있다.
- *ANX*가 부가적으로 상승하는 경우가 많고, *ANX-P*가 상승해서 *ANX*가 상승한 경우는 순수하게 불안이 관여한다기보다 신체화 증상의 양상을 반영하는 것이다. 또한 *SUI*가 상승하는 경우도 흔한데, 이럴 경우 자살관념이 있을 가능성을 검토할 필요가 있고, 특히 신체적 문제가 만성적인 경우라면 더 면밀히 살펴봐야 한다.
- 치료: 신체적 호소는 우울증의 생장 징후를 반영하는 것이고(*DEP-P* 확인할 것), 항우울제 평가가 필요하다.
- 비교적 흔한 파일로, 임상 표본의 2.8%가 관찰되었다.
- 신체형 장애, 기질적인 정신장애 및 주요우울증 등과 관련이 있다.

SOM-MAN

- 비교적 드물지만, 이 척도쌍의 상승은 신체적 기능의 심각한 문제와

활동수준의 증가가 동반되는 것을 시사한다. 신체적 기능에 대한 관심과 정서적 불안정 때문에 친한 관계에서 마찰이 잦고, 불평이 많으며, 많은 것을 요구하는 사람처럼 보일 수 있다.

- *ARD*, *BOR* 및 *STR*이 부가적으로 상승한다. 이런 척도들이 부가적으로 상승할 경우 신체적 기능에 대한 관심을 평가할 때 상황적(*STR*>*BOR*) 및 성격적(*BOR*>*STR*) 요인의 중요성을 고려할 필요가 있다. 이들은 처방된 약물을 남용할 위험이 있으므로 *DRG*를 반드시 검토해야 한다.
- **치료**: 신체적 호소는 우울증의 생장 징후를 반영하는 것이고(*DEP-P* 확인할 것), 항우울제 평가가 필요하다.
- 보기 드문 형태로, 임상 표본의 0.2%가 관찰되었다.
- 신체형 장애, 기질적인 정신장애 및 주요우울증 등과 상관이 높다.

SOM-PAR

- 이 척도쌍이 상승하는 경우는 매우 드물다. 이 척도쌍의 상승은 뚜렷한 신체적 문제를 호소하고, 적대적이고 의심이 많은 사람이라는 것을 시사한다. *PAR*이 반영하는 의심은 건강 분야에서 드러난다. 즉, 자신의 신체적 문제에 대한 관심에 다른 사람이 동정해 주지 않고, 건강에 관한 문제 때문에 많은 어려움이 있어도 자신을 지지해 주지 않는다고 생각한다. 적개심이 강하기 때문에 친하게 지내던 사람과 마찰이 있을 수도 있다. 이들은 불평이 많고 요구가 많은 사람으로 보인다. 다른 사람과의 갈등의 원인을 자신의 건강 문제 및 대인관계, 의학적 치료에서 모두 다른 사람이 자신을 대하는 방식의 탓으로

돌리는 경향이 있다.
- 자신의 건강 문제에 대해 가족이나 친구가 무심하다고 느끼고, 이들에 대한 원망 때문에 *NON*이 부가적으로 상승한다.
- **치료**: 신체적 호소와 관련이 있는 심리적 요인을 검진하는 점에 대해서는 거부적이고, 심리적 개입에는 저항할 것이다.
- 표준화 임상 표본의 0.1%가 관찰된 드문 형태다.
- 기질적 정신장애가 있을 경우 드물게 이 형태를 발견할 수 있다.

SOM-SCZ

- 이 척도쌍의 상승은 건강과 신체적 기능에 대해 뚜렷한 관심과 더불어 사고와 집중력에 관한 문제를 시사한다. *SCZ-P*가 현저하게 상승하여 *SCZ*가 상승한 경우라면 신체적 호소가 상당히 비일상적일 수 있고, 건강염려와 관련된 집착이거나 때로는 신체망상을 포함할 수도 있다. *SCZ-T*의 상승으로 *SCZ*가 상승한 경우라면 일반적인 기질적 과정 내 인지와 주의에 문제가 있다는 것을 시사하는 것이다. 어떤 경우라도 이들의 신체적 문제와 심리적 불편은 사회적 상호작용의 범위를 크게 제한하는 경우가 있고, 친하게 지내는 사람은 거의 없을 수 있다. 비록 친하게 지내는 사람이 있다고 하더라도 이들과의 관계에서 주로 신체적 집착에 관한 이야기만 할 가능성이 높다.
- 이차적으로 *DEP*가 상승하는 경우가 많고, 이런 경우 신체적 불편과 집중력 문제는 주요우울 삽화의 증상일 가능성도 있다. *NIM*이 현저하게 상승할 때와 마찬가지로 증상의 왜곡 가능성을 반드시 평가해야 한다.

- 치료: 혼동과 신체적 집착 때문에 통찰 지향적 접근은 효과적이지 않다. 내담자는 증상에 초점을 맞추는 생물학적 개입을 선호할 것이다.
- 임상 표본의 0.6%가 관찰되었다.
- 조현병, 양극성 장애, 조증 삽화와 관련이 있다.

SOM-BOR

- 이 척도쌍의 상승은 적대적이고 정서적으로 불안정하면서 신체적 건강 문제에 관한 호소가 많다는 것을 시사한다. 자신의 건강과 관련한 문제에 무관심하고 자신의 한계를 지지하지 않는 다른 사람에 대해 적대적일 수 있다. 이러한 적개심과 정서적 불안정성은 친한 사람과의 관계에서 갈등의 원인이 될 수 있다. 이들은 증상 표현이 많고 요구가 많은 사람으로 보이기 쉽고, 다른 사람을 조종하는 수단으로 자신의 건강 문제를 이용할 수 있다.
- 신체적 문제가 갑작스럽게 발생된 것인지 만성적인지의 성질에 따라 프로파일의 시사점은 달라진다. 만성적인 건강 문제라면 *BOR* 상승은 다루기 어려운 신체적 한계에 역기능적으로 적응한 점을 반영한다.
- 이차적으로 *DEP*와 *SUI*가 상승하는 경우가 많은데, 이는 강한 심리적 불편감을 지적하는 것일 수 있다. 이와 관련해서 비애나 분노가 있을 경우 *PAR*과 *AGG*가 상승할 수 있다.
- 치료: 심리사회적 개입이나 의학적 개입 모두 순조롭지 않을 수 있다. 두 치료 유형을 모두 받아 본 경험이 있다면 내담자는 어느 한 가지 치료에만 협조하려고 할 것이므로 통합적 노력이 상당히 중요하다.

- 상대적으로 드문 프로파일로, 임상 표본의 0.3%가 관찰되었다.
- 신체형 장애, 외상후 스트레스 장애, 반사회적 성격과 관련이 있다.

SOM-ANT

- 이 척도쌍의 상승은 드문 형태로, 다른 사람에 대해 관심을 가지거나 배려할 줄 모르고 자기중심적이면서 자신의 신체적 문제에 대한 집착을 시사한다. 이들은 증상을 많이 호소하고 자기중심적이고 요구하는 것이 많다. 신체적 호소를 통해 이차적 이득을 획득하기도 한다.
- 이차적으로 *ALC*나 *DRG*가 상승할 경우, 약물 남용이 건강 문제와 관련이 있는지, 아니면 약물 처방을 위해 신체적 증상을 호소하는지 살펴봐야 한다.
- **치료**: 이들은 신체적 호소와 관련이 있을 수 있는 심리적 요인을 지적하면 받아들이지 않고 심리적 개입에 저항하기 때문에 심리치료가 매우 어려울 수 있다.
- 상당히 드문 프로파일 형태이고, 표준화 임상 표본에서도 발견되지 않았다.

SOM-ALC

- 이 척도쌍의 상승은 부분적으로 음주 문제와 관련이 있을 수 있는 다양한 신체적 문제와 관련된 경험을 시사한다. 이러한 신체적 문제는 금단 증세일 수도 있는데, 최근 알코올 사용 양상 또는 타당도 척도

를 상승시킬 수 있는 인지적 혼동 수준을 검토해야 한다. 또한 알코올 남용에 의한 합병증일 수도 있으며, 이럴 경우 알코올 의존에서 나타나는 중추신경계 문제일 수도 있다. 이는 만성적이고 장기간 알코올을 오용한 결과이고, 이럴 경우 *SOM-C*가 상승한다. 음주와 신체적 증상이 복합적인 원인으로 작용하여 대인관계와 직무 수행을 방해하고, 이와 관련된 문제가 부가적인 스트레스의 원인이 될 수 있다.

- 이차적으로 *STR*이 상승하고, 각 문항 내용을 통하여 기능적 문제의 본질을 찾아볼 수 있다.
- **치료**: 저항하는 사람의 경우 우선 건강 문제를 수단으로 이용하여 알코올 의존 치료를 시작할 수 있다.
- 임상 표본의 1.3%가 관찰되었다.
- 알코올 의존이나 기질적 정신병과 관련이 있다.

SOM-DRG

- 이 척도쌍의 상승은 약물 남용과 관련이 있을 수 있는 다양한 신체적 문제와 관련된 경험을 시사한다. 이러한 신체적 문제는 금단 증세일 수 있다. 최근 신체적 의존으로 인한 물질 사용 유무를 검토하거나 *ICN*, *INF* 및 *NIM*을 상승시킬 수 있는 인지적 혼동이 있는지를 살펴봐야 한다. 신체적 증상은 간염 또는 HIV 등 약물 남용과 관련이 있는 합병증일 수도 있다. 물질 사용과 신체적 증상이 복합적으로 작용하여 사회적 역할 수행에 심각한 손상을 초래하고 이런 문제가 전형적인 부가적 스트레스의 원인이 될 수 있다.
- 이 척도쌍이 상승한다면 부가적으로 *DEP*가 상승하는 경우가 많고,

이는 약물 남용이 자가 처방에 따른 것일 수 있음을 반영한다. *ANT*와 *BOR*이 상승할 경우 건강과 관련해서 처방된 약물을 남용할 위험은 더 증가할 수 있다.

- **치료**: 건강 문제와 약물 남용이 결합된 경우 신중히 관리해야 하고, 처방된 약물을 면밀히 검토해야 한다.
- 임상 표본의 0.6%가 관찰된 형태이며, 주로 신체형 장애와 관련이 있다.

ANX-ARD

- 이 척도쌍의 상승은 현저한 불안과 긴장을 시사한다. 개인적인 관계에서도 거북하게 느끼고 반추적 집착이 있을 수 있으며, 이에 따라 대인관계가 원만하지 않을 수도 있다. 대인관계와 관련한 문제가 현재 경험하고 있는 불편의 주요 원인일 수 있다. 그리고 이러한 불편을 경험할 경우 사회적으로 위축되거나(*WRM* 저하) 수동적으로 의존하는 경향(*DOM* 저하)이 나타날 수 있다. 일상생활에서의 혼란으로 자신의 목표와 일의 순서에 대해 확신을 갖지 못하고(*BOR-I*) 앞으로 일어날 수 있는 일에 대해 긴장과 불안을 느낄 수 있다.
- 이차적으로 *DEP*와 *SUI*가 상승할 수 있고, 심리적 불편이 심할 경우 특히 그러하다.
- **치료**: 주관적 불편감 수준이 높기 때문에 치료 동기가 매우 강하다. 불안의 초점이 되는 증상에 대해서는 행동적 · 인지적 개입이 효과적이고, 공황장애 또는 광장공포증이 있을 경우 약물치료를 수반해야 한다.

- 비교적 흔한 양상으로, 임상 표본의 1.9%가 관찰되었다.
- 흔히 주요우울장애나 다양한 불안장애와 관련이 있다.

ANX-DEP

- 이 척도쌍의 상승은 뚜렷한 불행감, 침울감 및 긴장감을 시사한다. 이들은 자존감이 매우 낮고(낮은 *MAN-G*), 자신의 생활을 바꾸는 데 비효율적이고 무능하다고 생각하는 경향이 있다. *STR*이 동시에 상승하는 경우가 많고, 삶의 목표와 일의 순서에 대한 확신이 없고 앞으로 일어날 일에 대해 긴장하거나 회의적일 수 있다. 이들은 집중력이 떨어지고 의사결정에 어려움을 경험할 가능성이 높고, 무망감, 초조감, 안절부절못함, 정신적 혼동 및 스트레스가 겹칠 경우 자해의 위험이 증가할 수 있다.
- 이와 같은 경향 때문에 *SUI*가 함께 상승하는 경우가 많고, 자해 잠재성 평가의 일부분으로 자살 잠재성 지표를 검토해야 한다.
- 치료: 상당한 불편을 경험하고 도움이 필요하다는 것을 절실하게 느끼지만, 에너지 수준이 낮고 수동적이고 사회적 관계에서 위축되는 경향 때문에 치료를 받기가 어려울 수 있다. 생물학적 개입은 현저한 생장 징후를 호소하는 환자에게 유용하다. 자살 가능성에 대한 면밀한 검토도 실시해야 하고, 우울성 무감동이 완화되면서 자살 위험이 증가될 수 있다.
- 임상 표본의 1.3%가 관찰되었다.
- 기분부전장애, 주요우울장애, 경계선 성격장애와 관련이 있다.

ANX-MAN

- 이 척도쌍의 상승은 매우 드물게 나타나는 형태로 초조하고 안절부절못하고 정서적으로 불안정하다는 것을 시사한다. 활동수준이 지나치게 높을 수 있고, 따라서 자신의 역할을 효과적으로 수행할 수 있는 능력이 저하될 수 있다. 이들은 활동수준은 높지만 효율이 떨어지기 때문에 긴장하고, 자신에 대한 요구나 기대를 충족하기 어려울 수 있다. 정서적으로 침울하고 요구하는 것이 많기 때문에 친한 사이에도 문제가 발생할 수 있다.
- 이차적으로 *BOR*과 *STR*이 상승할 수 있고, 압도당하고 통제력을 상실할 것 같은 기분을 더욱 강하게 한다. *DOM*이 상승할 경우 강한 통제 욕구를 가지고 있고, 이 통제 욕구가 좌절되면 불안해지기 쉽다.
- 치료: *ANX*가 지적하는 주관적 불편감은 *MAN*이 상승한 경우보다 통찰 수준이 높고 치료 예후가 좋다. 하지만 치료를 촉발시킨 즉각적 위기가 해소될수록 치료 동기가 약화된다.
- 드문 프로파일로, 임상 표본의 0.2%가 관찰되었다.

ANX-PAR

- 이 척도쌍의 상승은 비일상적인 형태로 갑작스러운 불안, 초조, 긴장과 더불어 뚜렷한 적개심과 의심을 시사한다. 대인관계에 지나치게 민감하기 때문에 친한 관계를 형성하기 어려울 수 있다. 또한 이들은 상당한 분노와 적개심을 가지고 있을 수 있다. 그러나 불안이 높아서

분노와 적개심을 직접적으로 표출할 가능성은 상대적으로 낮을 수 있다. 이들은 대인관계 장면에서 경계를 하더라도 보호를 받지 못한다는 것을 인식하게 되면 불안이 높아진다.

- *ARD*와 *BOR*이 부가적으로 상승하는 경우가 가끔 있다. *BOR*이 상승할 경우 이와 같은 특성들이 성격장애의 전반적인 양상 중 일부에 해당할 수 있다. *SUI*가 동시에 상승한다면 적개심과 불안의 정도를 고려하여 자살관념을 신중하게 평가해야 한다.
- **치료:** 자신이 얼마나 고통스러운지 드러내기를 꺼리고, 특히 치료 관계에서 직접적으로 토론하는 것을 피하며, 어떤 감정도 드러내지 않으려고 하기 때문에 치료적 동맹을 형성하기가 매우 어렵다.
- 매우 드문 프로파일로, 임상 표본의 0.1%가 관찰되었다.

ANX-SCZ

- 이런 척도쌍의 상승은 안절부절못하고 심리적 불편에 대한 호소와 더불어 사고와 집중력에 관한 문제를 시사한다. 사회적 관계에서 위축 · 고립되기 쉽고, 친한 대인관계도 거의 없을 가능성이 높고, 친하게 지내는 대인관계에서도 위협과 불안을 경험할 수 있다. 또한 이들은 사회적 판단력이 저하되어 있어 사소한 일에 관한 의사결정도 어려울 수 있고, 특히 *SCZ-T*에 의해 *SCZ*가 상승하는 경우 그러하다.
- 흔히 *DEP*가 부가적으로 상승하는데, 이는 심리적 불편과 인지적 비효율성을 지적하는 것이다.
- **치료:** 척도쌍의 상승이 높을 경우 면밀한 검토와 적절한 위기 개입이 수반되어야 한다. 급성 정신병적 삽화가 동반한다면 생물학적 개입

을 고려해야 한다.

- 임상 표본의 0.9%가 관찰되었다.
- 조현정동장애, 조현병, 외상후 스트레스 장애와 관련이 있다.

ANX-BOR

- 이 척도쌍의 상승은 긴장, 분노, 불행감 및 정서적 불안정을 시사한다. 대인관계에서 흔히 있을 수 있는 문제 또는 지각되거나 실제 경험한 거절과 관련된 위기와 뚜렷한 불편을 경험할 수 있다. 이러한 위기와 불편은 친한 관계에서 나타나는 보편적인 형태의 불안한 양가감정일 수 있다. 즉, 한편으로는 뚜렷한 원망과 적개심이 있을 수 있고, 다른 한편으로는 의존성과 거절의 가능성에 대한 뚜렷한 불안이 나타날 수 있다.
- 불편을 지적하는 *ANX*와 *DEP*가 부가적으로 상승하는 경향이 있는데, 두 척도가 동시에 상승하는 경우가 많다. *AGG*가 부가적으로 상승하는 경향도 있는데, 이는 기본적인 분노를 나타내고, 분노 표출을 한 경우 분노 대신 불안을 경험할 것이다.
- **치료**: 이 척도쌍이 상승하면 불안에 따른 치료 동기에도 불구하고 즉각적인 치료 효과가 나타나지 않을 경우 치료에 대해 금세 실망한다. 따라서 치료 동맹을 신중히 형성해야 하고, 치료 초기 단계에 목표와 기대를 진술하도록 해야 한다.
- 임상 표본의 0.9%가 관찰되었다.
- 경계선 성격장애와 신체형 장애와 관련이 있다.

ANX-ANT

- 이 척도쌍의 상승은 비일상적인 임상 척도 형태로서 상반되는 특성이 공존한다. 충동적이고 자기중심적이며 상당한 불안과 긴장을 경험한다는 것을 시사한다. 이러한 성격적인 요소는 상반되는 것이기 때문에 행동화하려는 충동적인 경향과 충동적인 행동의 결과에 대한 걱정과 불안이 주기적으로 나타날 수 있다. 스트레스 상황에 대한 충동적 반응을 통제할 수 없다고 생각할 수 있다. 이러한 충동적인 행동 유형은 반복되는 경향이 있으므로 주변 사람은 이들이 진심으로 자신의 행동에 대해 고민하고 변화하려는 동기가 있는지 의심할 수 있다.
- 치료: 임상적 양상에서 충동조절 문제가 현저하게 나타날 가능성이 있지만 *ANX*가 상승했기 때문에 긍정적 예후의 지표가 된다. 반면 *ANX*가 평균 이하인 경우는 순수한 반사회적 성격장애의 특성을 반영한다.
- 표준화 임상 표본에서는 전혀 지적되지 않았고, 그만큼 이 프로파일은 비일상적인 특성이 있다.
- 반사회적 성격장애 또는 간헐적 폭발성 장애와 관련이 있다.

ANX-ALC

- 이 척도쌍의 상승은 상당한 불안과 음주 문제의 경력을 시사한다. 불안과 알코올 사용은 여러 측면에서 관련이 있을 수 있다. 예를 들면,

알코올의 사용은 긴장을 감소시키는 역할을 할 수 있다. 음주 때문에 사회적 역할을 제대로 수행하지 못하는 점에 대해 불안과 죄책감을 느끼기 쉽다. 알코올 사용으로 대인관계와 직무 수행에 지장이 있고, 이에 따른 스트레스가 문제를 더 악화시킬 수 있다.

- *STR*이 부가적으로 상승하는 경우가 흔히 있는데, 이는 음주 문제가 현재의 역할 기능에 미치는 결과를 반영하는 것이다. 이와 대조적으로 *ARD-T*가 부가적으로 상승할 수 있는데, 이는 알코올이 스트레스를 감소시키는 기능을 지적하는 것이다.
- 치료: 금단 증세인 불안의 기능을 검토해야 하고, 알코올 해독 치료가 필요한지도 결정해야 한다.
- 상대적으로 흔한 프로파일로, 임상 표본의 1.0%가 관찰되었다.
- 알코올 의존, 주요우울장애, 기분부전장애와 관련이 있다.

ANX-DRG

- 이 척도쌍의 상승은 뚜렷한 불안과 약물 문제의 경력을 시사한다. 불안과 약물 사용은 다양한 방식으로 관련이 있을 수 있다. 예를 들면, 약물 사용은 긴장을 감소시킬 수 있으나, 약물 사용과 관련된 기능적 장애는 주관적 불편을 더 증가시킬 수 있다. 이들은 대인관계나 직무와 관련해서 자신의 사회적 역할을 제대로 수행하지 못하는 점에 대해 불안과 죄책감을 느낄 수 있다. 이러한 사회적 역할 수행의 장애가 또 다른 스트레스로 작용하여 약물 남용을 더 악화시킬 수 있다.
- 이 척도쌍이 상승할 경우 흔히 *DEP*와 *SUI*가 부가적으로 상승하고, 이는 현저한 비관적 관점과 긍정적 변화에 대한 절망적 관점을 시사

한다. 또한 치료 동기의 부족을 시사하는 *RXR*이 상승할 경우 개인적인 문제를 해결하기 위해 약물에 의존하고 있을 가능성이 있다.

- **치료**: 심리사회적 개입에 대한 동기 수준은 상당히 제한적이고, 이는 개인적 문제를 약물을 통해 해소하려고 했던 경향과 관계가 있다. 금단 증세에 따른 불안을 검토해야 하고, 해독 치료의 필요성도 살펴봐야 한다.
- 임상 표본의 1.0%가 관찰되었다.
- 실제 물질 남용 표본에서는 비교적 드물고, 정신병적 증상이 있을 경우 가끔 나타난다. 환각제 또는 자극제와 같은 약물은 이런 환자에게서 정신증적 과정을 촉진시키는 역할을 한다.

ARD-DEP

- 이 척도쌍의 상승은 상당한 긴장감과 불행감 및 회의적인 태도를 시사하는 것이다. 이들은 과거와 현재에 다양한 스트레스를 경험하고 있어서 자존감이 손상되어 있고 스스로 자신의 생활을 변화시킬 수 있는 힘도 없고 비효율적이라고 생각하는 경향이 있다. 또한 이들은 일상생활과 관련한 목표와 일의 순서에 대한 확신도 없고 미래에 대해서도 회의적일 수 있다. 집중력과 의사결정에 어려움이 있고, 무망감과 불안, 스트레스가 겹칠 경우 자해의 위험이 증가할 수 있다.
- 이런 척도쌍이 상승할 경우 *ANX*와 *SUI*가 부가적으로 상승하는 경향이 있고, 이럴 경우 자해 위험에 더욱 관심을 기울여야 한다.
- **치료**: 상당한 불편을 경험하고 실제로 도움이 필요하다는 것을 느끼지만, 에너지 수준이 낮고 수동적이고 위축되는 경향이 있어서 치료

를 받도록 끌어들이기 어려울 수 있다. 생장 징후가 현저하다면 정신약물치료를 실시해야 하고, 심리사회적 개입에 참여하도록 유도해야 한다.

- 비교적 흔한 프로파일로, 임상 표본의 2.5%가 관찰되었다.
- 외상후 스트레스 장애, 불안장애, 주요우울장애, 기분부전장애, 경계선 성격장애 및 조현정동장애와 관련이 있다.

ARD-MAN

- 이 척도쌍의 상승은 비일상적인 형태이고 두려움, 안절부절못함, 정서적 불안정을 시사한다. 자신의 한계를 벗어난 목표와 기대를 가지고 있어서 늘 긴장해 있고 어떤 일도 효율적으로 수행할 수 없을 정도로 많은 일을 벌여 놓기 때문에 상처받기 쉬운 사람일 수 있다. 많은 일과 관련된 압박감이 긴장을 야기하고 마치 과도한 요구에 압도당하는 것처럼 느낄 수 있다. 이들은 기분이 침울하고 때로는 지나치게 많은 것을 요구하기 때문에 친한 관계에서도 마찰이 생길 수 있다.
- **치료:** 지속성이 부족하고 정서적으로 불안정하기 때문에 치료를 중단할 가능성이 있다.
- 드문 형태로, 표준화 임상 표본에서는 지적되지 않았다.

ARD-PAR

- 이 척도쌍의 상승은 급성적인 형태의 긴장, 두려움, 과민성과 더불어

현저한 적개심과 의심을 시사한다. 사회적 상호작용에 지나치게 민감하여 친밀한 관계를 형성하기 어렵고, 이미 형성한 관계도 반추적 염려의 원인이 될 수 있다. *ARD-T*에 의해 *ARD*가 상승한 경우, 강한 불신 경향은 과거 관계에서 학대와 같은 착취 경험과 관계가 있을 수 있다. 이 척도쌍의 상승이 상당한 분노와 적개심을 지적하는 것이지만, 사회적 상호작용에 관한 불안이 높기 때문에 분노를 직접적으로 표출할 가능성은 비교적 낮을 수 있다.

- 이 척도쌍이 상승할 경우 *BOR*과 *NIM*이 부가적으로 상승할 수 있고, 이럴 경우 세상에 대한 상당히 부정적 기대를 가지고 있을 가능성이 있다.
- 치료: 치료 초기에 신뢰 관계를 형성하는 것이 결정적이다. 이들은 치료자에 대해 회의적일 수 있기 때문이다. 이전 치료 경험을 어떻게 지각했는지를 살펴볼 만하다.
- 드문 프로파일로, 임상 표본의 0.1%가 관찰되었다.

ARD-SCZ

- 이 척도쌍의 상승은 심리적 불편, 반추적 염려와 더불어 사고와 주의집중에 관한 문제를 시사한다. *ARD-T*와 *SCZ-T*가 동시에 상승한 경우는 외상적 사건과 관련한 잠입적 사고 또는 이미지에 따른 혼동을 나타내고, 또 다른 하위 척도의 결합은 일반적인 공포나 반추를 시사한다. 사회적 관계에서 위축되고 고립되어 있어서 자신은 외톨이라고 느끼기 쉽다. 따라서 이들은 친한 관계가 거의 없고 관계가 친해질수록 불안과 위협을 느끼는 경향이 있다. 또한 이들은 사회적 판단

력이 저하되고, 때로는 자신의 목표에 대해서도 혼란을 느끼고, 미래에 대해서도 회의적인 경향이 있다.

- *SUI*가 부가적으로 상승할 경우 뚜렷한 불안과 판단력의 저하가 결합되어 자살과 관련한 문제가 있을 수 있다.
- **치료**: 불편감 때문에 치료 동기가 높고, 치료 초기에 구조화되고 지지적인 치료에 긍정적으로 반응한다. *SCZ*가 현저하게 상승할 경우 약물치료 필요성을 평가해야 한다.
- 임상 표본의 0.4%가 관찰되었다.
- 외상후 스트레스 장애나 양극성 장애와 관련이 있다.

ARD–BOR

- 이 척도쌍의 상승은 불편감, 충동성, 분노 및 원한을 시사한다. 고통과 위기에 직면해 있고 이 위기는 때때로 대인관계의 문제나 대인관계에서 경험한 거절과 관련이 있을 가능성이 높다. 이들은 때때로 이전 치료자를 포함하여 친한 사람에게 배신당하고 버림받았다고 느끼는 경향이 있다. 이런 경향은 친한 대인관계에서 한편으로는 슬픔과 원망을 나타내면서 다른 한편으로는 거절에 관한 의존과 불안을 느끼는 불안한 양가감정이 더 일반화된 행동 양식일 수 있다. 과거나 현재의 다양한 스트레스 요인이 대인관계에서 이러한 혼란을 야기하고 유지시킬 가능성이 높다. *ARD-T*와 *STR*을 검토하면 비교적 최근에 일어난 중요한 스트레스 요인(*STR*>*ARD-T*)인지, 지난 과거의 스트레스 요인(*ARD-T*>*STR*)인지에 관한 정보를 얻을 수 있다. 일상생활의 혼란 때문에 일상생활의 목표와 일의 우선 순위에 대한 확신이

없고 늘 긴장해 있고 미래에 대해서도 냉소적일 수 있다.

- 이 척도쌍이 상승할 경우 부가적으로 *DEP*, *SUI*가 상승하는 경우가 많다. 이 척도들이 시사하는 부가적인 특징들은 현재 위기의 급박함에 따라 약화될 수 있다.
- 치료: 초기에 치료 동기가 강하지만 당면한 위기가 해결되면 급속도로 약화되며, 위기는 재발 양상을 보인다는 점을 인식하고 지속적인 변화가 가능하도록 동맹을 형성하는 것이 중요한 치료 목표다. 치료자에 대한 신뢰를 형성하지 못하기 때문에 치료 계약 위반 등 치료 변수를 반복해서 시험하려 할 수 있다.
- 비교적 흔한 형태로, 임상 표본의 1.6%가 관찰되었다.
- 경계선 성격장애, 주요우울장애, 기분부전장애와 관련이 있다.

ARD-ANT

- 이 척도쌍의 상승은 불안, 긴장, 반추적 염려, 충동성, 잠재적인 행동화적 경향 등을 시사하는 보기 드문 형태다. 충동적인 행동과 충동적으로 행동한 뒤에 나타나는 결과에 대한 걱정과 반추적 관심이라는 상반된 성격적 요인이 번갈아 나타나기 쉽다. 이들은 자신과 관련된 모든 문제는 충동성 때문이라고 생각할 수 있고, 스트레스 상황에서는 자신의 반응을 통제하기 어려울 수 있다. 그러나 충동적 행동 양식이 반복되기 때문에 다른 사람은 이들을 무책임하고, 궁극적으로 진실하지 않고, 다른 사람을 조종하려는 것처럼 볼 수 있다.
- 이 척도쌍이 상승할 경우 *MAN*과 *PAR*이 부가적으로 상승할 수 있고, 이는 예후가 좋지 않다는 것을 반영한다. 불안 또는 사고의 경직성에

따른 억제 효과(*ARD*)가 충동과 적개심(*ANT*)을 적절히 통제하지 못한다는 것을 시사한다.

- 치료: *ANT-A*와 *ARD-T*가 상승한 경우 외상적 사건을 제대로 처리하지 못한 결과로 행동적 문제가 발생한 것임을 반영하므로 치료에 대한 반응이 양호할 것이다. *ARD-O*와 *ANT-E*가 동시에 상승한 경우 현재 당면한 문제에 대한 개인적 책임을 전혀 받아들이지 않기 때문에 어떤 치료에도 예후가 좋지 않다.
- 상당히 드문 프로파일로, 임상 표본의 0.1%가 관찰되었다.
- 반사회적 성격장애 또는 외상후 스트레스 장애와 관련이 있다.

ARD-ALC

- 이 척도쌍의 상승은 뚜렷한 스트레스와 불안 및 음주 문제에 관한 경력을 시사한다. 불안과 음주 문제는 여러 방식으로 관련이 있을 수 있다. 알코올의 사용은 스트레스 요인의 영향을 경감시킬 수 있는 것처럼 긴장을 감소시키는 역할을 할 수 있다. 이는 과거(*ARD-T*) 또는 현재(*STR*)의 스트레스를 모두 포함한다. *ARD-O*가 가장 많이 상승했을 경우 일상적인 상황에 대해 반추적으로 생각할 가능성이 높고, 이러한 반추적 상념은 술을 마시고 싶은 충동의 핵심일 수 있다. 이들은 또한 물질 사용에서 비롯된 사회적 역할 수행의 손상에 대해 상당한 불안과 죄책감을 느끼고 있을 가능성도 높다. 알코올 사용은 대인관계와 직업 수행에 심각한 장애가 될 수 있고, 이와 관련한 문제가 부가적인 스트레스의 원인으로 작용하여 음주 문제를 더욱 악화시킬 수 있다.

- 이 척도쌍이 상승할 경우 *BOR*과 *DEP*가 부가적으로 상승하는 경우가 많다. 이는 충동적으로 폭주를 한 후 후회하고 스스로를 비난하는 기간을 반복하는 양상을 시사한다.
- **치료**: 위험이 높은 불안 유발 상황과 알코올 사용의 관계에 초점을 두는 재발 방지 접근을 적용한다.
- 임상 표본의 0.6%가 관찰되었다.
- 대부분 알코올 남용이나 알코올 의존과 관련이 있다.

ARD-DRG

- 이 척도쌍의 상승은 뚜렷한 스트레스와 불안 및 물질 남용에 관한 경력을 시사한다. 불안과 약물 남용은 여러 방식으로 관련이 있을 수 있다. 예를 들면, 약물 사용은 긴장을 감소시키는 기능을 하기 때문에 스트레스를 감소시키기 위해 약물을 사용할 수 있다. 이들은 일상적인 생활 상황에 대해 반추적으로 생각하는 경향이 있고, 약물을 사용하려는 욕망은 반추적 상념의 핵심일 수 있다. 또한 물질 남용에서 비롯된 사회적 역할 수행의 장애에 대해 지나치게 불안을 느끼고 죄책감을 경험할 수 있다. 약물 사용 때문에 대인관계와 직무 수행에 심각한 장애가 나타나고, 이런 장애가 부가적인 스트레스의 원인으로 작용해서 약물 문제가 더 악화될 수 있다.
- 이 척도쌍이 상승할 경우 성격적 문제를 시사하는 *BOR*과 *ANT*가 부가적으로 상승하는 경우가 가끔 있다. 이들은 약물 오용에 대한 비난과 책임을 외부로 전가한다.
- **치료**: 초기에는 치료 동기가 높지만 위기에 따른 긴장이 해소되면 약

화된다. 물질 남용 집단치료와 개인치료를 동시에 적용하면 효과적이다.

- 비교적 보기 드문 프로파일로, 임상 표본의 0.2%가 관찰되었다.
- 물질 남용, 주요우울장애, 경계선 성격장애 및 반사회적 성격장애와 같은 행동화적 경향이 있는 성격장애와 관련이 있다.

DEP-MAN

- 이 척도쌍의 상승은 활력이 넘치고 활동적인 기간과 심각한 고통, 초조감, 불행하다는 경험 등이 교대로 나타날 수 있다는 것을 시사하는 보기 드문 형태다. 전형적으로 일정 기간 울적한 기분과 정서적 고양이 반복적으로 교차해서 나타날 수 있다. *MAN*이 *DEP*보다 상승한 경우 경조증과 관련한 특징이 외현적인 행동으로 나타나지 않을 수 있는 심각한 우울증을 가릴 수 있다. 이들은 자신의 정서적 상태에 집착하고 정서 상태의 영향을 많이 받는 경향이 있으며 자극에 민감하고 자기중심적인 것처럼 보일 수 있다.
- 기분 변화가 뚜렷하면 이 척도쌍이 상승하지 않는 경향이 있고, 최근 경험하고 있는 기분 상태에 따라 프로파일의 형태가 변할 수 있다. 양극성 장애의 경우 다른 기분과 관련된 증상이 있었다면 동반 상승한 척도의 *T* 점수는 70 이상으로 상승하지 않고 대략 60으로 상승한다.
- **치료:** 치료 초기에 주요 호소가 불안정하고 다양하기 때문에 치료 표적을 결정하기가 어려울 것이다.
- 상당히 드문 형태로, 표준화 임상 표본에서는 관찰되지 않았다.

DEP-PAR

- 이 척도쌍의 상승은 뚜렷한 우울과 적대감을 시사한다. 매우 심각한 부정적인 경험이 있을 수 있고, 생활 과정에서 직면한 대부분의 부정적 상황은 다른 사람의 잘못 때문이고, 자신은 이러한 상황을 개선할 수 있다는 희망이 없을 수 있다. 이들은 사회적 상호작용에 대해 지나치게 민감하기 때문에 대인관계에서 위축될 가능성이 높고, 따라서 친밀하고 신뢰적인 관계를 발전시키기 어려울 수 있다. 또한 상당한 분노와 적개심을 나타낼 수 있다. 그러나 이 분노의 방향은 다른 사람에게 향하기도 하지만 대부분 자기 자신에게로 향할 가능성이 높다.
- 이 척도쌍이 상승할 경우 신경증적 측면을 지적하는 *ANX*, *SOM*, *ARD*와 더 심각한 장애를 지적하는 *SCZ*, *BOR* 및 *SUI*가 부가적으로 상승하는 경우가 자주 있다. 자신과 외부 세계에 대한 강한 부정적 평가는 외부 사건을 병리적으로 지각하도록 영향을 준다. 따라서 부정적 프로파일 왜곡이 지적된 경우(*NIM*) 면밀하게 평가해야 한다. 그리고 *NON*이 부가적으로 상승하는 경우도 있는데, 이는 중요한 인물에 대한 적개심을 나타내는 것이다. 불편감의 주된 원인을 외부로 귀인하는 경향이 있다.
- 치료: 고통의 심각성에 관계없이 치료는 상당히 어렵다. 왜냐하면 치료자에 대한 불신으로 동맹 형성이 어렵기 때문이다. 초기에 대인관계의 실패보다 우울 증상에 초점을 둔다면 내담자가 덜 위협적으로 느낄 것이다.
- 임상 표본의 0.9%가 관찰된 프로파일이다.

- 조현정동장애, 주요우울장애, 외상후 스트레스 장애와 관련이 있다.

DEP-SCZ

- 이 척도쌍의 상승은 심각한 심리적 고통과 불쾌감 및 사고력과 주의력에 관한 문제를 시사한다. 이럴 경우 사회적 관계에서 위축되고 고립되어 주위 사람과 거리감을 느낄 수 있다. 이런 문제로 그나마 유지하는 친한 관계마저 위축될 수 있다. 자신이 처한 상황이 어느 정도 호전될 것이라는 희망도 거의 없고, 무망감과 비관적인 생각이 판단력의 장애와 결합할 경우 자해의 위험이 증가할 수 있다. 이 척도쌍이 상승할 경우 가끔 *SUI*가 부가적으로 상승할 수 있다.
- *DEP-P*가 *SCZ-P*보다 상승할 경우 정신병적 장애보다는 심각한 우울삽화일 가능성이 높다.
- 임상 장면에서 비교적 흔한 형태로, 표준화 임상 표본의 2.4%가 관찰되었다.
- 치료: 심각한 무감동과 우울 증상은 초기에 약물치료를 실시하여 심리사회적 치료에 성공적으로 참여하도록 유도해야 한다.
- 조현정동장애, 외상후 스트레스 장애나 심각한 불안장애, 경계선 성격장애, 주요우울장애 및 조현병과 관련이 있다.

DEP-BOR

- 이 척도쌍의 상승은 불행하다는 느낌, 정서적 불안정과 함께 상당한

분노를 시사한다. 전형적으로 뚜렷한 심리적 고통과 우울증에 의한 위기를 겪고 있을 가능성이 높다. 이들이 겪는 심리적 고통은 대인관계에서의 어려움이나 지각된 또는 실제적인 거절 경험과 관련이 있을 수 있다. 가까운 사람이 자신을 배신하거나 버렸다고 느끼며, 이 때문에 무력감과 무망감을 느낄 수 있다. 이는 가까운 관계에 대한 불안한 양가감정의 보편적 양상일 수 있다. 이런 특징은 한편으로는 다른 사람에 대한 원망과 적개심을 느끼면서 다른 한편으로는 거절당할 가능성에 대한 불안과 의존성을 반영하는 것이다. 내면에 잠재한 분노가 발동하여 친한 사람에게 충동적인 공격 행동이 나타날 수도 있으나, 이러한 분노는 다른 사람에 대한 분노로 나타나기도 하지만 대부분은 자신에 대한 분노일 수 있다.

- 무망감, 적개심 및 충동성이 결합할 경우 자해의 위험이 증가하고, *SUI*와 *STR*이 부가적으로 상승하는 경우가 많다.
- **치료**: 낮은 *RXR*에서 시사되듯이 변화에 대한 욕구를 강하게 표현하지만, 충동적이고 자기 파괴적인 행동으로 발생된 위기 때문에 치료가 진행되기 어렵다.
- 비교적 흔한 프로파일로, 임상 표본의 2.5%가 관찰되었다.
- 경계선적 성격장애, 주요우울장애, 적응장애와 관련이 있다.

DEP-ANT

- 이 척도쌍의 상승은 심리적 불편과 비관적인 생각을 가지고 있고 충동성과 행동화적 경향이 결합되어 있을 가능성을 시사하는 비교적 드문 형태다. 겉으로 보기에는 상반되는 성격적 요소가 번갈아 나타

날 수 있다. 즉, 충동적으로 행동하고 나서 그러한 행동의 결과에 대해 걱정하고 죄책감을 갖기 쉽다. 그리고 자제력이 없어서 행동을 통제할 수 있는 능력이 없다고 생각하고, 이러한 자신의 행동은 외적인 스트레스에 대한 반응이라고 생각하기 쉽다. 그러나 이러한 충동적 행동 양식이 반복되기 때문에 다른 사람은 이들을 적대적이고 신뢰할 수 없다고 생각할 뿐만 아니라 이들이 자신의 행동에 대해 자책하고 바꾸려는 의지를 표현하여도 그 진실성을 의심할 수 있다.

- 이 척도쌍의 상승은 전형적으로 신경증적 요소를 포함하고 대부분의 심리적 고통은 내적 원인보다 외적 원인에 의해 발생한다는 것을 시사하는 것이다. 이 척도쌍이 상승할 경우 *PAR*이 부가적으로 상승하는 경우가 많고, 이는 현재 겪고 있는 스트레스 요인을 외부로 투사할 가능성을 지적하는 것이다. 또한 *ALC*와 *DRG*가 상승할 수도 있고, 이는 충동적 행동 중 물질 오용이 포함될 수 있다는 점을 지적하는 것이다.
- **치료**: 현재의 불편감은 상황에 따른 것이기 때문에 상황이 해결되면 치료나 변화에 대한 관심이 줄 수 있다. 이들은 신뢰하기 어렵고 치료 계획에 따르기가 어렵기 때문에 치료자에게 좌절감을 줄 수 있다.
- 드문 프로파일로, 임상 표본의 0.2%가 관찰되었다.

DEP-ALC

- 이 척도쌍의 상승은 불행하다는 느낌과 비관적인 생각이 많고 음주 문제의 경력을 시사한다. 우울증으로 알코올을 사용하거나 알코올 사용과 관련한 사회적 실패의 결과로 우울증이 나타날 수 있다. 음주

문제 때문에 사회적으로 기대된 역할을 수행할 수 있는 능력이 크게 손상되고, 이에 따라서 친하게 지내던 사람과의 관계가 소원해질 수도 있다. 사회적 역할 실패로 자기비난과 생활 상황에 대해 반추적으로 생각하게 된다.

- 이 척도쌍이 상승하고 부가적으로 *SUI*가 상승할 경우 알코올 사용으로 자제력이 약해져서 자해의 위험이 증가할 수 있다.
- 치료: 개입의 예후가 복잡하다. 치료적 도움을 절실히 요청하면서도 문제가 변화되거나 호전될 가능성에 대해서는 냉소적일 수 있다. *DEP*가 상승하고 알코올과 관련된 문제를 부인하는 것을 시사한다면, 이는 치료를 위한 중요한 출발점이 될 수 있다.
- 상당히 흔한 프로파일로, 임상 표본의 1.7%가 관찰되었다.
- 알코올 의존, 주요우울장애, 외상후 스트레스 장애와 관련이 있다.

DEP-DRG

- 이 척도쌍의 상승은 물질을 남용한 경험이 있고 불행하다는 느낌과 비관적인 생각을 시사한다. 약물을 사용함으로써 대인관계와 직무와 관련된 사회적 역할을 수행하지 못해 우울증이 가중될 수 있다. 충동성, 자기 파괴적 행동은 친하게 지내던 사람과의 관계를 소원하게 만들 수 있다. 이 척도쌍의 상승은 현재 처한 상황에 대한 죄책감과 심리적 고통을 지적하는 것이다. 우울하기 때문에 약물을 복용하거나 약물을 복용한 결과로 우울할 수도 있다.
- 이 척도쌍의 상승과 함께 *SUI*가 부가적으로 상승할 경우 약물 오용 때문에 자제력이 떨어질 수 있으므로 자살 가능성을 주의 깊게 살펴

야 한다. *ANT*가 부가적으로 상승할 경우 우울증은 약물 사용에서의 주된 요인이라기보다 물질 남용과 관련된 부정적 결과일 수 있다.

- 치료: 재발 경험이 많기 때문에 변화나 호전 가능성에 대해 비관적일 수 있다.
- 임상 표본의 1.0%가 관찰되었다.
- 경계선 성격장애, 주요우울장애, 약물 의존과 관련이 있다.

MAN-PAR

- 이 척도쌍의 상승은 기분이 지나치게 고양되어 있고 활동 수준이 높으면서 뚜렷한 적개심과 과민성을 시사하는 보기 드문 형태다. 다른 사람이 자신의 계획을 무시하고 방해한다고 생각하는 경향이 있다. 그러나 이들은 자신의 실제적인 능력의 한계를 벗어난 지나친 기대감을 가지고 행동하므로 실패를 경험할 가능성이 높다. 그리고 사회적 상호작용에서 지나치게 예민하고 자신에 대한 비합리적인 평가 때문에 친한 관계를 맺기가 아주 어렵고, 친한 사람이 있더라도 변덕이 심하고 지나치게 요구하는 것이 많아서 마찰이 잦을 수 있다. 또한 충동성과 적개심이 강하고 활력이 넘쳐 자신을 무시한다고 생각되는 사람에게 자제하지 못하고 공격적으로 행동할 수 있다.
- 이 척도쌍의 상승과 함께 *NON*이 부가적으로 상승할 경우 문제의 책임을 외향화하고, 투사하며, 지지적인 관계에서 비현실적인 요구를 하는 것을 시사한다.
- 드문 프로파일로, 임상 표본의 0.1%가 관찰되었다.

MAN-SCZ

- 이 척도쌍의 상승은 활동수준이 고양되고 과민하고 확대적인 기분과 함께 사고와 집중력에 관한 문제를 시사하는 특히 심각한 결합이다. 초조한 것처럼 보이고, 정신적 혼동이 있으며, 주변 사람에게 지나치게 민감하게 반응하면서 거리감을 느낄 수 있다. 사회적 판단력이 저하되어 있고, 가까스로 유지하는 친한 관계도 변덕스러운 기분의 영향을 받고 요구하는 것이 많아서 갈등과 마찰을 야기할 수 있다.
- 이 척도쌍이 상승할 경우 *STR*이 부가적으로 상승하는 경우가 많고, 역할 기능에 대한 판단력이 제한적인 점을 시사한다.
- **치료**: 에너지 수준이 높은 반면 판단력이 저조한 점은 예후를 부정적으로 하므로 면밀한 관찰이 필요하다. 구조화된 치료가 적절하고 정신약물치료를 실시해야 한다.
- 상대적으로 드문 프로파일 형태로, 임상 표본의 0.1%가 관찰되었다.

MAN-BOR

- 이 척도쌍의 상승은 뚜렷한 적대감이나 과민성, 매우 불안정한 기분, 충동성, 고양된 활동수준 등을 시사한다. 다른 사람과 관계하는 방식이 매우 혼란스럽고 기분이 변덕스럽고 예측이 불가능하고 요구하는 것이 많기 때문에 가까스로 유지하고 있던 가까운 관계에서도 어려움을 경험할 수 있다. 충동적이고 분노와 에너지 수준이 높기 때문에 사소한 사건에도 민감하게 반응하고 가까운 사람들에게도 충동적 공

격 행동을 보일 위험이 있다. 이러한 성향 때문에 충동을 자제하지 못하고 행동화할 가능성이 증가할 수 있다.

- 이 척도쌍이 상승할 경우 가끔 *NON*이 부가적으로 상승하며, 이는 핵심적인 사회적 지지에 대한 냉소적인 태도를 가지고 있다는 것을 시사한다. *DOM*이 상승한 경우는 대인관계에서 강한 통제 욕구를 시사한다.
- 치료: 강렬한 절망감과 도움을 요청하면서 치료 장면을 찾지만 지속적으로 치료를 받는 사람은 많지 않다. 위기 상황이라면 겉으로 드러나는 고통의 수준이 제한적인 통찰력을 가릴 수 있다.
- 임상 표본의 0.5%가 관찰되었다.
- 경계선 성격장애보다는 양극성 장애와 관련이 있다.

MAN-ANT

- 이 척도쌍의 상승은 충동성과 적대감 및 공감 능력 부족을 시사한다. 대인관계가 매우 불안정하고 오래 지속되기 어렵다. 심지어 가까스로 유지되고 있는 가까운 관계도 적대적이고 자기중심적이며 요구하는 것이 많아 갈등을 경험하기 쉽다. 이들은 좌절을 견디는 내성이 부족하고, 과거의 좌절 경험에 대해 두고두고 원망한다. 이들은 다른 사람을 원망하고, 충동적이고 에너지 수준이 고양되어 있어서 다른 사람을 배려하지 못하고, 자신의 기분에 거슬리는 사람에게 충동적으로 공격할 가능성이 높다. 또한 좌절을 경험할 때 자제력을 잃고 행동화할 위험이 높고, 직장과 같은 공적인 장면뿐만 아니라 사적인 상황에서도 적절한 사회적 역할을 수행하는 능력이 손상되기 쉽다.

- 이 척도쌍이 상승하고 부가적으로 *STR*이 상승한 경우 사회적 역할을 제대로 수행하지 못한다. *AGG*가 상승할 경우 충동적인 폭력 행사 위험이 있기 때문에 각별한 주의가 필요하다.
- **치료**: 치료 동기가 상당히 낮고, 이차적 이득이 있지 않고서는 자발적으로 치료 장면에 오지 않는다. 이들은 유사한 특징이 있는 다른 구성원과의 집단치료에 비교적 잘 반응한다. 집단치료를 통해 타인의 행동을 보고 자신의 행동에 대한 통찰을 형성할 수 있을 것이다.
- 비교적 드문 형태로, 임상 표본의 0.4%가 관찰되었다.
- 양극성 장애, 반사회적 성격장애, 약물 남용이나 약물 의존과 관련이 있다.

MAN-ALC

- 이 척도쌍의 상승은 정서적으로 불안정하고 충동적이며 음주에 관한 문제를 시사한다. 음주 문제로 적절한 사회적 역할을 수행할 능력이 크게 손상될 수 있고, 무모한 행동으로 가족이나 친구들과의 관계가 소원해질 가능성도 있다. 이들은 술에 취하면 자제력이 떨어지고 판단력이 매우 흐려지고 행동화적 문제를 일으킬 가능성도 높다. 또한 이들은 취중에 저지른 행동 문제에 대해서는 지속적으로 양심의 가책을 느끼는 것처럼 보이지 않을 수 있다. 이들은 음주 정도와 심각성에 대한 인식이 부족하고, 음주와 관련한 문제가 삶의 여러 부분에 영향을 준다는 것을 부인하는 경향이 있다.
- 이 척도쌍이 상승할 경우 *STR*이 부가적으로 상승할 수 있고, 이는 전반적인 기능 손상을 시사한다. *AGG*가 부가적으로 상승하는 경우는

음주 동안 분노 통제 문제가 발생될 가능성을 시사한다.

- **치료**: 대부분 음주 문제를 부인하고 치료 동기가 낮다. 유사한 알코올 문제를 보고하는 구성원과의 집단치료를 통해 음주 문제에 대한 부인을 효과적으로 직면시킬 수 있다.
- 비교적 드문 프로파일로, 임상 표본의 0.1%가 관찰되었다.
- 알코올 의존과 관련이 있다.

MAN-DRG

- 이 척도쌍의 상승은 물질 남용의 경력과 정서적으로 불안정하고 충동적이라는 것을 시사한다. 약물 문제 때문에 적절한 사회적 역할을 수행할 수 있는 능력에 심각한 장애가 있고, 무모한 생활방식 때문에 주변 사람과의 관계도 멀어질 수 있다. 특히 약물의 영향으로 자제력이 떨어지고 판단력이 저하될 경우 행동화가 나타날 수 있다.
- 이 척도쌍이 상승할 경우 *ANT*와 *NON*이 함께 상승하는 경우가 많은데, 현재 자신이 겪고 있는 어려움에 대한 불만을 행동적으로 표출하고 투사시킬 가능성이 있다.
- **치료**: 치료 동기가 낮고 약물 사용 때문에 삶이 붕괴된 것에 대한 인식이 없을 가능성이 높다. 물질 남용 집단 개입을 통해 약물 문제에 대한 부인을 직면시킬 필요가 있다.
- 드문 프로파일로, 임상 표본의 0.1%가 관찰되었다.

PAR-SCZ

- 이 척도쌍의 상승은 집중력과 사고력에 관한 문제와 뚜렷한 적개심, 분노, 의심 때문에 고립된 것을 시사한다. 대인관계에 대해 지나치게 민감하기 때문에 경계하고 위축되고 고립되어 다른 사람이 자신을 따돌린다고 느낄 수도 있다. 가까스로 유지되는 친밀한 관계에서는 독특한 세계관을 보여 주고 판단력이 저하되며, 미래에 대한 걱정과 만성적인 긴장 상태가 지속될 수 있다.
- 이 척도쌍의 상승과 더불어 *NIM*이 상승할 경우 증상을 과장하거나 부정적인 세계관을 가질 수 있기 때문에 *PAR*과 *SCZ*가 상승할 수 있다. *DRG*가 상승할 경우 약물에 의해 발생한 편집증적 관념을 평가해야 한다.
- **치료**: 이들이 스스로 심리치료를 받을 가능성은 거의 없고, 치료를 받으러 왔을 경우에도 친밀한 관계 형성에 대한 불안과 두려움의 경험이 있으므로 치료적 관계 형성에서 특별한 주의가 필요하다.
- 입원 환자들 중에서는 비교적 흔한 프로파일로, 표준화 임상 표본의 2.4%가 관찰되었다.
- 조현병, 조현정동장애, 반사회적 성격장애, 약물 의존과 관련이 있다.

PAR-BOR

- 이 척도쌍의 상승은 분노, 적개심, 충동성 및 정서적 불안정을 시사한다. 대인관계에 대해 극도로 민감하고, 상상에 의한 것이든 실제이

든 다른 사람의 거절에 매우 예민하게 반응하는 경향이 있을 수 있다. 이들은 가까운 사람이 계속 자신을 배신한다고 느끼기 쉽고, 이런 행동 양식 때문에 만성적인 대인관계적 부적응이 있을 수 있다. 이들이 다른 사람과 관계하는 방식은 한편으로는 원망과 적개심을 가지고 있으면서 다른 한편으로는 다른 사람에 대한 의존성과 거절에 대한 두려움을 느끼는 불안한 양가감정이 특징적이다. 다른 사람에 대한 원망을 쉽게 표현하기 때문에 다른 사람이 자신을 무시한다고 느낄 경우 충동적으로 반응할 수 있다. 충동성, 분노 및 불쾌감이 결합되면 자해나 행동화할 위험이 증가한다.

- **치료**: 초기 위기 상황에서 치료적 변화를 위해 치료에 참가하겠지만 치료 동기는 쉽게 저하된다. 위기의 책임을 착취적인 타인에게 외향화하는 양상은 치료 경과를 방해할 수 있다. 치료 과정에서 치료자의 신뢰성을 시험하기 위해 파괴적이고 도발적인 행동을 할 수 있다. 개인치료는 상당히 어렵고, 장기 치료를 실시해야 한다.
- 이 척도쌍의 상승과 함께 부가적으로 *AGG*와 *DEP*가 상승할 경우 공격적 행동으로 분노를 터뜨린 후 이에 따른 문제에 대해 반추적으로 집착할 수 있다.
- 이 프로파일은 임상 표본의 0.4%가 관찰되었다.
- 경계선 성격장애 및 반사회적 성격장애와 관련이 있다.

PAR-ANT

- 이 척도쌍의 상승은 충동성, 적개심, 원망, 공감 능력의 부족 등을 시사한다. 대인관계가 오래 지속되기 어렵고, 많은 갈등을 일으키며,

가까운 관계에서도 과민하고 자기중심적으로 행동하기 때문에 자주 마찰이 일어날 수 있다. 충동성, 분노 및 자기중심성이 결합되면 어떤 방식으로든 자신을 방해하는 사람에 대한 분노 표출과 공격적 행동이 나타날 위험이 있다. 또한 충동적으로 행동할 위험이 높지만, 이런 행동에 대한 책임은 매번 외부 요인으로 투사한다. 또한 다른 사람과 협력해서 직무를 수행할 수 있는 능력이 심각하게 손상될 수도 있고, 직업적 실패 경험이 많다.

- 이 척도쌍의 상승과 더불어 *AGG*와 *SUI*가 상승할 경우 치료적 개입이 어려울 수 있다.
- **치료**: 변화 의지가 제한적이고, 자신의 특성 때문에 삶의 문제가 발생했다는 점을 인식하지 못하며, 어떻게 행동을 바꾸어야 할지도 알지 못한다. 치료자와의 신뢰적인 치료 관계 형성도 상당히 어렵고, 행동화적 행동이 치료를 방해할 수도 있다.
- 임상 표본의 0.4%가 관찰되었다.
- 반사회적 성격장애에서 비교적 자주 나타난다.

PAR-ALC

- 이 척도쌍의 상승은 적개심과 분노가 특징적이면서 음주 문제의 경력을 시사한다. 일반적으로 사회적 상호작용에 대한 과민성과 적대감이 친한 관계 형성을 방해하기 때문에 사회적 관계에서 위축되고 고립되어 있을 가능성이 높다. 알코올 사용은 자신이 최근 경험하고 있는 불안과 두려움을 감소하는 기능을 하겠지만, 대인관계 위축의 원인일 수도 있다. 이들은 자신이 처한 상황에 대해 걱정은 하면서도

음주 문제의 심각성에 대해서는 제대로 인식하지 못할 수 있다. 또한 음주 때문에 사회적 역할을 수행할 수 있는 능력에 심각한 장애가 있더라도 이러한 문제의 원인이 음주와 관련이 있다는 것을 받아들이지 못하고 다른 외적 요인으로 돌리려는 경향이 있다.

- 이 척도쌍의 상승과 더불어 *ANT* 또는 *BOR*이 이차적으로 상승할 경우 지속적이고 만성적인 적응 양상임을 시사한다. 반면, *STR*이 상승하면서 *ANT*와 *BOR*이 평균 범위인 경우 주된 상황적 스트레스에 대해 문세시되는 반응을 한다는 것을 시사한다.
- 치료: 이들은 집단 직면과 노출을 강조하는 전형적인 알코올중독 치료 프로그램에 참여하면 상당히 힘들어할 수 있으므로 신뢰 관계를 형성할 수 있도록 개인치료를 결합시켜야 한다.
- 상대적으로 드문 프로파일로, 임상 표본의 0.2%가 관찰되었다.
- 약물 의존이나 반사회적 성격장애와 관련이 있다.

PAR-DRG

- 이 척도쌍의 상승은 강한 의심과 분노 및 물질 남용의 경력을 시사한다. 사회적 상호작용에서 민감하고 적대적으로 반응하기 때문에 친한 관계를 형성하기가 어려울 수 있다. 따라서 사회적 관계에서 철회하여 고립되어 있을 가능성이 높다. 약물은 자신이 직면한 불안과 위협을 감소시키는 기능을 하겠지만, 약리학적 효과와 생활양식의 영향으로 대인관계의 위축을 조장하고 다른 사람에 대한 의심과 불신을 더 증가시킬 수도 있다. 이들은 주로 약물에 대한 욕구 및 충동과 관련하여 자신이 처한 상황에 대해 반추적으로 생각하는 경향

이 있다. 이들은 물질 남용 때문에 사회적 역할을 수행하는 능력에 장애가 있지만, 이러한 문제가 약물 사용 때문이라는 것을 수용하지 못하고 '운이 없었다'는 식으로 다른 외적 요인에 귀인하려는 경향이 강하다.

- 이 척도쌍이 상승할 경우 *BOR*, *ANT* 및 *STR*이 부가적으로 상승하는 경우가 많다. *BOR*과 *ANT*가 상승한 경우는 약물 사용이 지속적인 충동 조절 문제의 일부라는 것을 시사한다. 반면 *ANT*와 *STR*이 상승한 경우는 현저한 상황적 위기에 놓여 있다는 것을 시사한다.
- **치료**: 불법 약물 문제가 있는 내담자는 알코올 문제가 있는 내담자보다 집단 형태의 개입이 효과적이다. 이들은 불법 행위에 초점을 두는 생활양식 때문에 의심하는 경향이 있으므로 자신과 유사한 집단 구성원과의 집단에서는 이러한 의심을 줄일 수 있을 것이다. 이와 동시에 특정 치료자와 신뢰적인 관계를 형성할 수 있는 기회를 제공해 줘야 한다.
- 임상 표본의 0.3%가 관찰되었고, 물질 남용과 관련이 있다.

SCZ-BOR

- 이 척도쌍의 상승은 정신적 혼란, 정서적 불안정, 강한 분노를 시사한다. 이들은 보통 대인관계에서의 뚜렷한 역기능과 사고 및 주의력 문제를 호소한다. 또한 대인관계에서 부정적 경험에 집착하여 분명하게 사고할 수 있는 능력에 장애가 나타날 수 있다. 이 척도쌍의 상승은 때때로 대인관계 문제와 관련이 있는 다양한 불편의 경험과 전형적인 심리적 위기를 나타낸다. 이런 위기를 경험하는 동안 판단력

과 현실 검증력의 뚜렷한 장애가 나타날 수 있다.

- *DEP*와 *AGG*가 부가적으로 상승할 경우 이 척도들의 점수를 비교하여 분노가 외부로 향하는지, 혹은 내부로 향하는지를 검토해야 한다.
- **치료**: 이들은 불행감, 적개심, 충동성 및 판단력 저하 등의 이유로 자해나 충동적으로 행동할 위험도 증가할 수 있다. 치료 초기는 고도로 구조화된 형태를 취하여 치료 중 발생되는 파괴적 행동에 대한 분명한 계약 사항을 명기해야 한다. 항우울제보다 항정신성 약물 치료도 유용하지만, 약물에 대한 순응도가 떨어질 위험도 있다.
- 임상 표본의 0.6%가 관찰되었다.
- 양극성 장애 및 외상후 스트레스 장애와 관련이 있다.

SCZ-ANT

- 이 척도쌍의 상승은 사고와 집중력의 문제와 충동성과 행동화적 행동을 할 가능성을 시사한다. 사회적 판단력의 장애가 심하고, 겨우 유지되는 사회적 관계에서도 공감력의 부족과 자기중심적인 태도로 갈등을 경험할 수 있다. 충동적이고 판단력이 부족하기 때문에 반사회적 행동을 일으킬 가능성도 높지만, 이러한 행동은 어쩔 수 없는 외적 상황에 대한 반응이라고 생각하고 자신은 이러한 행동을 통제할 능력이 없다고 생각할 수 있다. 눈에 드러나는 혼동스러운 행동들 때문에 정신병리 수준을 분명히 알지 못할 수 있다.
- **치료**: 이들은 통찰과 치료 동기가 낮기 때문에 치료자와 신뢰적인 관계를 형성하는 데 오랜 시간이 걸리고 어려워한다. 치료 초기에는 계약 관리를 철저히 하면서 고도로 구조화된 형태를 취해야 한다.

• 매우 드문 형태로, 표준화 임상 표본에서는 지적되지 않았다.

SCZ-ALC

• 이 척도쌍의 상승은 정신적 혼동과 사회적 고립 및 음주 문제의 경력을 시사한다. 사회적 상호작용을 불편하게 여기기 때문에 친한 관계를 형성하기 어렵고, 소외감을 느끼고 주변에 있는 사람들로부터 위축되어 외롭게 지낼 수 있다. 음주는 이러한 특징에서 비롯되는 불안과 위협을 줄이는 데 도움이 될 수 있지만, 대인관계를 회피하는 원인으로 작용할 수 있다. 이들은 판단력이 상당히 저하되어 있고 자신의 미래를 두려워할 뿐만 아니라 변화 가능성에 대해서도 냉소적일 수 있다. 술에 취했을 때, 혹은 깰 때 급성 환각을 경험했는지 확인해야 한다.

• *NIM*이 부가적으로 상승할 경우 증상을 과장하는 경향이 있기 때문에 *SCZ*가 상승할 수 있다. 하지만 해독에 따른 급성 증상으로 *SCZ*와 다른 프로파일 척도가 상승할 수도 있다. 해독 과정에서 검사를 실시했다면 재검사를 실시할 필요가 있다.

• **치료**: 사회적 관계에 대한 고립(detachment)은 알코올 집단치료에 참여하지 않을 가능성을 시사한다. 따라서 개인치료를 병행하여 관계를 형성할 수 있도록 해야 한다. *SCZ*에서 섬망 진정 등의 증상이 지적될 경우 해독에 따른 의학적 접근도 적용해야 한다.

• 흔한 프로파일로, 임상 표본의 1.0%가 관찰되었다.

• 주로 알코올 의존과 관련이 있다.

SCZ-DRG

- 이 척도쌍의 상승은 정신적 혼동과 사회적 고립 및 물질 남용의 경력을 시사한다. 사회적 상호작용에 대해 불편을 느끼기 때문에 친한 관계를 형성하기 어렵고, 소외감을 느끼고 주변 사람들로부터 위축되고 고립되어 있을 가능성이 높다. 약물 사용은 이러한 관계에서 비롯되는 불안과 위협을 줄이는 기능을 하지만 대인관계를 회피하는 원인으로 작용할 수 있다. 이러한 생활양식과 관련한 불신과 착취적 성향 때문에 대인관계 문제가 악화될 수 있다. 또한 거의 모든 생활 영역에서 판단력이 상당히 저하되어 있고 주변 사람과 소원하기 때문에 다른 사람이 제공하는 교정적 피드백을 유용하게 사용하지 못한다.
- 이 척도쌍의 상승과 더불어 *BOR*과 *SUI*가 상승할 경우 자기 파괴적 경향이 있으므로 각별한 주의가 필요하다.
- **치료**: 이들은 비관적이고 장기적인 변화 계획에 냉소적이고, 조기 중단의 위험이 높다. 고도로 구조화된 치료를 적용해야 하고, 치료에 참여하도록 자주 유도해야 한다. 치료 초기에 치료에 대한 기대 사항을 분명하게 명시해야 한다.
- 임상 표본의 0.6%가 관찰되었다.
- 약물 의존과 반사회적 성격장애와 종종 관련이 있다.

BOR-ANT

- 이 척도쌍의 상승은 다른 사람에게 공감하지 못하고 충동적이고 정서적으로 불안정하다는 것을 시사한다. 대부분 대인관계를 오래 지속하지 못하고 심각한 갈등을 많이 경험할 수 있다. 이들은 친한 관계에서도 적대적인 경향을 나타내고 자기중심적이고 조종적이기 때문에 많은 고통을 경험할 수 있다. 충동성, 자기중심성 및 분노가 결합되면 어떤 방식으로든 자신을 무시한다고 생각하는 사람에게 공격적으로 행동할 위험이 있다. 이들은 행동화적 행동을 할 위험이 높고 이러한 행동 때문에 직업적 역할 수행에 큰 장애가 있을 수 있다. 자신이 불공정한 상황 때문에 희생되고 있다는 생각이 들 경우 행동을 통제할 힘이 없다고 생각하기 쉽다. 이러한 충동적 행동 양상은 반복되는 경향이 있으므로 무책임하고 신뢰할 수 없는 사람이라는 인상을 주고, 다른 사람은 이들이 느끼는 양심의 가책과 스스로 변화하려는 의지를 의심할 수 있다.
- 이 척도쌍의 상승과 더불어 *AGG*와 *SUI*가 상승할 경우 성격 특성과 관련된 문제를 눈여겨볼 필요가 있다.
- **치료:** 고질화된 문제와 반복적인 치료 방해는 치료 과정이 상당히 어려울 것이라는 점을 시사한다. 치료 초기에 치료 계약과 제한점들을 명확히 설정해야 하고, 이들은 지속적으로 이를 시험할 것이다. 이들은 치료자가 자신을 거절하기를 기대하고, 거절하도록 치료자를 유도하며 이것으로 치료자가 역전이를 경험하게 한다.
- 임상 표본의 0.9%가 관찰되었다.
- 경계선 성격장애나 반사회적 성격장애와 관련이 있다.

BOR-ALC

- 이 척도쌍의 상승은 충동성, 정서적 불안정 및 음주 문제의 경력을 시사한다. 이들의 음주는 일반적 형태의 자기 파괴적인 행동일 수 있다. 이들은 대인관계가 매우 변덕스럽고 많은 갈등을 경험할 수 있다. 특히 친한 관계에서도 충동적으로 행동하고 행동을 예측할 수 없고 적대적인 방식으로 상호작용하기 때문에 많은 갈등을 경험할 수 있다. 음주 때문에 대인관계 문제가 더 악화될 수 있다. 특히 이들은 취하면 자제력이 약해지기 때문에 판단력이 매우 흐려지고 행동적 문제를 일으키고 이런 행동의 원인을 음주 때문이라고 변명하곤 한다.
- 이 척도쌍의 상승과 더불어 *STR*이 상승한 경우는 수검자가 한 행동의 결과를 반영하는 것이다. *RXR*이 낮은 경우는 음주 문제에 대한 부인기제가 붕괴되고, 절박한 도움의 필요성을 지적하는 것일 수 있다.
- 치료: 이들은 초기 치료 동기는 상당히 높지만 당면한 상황적 위기가 해결되면 점차 약해진다.
- 비교적 흔한 프로파일로, 임상 표본의 1.3%가 관찰되었다.
- 경계선 성격장애뿐 아니라 알코올 의존과 반사회적 성격장애와 관련이 있다.

BOR-DRG

- 이 척도쌍의 상승은 충동성, 정서적 불안정 및 물질 남용 경력을 시사한다. 약물 사용은 일종의 자기 파괴적 행동이고 변덕스러운 생활

태도를 더 악화시킬 수 있다. 이들은 다른 사람과 관계하는 방식이 변덕스럽고 갈등이 많고 행동의 예측이 어려울 수 있다. 또한 적대적으로 반응하기 때문에 가까운 사이에서도 많은 갈등을 경험하고, 이러한 대인관계에 관한 문제가 약물 남용을 더 악화시킬 수 있다. 약물에 취할 경우 억제력이 약해지고 판단력이 흐려져 행동적 문제를 일으킬 위험이 크게 증가한다.

- 이 척도쌍이 상승할 경우 *AGG*가 부가적으로 상승하는 경우가 많고, 이들은 자신을 부당하게 대우한다고 생각하는 사람에게 분노를 표출할 수 있다.
- **치료**: 물질 오용은 그 자체가 치료 표적이라기보다는 보다 전반적인 무모함과 자기 파괴적 양상의 일부라는 것을 기억해야 한다. 치료 동기는 상황에 따라서 바뀌고, 이들이 공격적으로 치료를 중단한 경우 반드시 치료에 참여하게 해야 한다. 재발 방지를 위해 물질이 정서적 과반응성을 줄이는 데 어떤 역할을 하는지, 어떤 상황에서 그런 반응을 하는지 탐색할 필요가 있다.
- 이 프로파일은 임상 표본의 1.1%가 관찰되었다.
- 약물 의존과 경계선 성격장애와 종종 관련이 있다.

ANT-ALC

- 이 척도쌍의 상승은 알코올 남용과 관련된 심각한 행동적 문제를 경험한 경력을 시사한다. 충동성과 음주 문제 때문에 사회적 역할을 수행하는 데 심한 장애가 있고, 무절제한 생활 태도 때문에 친하게 지내던 사람과의 관계도 악화될 수 있다. 이들은 대부분 충동적이고 긴

장감을 추구하는 경향이 있고, 알코올 사용은 판단력을 더 저해할 수 있다. 이들은 대인관계가 불안정하고 오래 유지하지도 못하며, 자기중심적인 태도와 음주 문제 때문에 가까스로 유지하던 관계도 위기를 맞을 수 있다.

- 이 척도쌍이 상승할 경우 *DRG*가 부가적으로 상승하는 경우가 많고, *DRG*가 지나치게 낮을 경우 부인 기제가 작용했을 가능성이 있다.
- **치료**: 때때로 치료 동기가 분명하지 않은 경우가 있다. 이들은 음주 문제의 심각성을 낮게 보고하고 당면한 스트레스에 미치는 영향도 없다고 말한다. 유사한 문제를 가진 구성원과의 집단치료를 통해 직면을 시키고 부인을 중단시킨다.
- 표준화 임상 표본의 0.7%가 지적되었다.
- 여러 종류의 물질 남용과 관련이 있다.

ANT–DRG

- 이 척도쌍의 상승은 주로 물질 남용과 관련된 행동적 문제의 경력을 시사한다. 충동성과 약물 사용 때문에 직장을 안정적으로 유지하기가 매우 어렵고, 무모한 생활 태도로 가족이나 친구와의 관계도 악화될 수 있다. 보통 충동적이고 긴장감을 추구하는 경향이 있고, 약물 사용은 더욱 심한 판단력의 장애를 초래할 수 있다. 대인관계가 피상적이고 불안정하며 오래 지속하기 어렵고, 자기중심성과 약물 사용 때문에 겨우 유지하던 관계마저 심각한 마찰이 일어날 수 있다.
- 이 척도쌍이 상승하고 부가적으로 *AGG*가 상승하면, 약물 사용에 따른 일시적인 억제력 상실로 공격적 행동을 할 수 있다.

- **치료:** 때때로 치료 동기가 의심스럽고 부인 정도가 높다. 특히 젊은 내담자는 치료에 순응하지 않는 반면, 나이가 든 내담자는 자기 파괴적 양상을 인식하기 시작한다. 유사한 문제를 가진 구성원과의 집단 치료를 통해 직면을 시키고 부인을 중단시킨다.
- 비교적 흔한 프로파일로, 임상 표본의 2.1%가 관찰되었으며, 특히 교정 장면에서 흔하다.
- 약물 의존, 경계선 성격장애와 관련이 있다.

ALC-DRG

- 이 척도쌍의 상승은 알코올이나 여러 가지 약물을 포함한 다양한 물질 남용을 시사한다. 물질 사용 때문에 억제력을 상실하면 심각한 행동적 문제를 일으킬 수 있다. 물질 남용 때문에 다른 사람과의 관계와 직업 수행에 심각한 장애가 나타나고, 이와 관련된 문제로 스트레스를 경험하면 음주 문제와 약물 남용을 더 악화시킬 수도 있다.
- 이 척도쌍이 상승할 경우 흔히 *STR*이 이차적으로 상승한다. 이는 물질 오용에 따른 사회적 역할 붕괴를 보여 준다.
- **치료:** 다른 척도가 현저하게 상승하지 않는다면 집중적인 물질 남용 치료가 적합하다. 다른 프로파일이 상승한다면 치료 과정이 보다 복잡할 것이고 치료 표적도 복합적일 것이다.
- 비교적 흔한 프로파일로, 임상 표본의 9.0%가 관찰되었으며, 물질 치료를 받는 내담자의 약 25%가 이 프로파일에 해당한다.
- 물질 남용 진단 외에 반사회적 성격장애와 양극성 장애와의 관련성도 높다.

TEST YOURSELF

1. PAI 척도쌍 상승이란 무엇인가?
   ㉮ 가장 높이 상승한 2개의 PAI 척도
   ㉯ *T* 점수가 70 이상으로 가장 많이 상승한 2개의 PAI 척도
   ㉰ 서로 다른 척도 간의 차이 점수
   ㉱ 가장 높이 상승한 임상 척도와 치료고려 척도

2. 척도쌍 상승이 되려면 세 번째로 높은 척도와 몇 점 차이가 나야 하는가?
   ㉮ 2점 ㉯ 5점 ㉰ 10점 ㉱ 15점

3. 다음 중 드문 척도쌍 상승 형태는 무엇인가?
   ㉮ *SOM-DEP* ㉯ *ANX-BOR* ㉰ *ANX-ANT* ㉱ *ANT-DRG*

4. 동일한 척도쌍 상승 형태를 보이는 수검자라고 하더라도 상승한 척도의 하위 척도 형태가 다를 경우 상당히 다른 성격 특성을 보일 수 있다. 예/아니요

5. PAI의 척도쌍 상승 형태는 모두 몇 개인가?

정답 1. ㉯ 2. ㉯ 3. ㉰ 4. 예 5. 55개

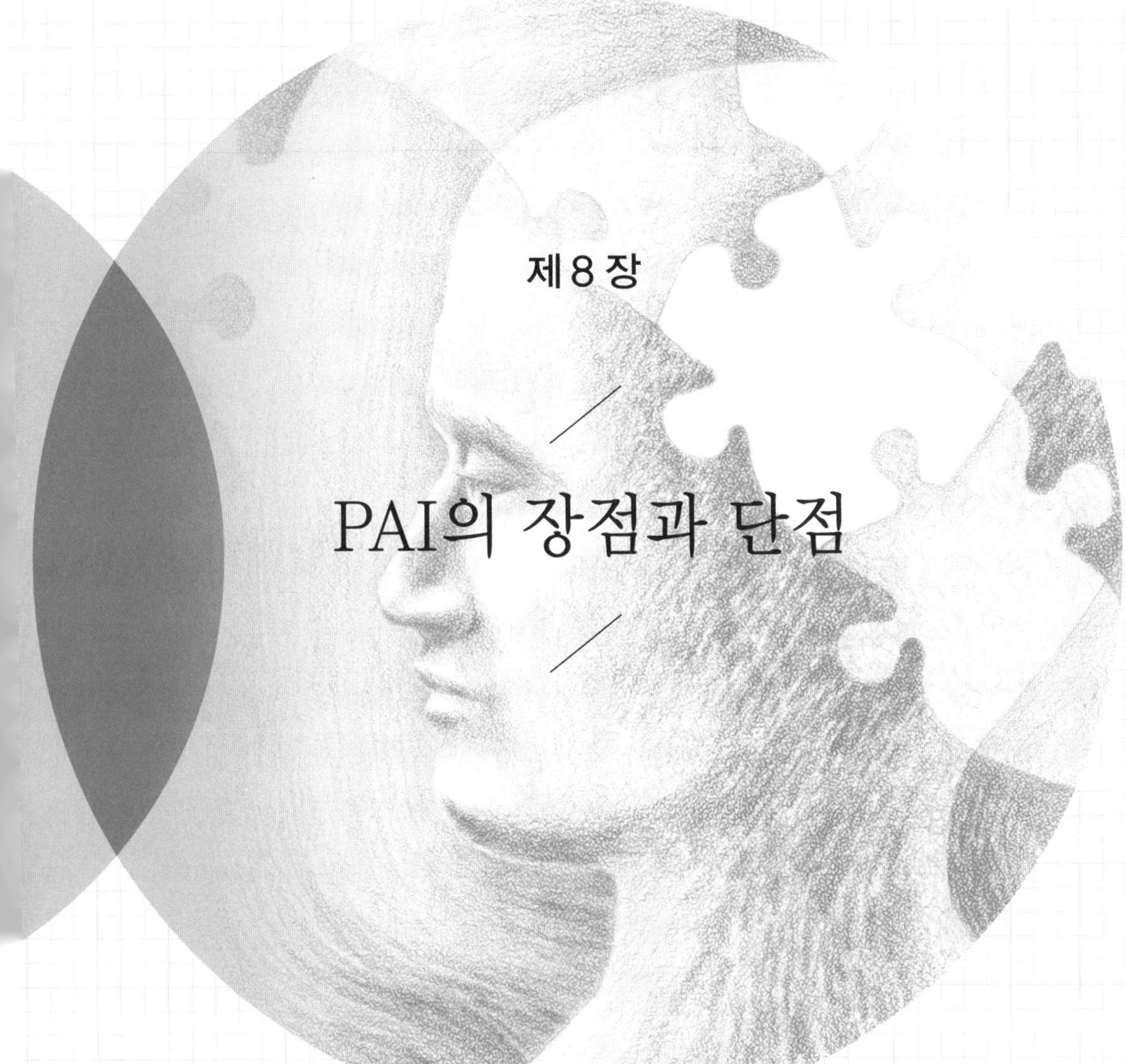

제8장

PAI의 장점과 단점

Essentials of

PAI

Assessment

제8장

PAI의 장점과 단점

PAI의 장단점은 PAI 결과가 어떤 기능을 수행하는가에 따라 다소 차이가 있다. 동일한 장면에서도 서로 다른 질문에 대한 답을 제시할 때의 유용성이 달라진다. 예를 들면, 신경심리학적 평가를 실시하는 상담 장면에서 PAI를 사용하는 경우를 생각해 보자. PAI 결과는 뇌손상 부위를 식별하는 데에는 유용하지 않지만, 신경학적 증상에 동반되는 정서적 · 정신과적 상태를 구분하여 감별 진단에 필요한 정보를 제공할 수 있다.

이 장에서는 정신건강 장면과 같이 전형적으로 PAI를 사용하는 장면에서 경험할 수 있는 PAI의 핵심적인 장점과 단점에 대해 살펴본다. 〈빠른 참조 8-1〉은 PAI의 장단점을 요약하여 보여 준다.

빠른 참조 8-1

PAI의 장단점	
장점	단점
• 다양한 임상적 맥락 간의 관련성 • 실시 및 채점의 용이성 • 서로 다른 규범 참조 • 비용 효과성 • 프로파일 해석의 용이성 • 프로토콜 타당성에 대한 다중 평가 • 현대 이론 및 실제와의 조화	• 인상 관리와 심리적 통찰 부족에 대한 취약성 • 해리성 장애, 섭식장애와 같이 다양한 임상 증후군에 대한 내용 포괄성의 제한점 • 새로운 적용에 대한 부가적 연구와 기존 전략에 대한 교차타당화 필요

장점

진단군 간의 관련성

PAI는 광범위한 임상적 상태와 관련된 다수의 척도를 포함하므로 서로 다른 중요 영역에 걸쳐 나타나는 내담자의 문제 및 자산에 관한 정보를 얻을 수 있다. 진단적 목적에서 살펴보면 서로 다른 표적 집단에 따라 검사의 유용성은 달라질 것이다. 예를 들면, PAI를 통해 섭식장애 또는 신경심리학적 손상과 관련된 정보를 얻기는 어려울 것이다. 하지만 PAI를 활용하여 폭넓은 증상을 포착할 수 있고, 이는 각 집단의 임상적 평가와 관련된 유용한 정보를 제공할 수 있다. 이런 정보를 통해 ① 우울증, 불안, 분노 등 각 진단군과 관련 있는 잠재된 문제를 탐지할 수 있고, ② 우울, 정신과적 증상, 물질 남용, 성격장애 등 문제의 심각성에 따라 집단을 구분하는 것처럼 분류 기준을 제시하여 진단 집단 분류의 동질성을 증가시킬 수 있다.

PAI는 개발 초기부터 다양한 용도로 광범위하게 적용될 수 있도록 제작되었다. 치료 전 척도로서 서로 다른 영역의 기능에 관한 종합적인 평가를 제공하고, 진단과 치료적 결정에 결정적인 정보를 제공한다. 치료고려 척도는 진단적 정보와 별개로 자살 또는 폭력적 행동 등 잠재된 즉각적인 위기에 대한 정보를 제공하기 때문에 입원치료 또는 외래치료 등의 치료 강도를 결정할 수 있을 뿐만 아니라 치료에 대한 내담자의 동기, 순응 정도와 관련한 정보도 제공한다. 또한 환경적 스트레스와 사회적 지지 수준을 평가하는 척도는 내담자의 주 호소에 영향을 줄 수 있는 특정 환경 및 치료 이후 재발의 위험 정도를 결정하는 데 의미 있는 자료를 제공한다.

실시 및 채점의 용이성

PAI는 대부분의 장면에서 간단하게 실시할 수 있다. PAI는 자기보고식 지필형 검사이고, 컴퓨터형 검사도 있다. 4학년 읽기 수준이면 실시할 수 있는데, 이는 대부분의 지필형 검사에서 요구되는 교육 수준 중 가장 낮은 수준이다(Schinka & Borum, 1993). 컴퓨터 채점을 할 수 있지만, 채점판 없이도 일반인이라면 10분 이내로 수채점이 가능하다. 영어권, 스페인어권 내담자를 대상으로 하는 검사지를 판매하고 있고, 그 밖에 다양한 언어로 번역되어 사용하고 있다.

객관적인 표준 규준

PAI는 내담자의 프로파일을 대조할 수 있는 다양한 규준을 겸비하고 있다. *T* 점수는 인구통계학적 기준에 따라 계층 표집된 표본에 맞춰 제작되었다. 지침서(Morey, 1991)에 임상 표본, 대학생, 아프리카계 미국인 및 고령 표본 등의 부가적인 규준이 있다. 공공안전 관련 직무를 수행하는 사람들의 프로파일과 관련된 대규모 데이터베이스도 있다(Roberts et al., 2000). 그뿐 아니라 해석적 지침(Morey, 1996)과 검사 지침서(Morey, 1991)에는 다양한 진단 집단과 평가 집단의 평균 프로파일도 제시되어 있다.

심리측정학적 적절성

PAI의 심리측정학적 특징은 대표적인 강점이다. PAI는 신뢰성이 매우 양호하다. 따라서 표준오차가 낮아서 치료에 따른 미묘한 변화도 신뢰성 있게 감지할 수 있다. 타당도의 경우 모의실험 연구뿐만 아니라 치료와 관련된 변화를 평가하기 위해 광범위하게 사용하는 다양한 자기보고형 도구(예: Beck 우울 척도, 상태-특성 불안 척도)와 임상가가 평정하는 도구(예: Hamilton 우울증 평정도구, 간이 정신병리 평정 척도[BPRS])와의 상관을 통해 입증하였다.

비용 효과성

PAI 실시 비용은 상당히 적다. 자기보고형 도구이므로 실시나 채점에서 전문가가 관여해야 하는 비중이 낮다. 수채점은 10분 이내로 가능하고, 컴퓨터 채점은 무한정 가능하며, 1회 비용만 지불하면 해석 프로그램도 사용할 수 있다. 또한 9장에서 논의하겠지만, PAI 선별 도구인 성격평가선별도구(Personality Assessment Screener, PAS; Morey, 1997)는 5분 이내에 실시할 수 있다. PAS는 전체 PAI를 실시했을 때 다양한 문제가 지적될 가능성을 추정한다. PAS와 PAI를 결합할 경우 상당히 효율적인 일련의 평가 과정이 마련되므로 임상가와 내담자는 최소한의 시간을 투자할 수 있다.

해석의 용이성

대부분의 전문가는 PAI의 척도명과 채점 절차를 쉽게 이해할 수 있다. *DEP*, *ANX* 등 PAI의 척도명은 각 척도에 포함된 질문 내용을 직접적으로 기술한 것이다. 공존타당도는 각 척도가 측정하고자 하고, 척도명이 의미하는 구성개념을 적절히 측정한다는 것을 지지한다. 전문가라면 선형 *T* 점수를 쉽게 해석할 수 있고, 비전문가와 의사소통하기 위해 서로 다른 다양한 집단, 예컨대 인구학적 자료에 따른 계층 표본, 임상 표본, 다양한 인구학적 변인군 및 진단군의 규준 점수와 대조시켜 백분위 점수로 나타낼 수 있어야 한다. 때때로 PAI를 통해 다차원을 평가하여 내담자에 관한 다소 복잡한 그림이 그려지기는 하지만, 이러한 자료를 프로파일로 제시한다면 내담자도 쉽게 이해할 수 있을 것이다.

특히 PAI는 개발 단계부터 변별타당도에 초점을 맞췄기 때문에 해석을 쉽게 할 수 있다. 정신병리 척도를 해석하기가 어려운 것은 변별타당도가 적절치 않기 때문이다. 심리측정학적 속성이 명확하지 않은 경우 많은 문항이 서로 다른 구성개념을 중복 평가하는 결과가 초래된다. 조현병을 측정하기 위해 구성된 척도에 조현병이 아닌 다른 요소를 평가하는 문항이 포함되어 있다면 이 척도를 해석하기가 어려울 것이다. 따라서 PAI는 변별타당도가 낮은 다른 도구보다 훨씬 쉽게 해석할 수 있다. 게다가 컴퓨터로 출력되는 PAI 보고서와 그래프로 제시되는 프로파일에 대한 자세한 정보는 PAI 해석의 신뢰성을 확보할 수 있도록 도와준다.

프로토콜 타당도 평가

PAI에는 내담자가 제공하는 정보의 질적 수준을 결정하는 몇몇 전략이 있다. 임상가는 이런 지표들을 이용하여 수검자의 읽기 및 독해력 수준, 유용한 정보를 제공할 수 있는 능력, 내담자가 긍정 왜곡 또는 부정 왜곡을 하도록 영향을 줄 수 있는 요인에 관한 정보를 결정할 수 있다. 타당도 연구에서 각각 입증된 개념적 접근과 실제적 접근을 결합시켜서 잠재된 왜곡의 본질을 파악할 수 있다.

임상적 이론 및 실제와의 조화

PAI를 구성하는 각 척도는 현존하는 이론과 척도가 측정하고자 하는 각 구성개념과 관련한 경험적 연구를 체계적으로 살펴보면서 개발한 것이다. 연구를 통해 입증된 핵심적인 이론적 요소를 척도 구성에 포함시켰고, 이 요소들은 서로 다른 이론에 근거해서 구성한 것이다. 예를 들면, 인지적 우울(*DEP-C*), 경계선 성격장애의 정체성 문제(*BOR-I*), 반사회적 성격장애의 자극 추구(*ANT-S*)를 각 척도에 포함시켰다. 따라서 PAI는 하나의 이론적 접근을 채택하여 서로 다른 장애에 적용하는 것이 아니라 경험적 연구 결과 특정 장애와 관련 있는 것으로 밝혀진 이론적 요소들을 탐지할 수 있도록 구성하였다. 이와 같은 기초는 치료 계획을 수립할 수 있는 근간이 된다. 예를 들어, 인지치료를 통해 우울증을 치료하고자 할 때 내담자의 귀인 체계에서 대안을 선택하도록 하면 다른 우울 증상에 영향을 줄 것으로 가정한다. 이와 같은 치료에 따라 기대되는 변화 양상은 PAI를 반복 실시하여 확인할 수 있다. 초기에는 *DEP-C*에서 변화를 발견할 수 있을 것이고, 치료 과정이 진행됨에 따라 후기에 *DEP-A*와 *DEP-P*에서 변화를 관찰할 수 있을 것이다. 이와 마찬가지로, 대인관계적 신뢰를 형성하고자 할 때 개인적 고통을 경험할 수도 있는데, 이에 따라 *PAR*과 *ANX*가 일시적으로 변화할 수 있다.

단점

자기보고형 질문지의 제한점

PAI의 단점들은 대부분 자기보고형 질문지 고유의 제한점들이다. 예를 들면, 자기보고 기법은 20여 년 전부터 인상관리에 대한 취약성 때문에 비판이 제기되었다. PAI는 문항 내용을 중시하여 개발하였고, 따라서 정신병리에 관한 명확한 지표가 될 수 있는 문항들을 포함한다. 이 전략은 특정 척도의 상승이 의미하는 것을 명확하게 알 수 있도록 하는 반면 검사 결과를 의도적으로 조작할 수 있다는 의미이기도 하다. 수많은 모의실험 연구 결과, 조작에 대한 대가를 통해 PAI 임상 척도가 쉽게 영향을 받는다는 것도 입증되었다. PAI는 이와 같은 조작을 효과적으로 정확하게 탐지할 수 있는 지표들을 포함하지만, 검사 자체를 통해 조작 이면의 의미를 해석하기는 어렵다. 조작이 의심될 경우 해석자는 조작을 하지 않을 가족이나 친지의 보고 등 부가적인 자료를 확인해야 한다.

제한적인 내용 포괄성

PAI의 또 다른 약점은 PAI에 포함된 임상 증후군의 포괄성(coverage)이 제한적이라는 점이다. 예를 들면, PAI를 통해 섭식장애, 성적 역기능, 해리성 장애와 관련된 정보를 얻기는 어렵다. 또한 9장에서 언급하겠지만, PAI는 임상적 도구이기 때문에 정상적인 성격 개념을 충분히 다루지 못한다. 끝으로, PAI는 성인에게 나타날 수 있는 임상 증후군을 다루는 도구라는 점이다. 따라서 18세 이하에게 적용하기 위한 규준 자료가 없고, 성인에게 적합한 질문으로 구성되어 있기 때문에 청소년에게 적절하지 않다. 이런 경우 청소년용 성격평가질문지(PAI-A)를 사용해야 한다

향후 연구 과제

심리검사 개발은 검사나 그 지침서가 출판되었다고 끝나는 것이 아니라 지속되는 과정이다. 검사 출판은 단지 개발 과정의 출발에 불과하다. 다수의 PAI 장점은 검사가 개발된 초기부터 진행한 연구 결과에서 비롯된 것이다. 심리학적 평가의 역사에서 PAI는 이제 청소년기에 해당하는 것 같다. 잠재력을 분명히 확인했지만 여전히 성장해야 할 부분이 있다. 다수의 척도, 지표 및 PAI 문헌에 근거한 해석적 전략에 관한 교차타당화 작업이 필요하다. 예를 들면, PAI 자료를 이용한 정신장애에 대한 감별 진단에 관한 연구를 정교화할 필요가 있을 것이다.

TEST YOURSELF

1. 다음 중 PAI의 장점이 아닌 것은 무엇인가?
   ㉮ 비용 효과성
   ㉯ 대조 가능한 객관적 규준
   ㉰ 임상적 이론 및 연구와의 조화
   ㉱ 해리성 장애에 대한 감별 진단

2. 다음 중 옳은 것은?
   ㉮ PAI는 섭식장애 환자에 대한 임상적 유용성이 낮다.
   ㉯ PAI는 섭식장애 진단에 유용성이 낮다.
   ㉰ PAI는 섭식장애 척도를 포함한다.
   ㉱ PAI는 폭식은 진단할 수 있지만 식욕부진을 진단할 수 없다.

3. 개발 단계에서 변별타당도를 강조했기 때문에 PAI는 변별타당도가 낮은 다른 도구에 비해 해석이 쉽다. 예/아니요

4. PAI 문항의 내용 편향에 의해 정신건강 상태를 쉽게 조작할 수 있다. 예/아니요

5. PAI 지침서에는 13~17세 청소년의 규준도 포함되어 있다. 예/아니요

6. PAI는 정상적 성격를 평가하는 척도인가?

정답 1. ㉱ 2. ㉯ 3. 예 4. 예 5. 거짓 6. 정상적인 성격 개념과 관련성은 있지만 주로 임상적 척도로 사용된다.

제 9 장

PAI의 임상적 응용

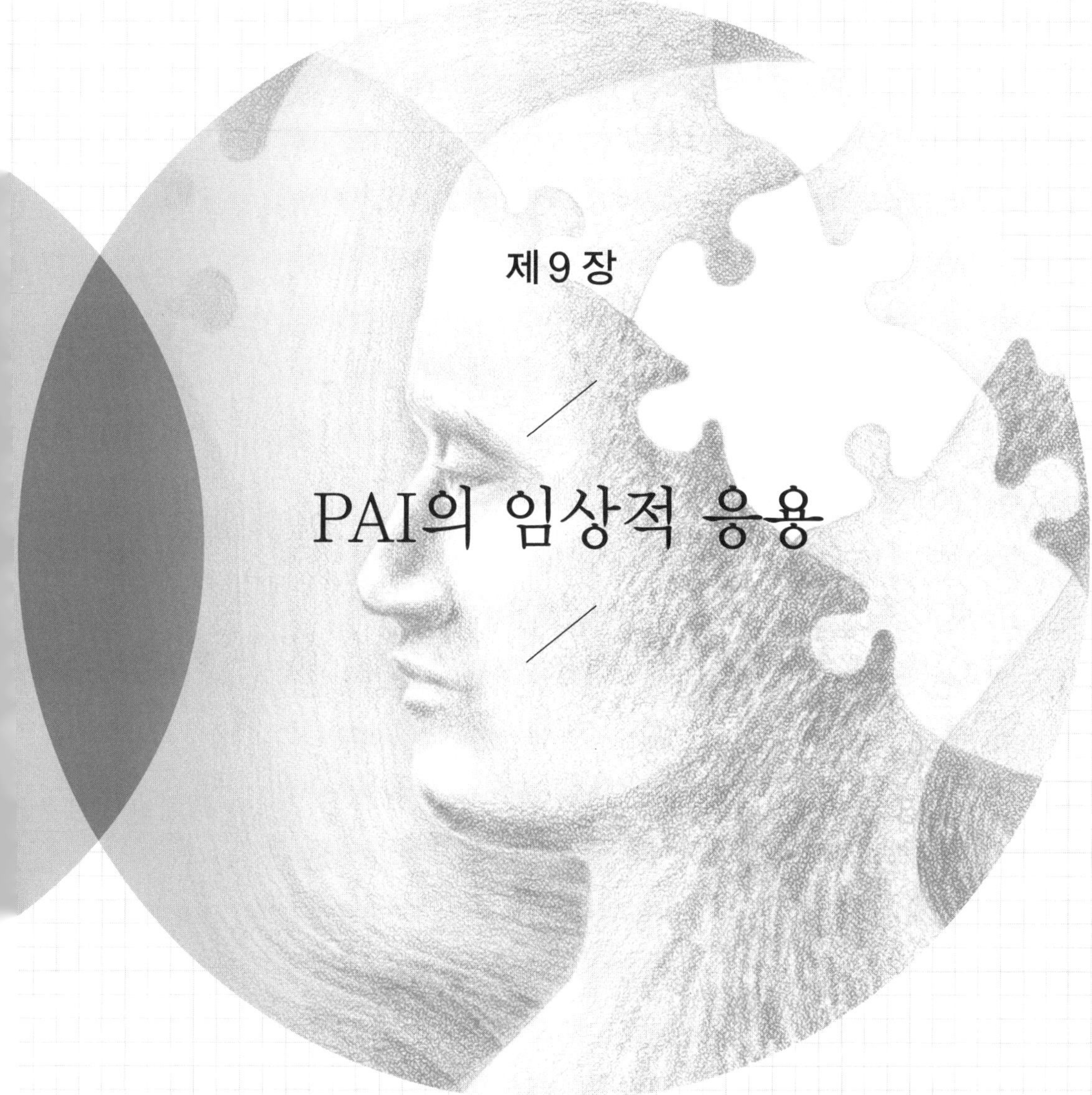

Essentials of

PAI

Assessment

제9장

PAI의 임상적 응용

PAI는 특정 평가 장면뿐만 아니라 일반적인 집단을 대상으로 임상적 구성개념과 성격 구성개념을 평가할 수 있다. PAI는 흔히 정신건강 서비스를 제공하는 입원 및 외래 장면을 찾는 개인의 임상적 평가를 위해 사용된다. 그러나 PAI는 그 밖의 다양한 장면에도 적용된다. 법 집행 공무원(Roberts et al., 2000)과 같이 민감한 직종의 인사 선발 과정에서 PAI를 실시하기도 한다. 또한 교정, 유능성 평가, 개인적 손해배상 요구, 범죄 책임 등 법정 장면에서도 널리 사용된다(Edens et al., 2001). PAI는 신경심리학적 결정 및 일반적인 치료적 의사결정을 하는 과정에서 성격과 임상적 문제를 평가하는 데도 사용될 수 있다(예: Haley, Kurt, & Hom, 1997). 이 책에서 이러한 상이한 주제들에 대해 상세하게 언급하기는 어렵다. 그렇지만 검사자들에게 설명하는 PAI의 기본적인 문제들은 서로 다른 장면에서도 동일하게 적용된다. 다음은 PAI를 적용하는 중요한 여섯 가지 영역이다.

- 임상적 선별

- 진단
- 정상적인 성격 특성
- 자살
- 폭력
- 치료 계획

임상적 선별

PAI는 다양한 장면에서 정서적 · 심리적 문제들을 선별하는 데 효율적이다. 왜냐하면 최소한의 전문적 감독하에서 실시와 채점이 이뤄지고, 비교적 짧은 시간 내에 상당한 임상적 정보를 제공하는 비용 대비 효과적인 전략이기 때문이다. 그렇지만 때때로 보다 빠른 시간 안에 정신건강과 관련한 선별 기능이 필요할 때가 있다. 예를 들면, 많은 수검자 중 발생률이 상당히 낮은 정신건강 문제가 있는 수검자를 선별해야 한다면 계열적 선별 전략(sequential screening strategy)을 적용하여 효율적으로 평가할 수 있을 것이다. 이런 선별 전략에서는 매우 간단하고 민감하면서 다양한 문제를 선별할 수 있는 선별 도구를 우선 실시하고, 이 선별 도구에서 선별되면 임상 문제에 대한 깊이 있는 평가를 실시하게 된다. 내과 환자 또는 고용지원 프로그램 등 대상자가 많으면서 정신건강 문제의 발생률은 낮은 장면이라면, 이와 같은 일련의 선별 전략을 통해 심층적 정신건강 평가가 필요한 대상자를 효율적으로 선별할 수 있을 것이다.

이런 전략을 위해 Morey(1997)는 PAS(〈빠른 참조 9-1〉을 보라)를 개발하였다. PAS는 22개 PAI 문항으로 구성되어 있고, 다양한 임상적 문제를 빠르게 선별하기 위해 제작한 것이다. 22개의 PAS 문항들은 총점과 10개의

빠른 참조 9-1

성격평가선별도구(Personality Assessment Screener, PAS)	
저자	Leslie C. Morey
출판 연도	1997년
저작권	Psychological Assessment Resources
측정 내용	정신건강 문제에 대한 간단한 선별
실시 가능 연령	18세 이상
소요 시간	3~5분
검사자의 자격	전문대 이상 심리학과, 상담이나 심리평가 또는 이와 관련된 영역의 학사학위 이상을 취득하고, 심리평가 또는 관련 교육을 이수해야 한다. 심리검사를 윤리에 맞고 유능하게 사용할 수 있는 적절한 경험과 수련을 요구하는 기관에서 면허 또는 자격증을 취득한 자
출판사	Psychological Assessment Resources(PAR) 16204 N. Florida Avenue Lutz, FL 33549 (800) 331-8378

서로 다른 임상 문제 영역을 반영하는 10개의 요소 점수로 채점할 수 있다. 〈빠른 참조 9-2〉는 이 요소들에 대해 간략히 설명한 것이다. PAS는 PAI가 측정하는 광범위한 임상적 문제에 가장 민감한 문항들을 찾아낸 구조틀을 활용해서 제작되었다. 문항 민감도와 내용 포괄성의 폭에 초점을 맞춘 접근이다. 10개의 PAS 요인은 PAI를 요인 분석한 결과를 근거로 선정된 것이고, PAI에 포함된 주된 영역을 대표할 수 있다. 10개의 요소는 서로 다른 요인분석법, 서로 다른 표본에서 문항 수준, 척도 수준의 분석에서 신뢰성 있게 확인되었다. 각각의 요소들은 중요한 정신장애 개념과 명확하게 관련되어 있고, 현재 임상적 실제에서 상당히 중요하다.

PAI가 규준 T 점수를 사용한 것과 달리 PAS와 요소는 p 점수로 알려진 새로운 변환 점수를 적용하였다. p 점수는 수검자가 PAI를 시행했을 경

빠른 참조 9-2

PAS 점수에 대한 간단 요약
총점: 임상적 중요성이 있는 정서적 · 행동적 문제와 추후 평가의 필요성을 평가한다.
부정적 정서(negative affect: NA): 개인의 불편감과 불행감과 두려움
행동화(acting-out: AO): 충동성, 감각 추구, 약물 사용과 관련이 있는 행동 문제
건강 문제(health problems: HP): 신체적 호소와 건강 염려
정신병적 특징(psychotic features: PF): 망상적 사고를 포함한 정신병적 증상의 위험
사회적 철수(social withdrawal: SW): 사회적 이탈과 친밀한 관계에서의 불편감
적대적 통제(hostile sontrol: HC): 통제 욕구가 강하고 자아상이 고양된 대인관계적 특성
소원감(alientation: AN): 지지적 관계가 없고, 관계에 대한 불신과 무관심
음주 문제(alcohol problems: AP): 알코올 사용 및 남용과 관련이 있는 부정적 결과
분노 통제(anger control: AC): 분노 관리의 문제

우 문제시될 만한 프로토콜이 지적될 확률을 추정하는 것이다. PAS의 *p* 점수가 50일 경우 표준화 표본의 반은 문제시될 PAI 프로파일을 보이고, 나머지는 정상 범위 내의 PAI 프로파일이라는 것을 시사한다. 결과적으로, *p* 점수 50은 전체 표본에서의 평균 점수를 나타내는 것이 아니라 PAI 프로파일에서 임상적 문제가 나타날 확률이 50:50이라는 의미다. 따라서 PAS *p* 점수가 50 이상이면 수검자가 임상적으로 유의한 문제를 보일 확률이 있다는 의미다. 이 점수는 PAI 표준화 표본에서 임상 표본과 일반성인 표본을 무작위로 추출한 2,631명을 대상으로 분석한 것이다.

PAS에서 수검자의 점수가 높은 경우는 대부분의 사람보다 임상적 문제를 경험하는 빈도와 강도가 더 높다고 보고하는 것이다. PAS에서 나타난 특성의 강도가 정상 범위 또는 임상적 문제를 보이는 PAI 프로파일 중 어느 것과 더 유사한지에 따라 해석한다. 보통 PAS 점수는 정상 범위의 프로파일보다 상승한 PAI 프로파일을 반영할 때 더 상승하는 경향이 있고, 이럴 경우 *p* 점수가 50% 이상, 총점이 19점 이상 상승한다. Morey(1997)

에 따르면, 이 분할 점수를 통해 PAI에서 상승한 척도가 최소한 1개 이상인 수검자 중 84.7%(민감도), 상승한 척도가 하나도 없는 수검자 중 78.7%(특이도)를 정확하게 탐지했다. PAS 결과 임상적 문제가 지적되었다면 각 문제에 대해 차후 평가를 통해 자세하게 살펴봐야 한다.

중요

PAS *p* 점수는 PAI *T* 점수와 달리 PAI를 실시했을 때 문제가 있는 척도가 최소한 1개의 척도라도 지적될 확률을 의미한다.

PAS 총점이 45점 이상인 경우 *p* 점수는 99.88에 해당한다. 이럴 경우 정서적 · 행동적 문제가 매우 심각할 수 있고, 전형적인 임상 환자보다 더 심각할 수 있다. 추후 자기보고 평가를 실시할 경우 심각한 문제들이 지적될 가능성이 높고, 증상의 심각성을 고려할 때 추후 평가에서 꾀병 가능성도 면밀히 평가해야 한다. 점수가 24~44(*p* 점수 75~99.81) 범위일 경우 일반 성인보다 임상적으로 유의한 정서적 · 행동적 문제가 발생될 확률이 높고, 심층적인 추후 평가를 통해 임상적 문제가 지적될 수 있다. 이 범위일 경우 전형 도구 개발에 유용한 장면일 수 있다. 왜냐하면 선별 도구의 목적은 대규모의 수검자에게 모두 광범위한 평가를 실시하지 않고도 특정 문제가 있는 수검자를 가려내는 것이기 때문이다. PAS 원점수 24점 이상의 기준을 적용할 경우 문제가 없는 프로파일 중 95%를 선별할 수 있지만, 그와 동시에 문제가 있는 프로토콜의 1/3도 선별할 수 있다.

PAS 점수가 19~23(*p* 점수 50~74)인 경우 임상적으로 유의미한 정서적 · 행동적 문제가 잠재되어 있을 가능성을 시사하는 것이고, 보다 광범위한 추후 평가가 필요하다. 19점 이상인 경우 PAI 척도 중 최소한 1개가 상승할 가능성이 있다는 것을 시사하는 것이므로, 유용한 분할 점수가 될 수 있다. 하지만 분할 점수의 효율성과 활용 가능성은 *p* 점수의 적용 장면에 따라 달라진다. 전형 장면의 경우 민감도를 극대화하는 것이 바람직하다. 전형 도구를 통해 잠재된 문제를 탐지할 수 있도록 그 효율성을 극대화해야 하고, 특히 실제로 문제가 있는데 문제가 없다고 결론 내리는 것과 같은 오류 부정 결정(false negative)을 하는 것은 경제적으로 비효율적인 실수를 저지르는 것이다. 16점 이상의 기준을 적용하면 문제가 잠재된 프로토콜 중 최소한 90%를 선별하여 깊이 있는 추후 평가를 실시할 수 있지만, 이 분할 점수를 적용하더라도 문제가 없는 프로파일 중 61.3%를 선별한다. PAS의 점수가 13~15(*p* 점수 15~29) 범위일 경우 추후 평가를 하더라도 문제가 지적되는 경우는 많지 않을 것임을 시사한다. 12점 이하 기준을 적용하면 전형적인 일반 성인의 프로파일처럼 문제가 있는 프로파일이 지적될 확률은 낮아진다. 이 범위의 프로토콜에 대한 추후 평가를 실시할 경우 긍정 인상관리 가능성을 면밀하게 평가해야 한다.

PAS 총점 외에 10개의 요소 점수가 있는데, 각 요소는 서로 다른 정신건강 영역과 관련이 있는 문제를 평가하는 2~3개 문항으로 구성되어 있다. 이 요소들은 매우 간단하기 때문에 추후 평가를 위한 대략적인 지침으로서의 기능만 한다. 각 요소를 근거로 추후 특별한 평가가 필요한 내용에 초점을 두는 평가 도구를 결정할 수도 있다. 예를 들면, PAS의 정신병적 특징 요소(PF)는 피해적 사고를 포함하는 정신증적 현상의 지표로 구성되어 있다. PF 요소가 상승한 경우 평가자는 수검자의 사고 과정과 내용을 면밀하게 평가할 수 있는 추후 평가를 하고자 할 것이다.

자살 경향성 평가

자살의 잠재성에 대한 평가는 모든 임상 평가 중에서 가장 중요하면서도 어려운 과제 중의 하나다. 자살 잠재성을 평가하기 위한 출발점은 자살관념(*SUI*) 척도다. 6장에서 설명한 것처럼, *SUI*의 내용은 자살 사고 및 이와 관련한 행동과 직접적으로 관련이 있으며, 임상가는 *SUI*를 통해 자살 경향성에 대한 추가적인 평가와 개입의 필요성을 알 수 있다. 그렇지만 *SUI*는 임상 장면에서 흔히 상승하는 경향이 있다. 왜냐하면 정신건강과 관련된 치료를 받는 내담자의 경우 자살에 관한 생각들을 매우 흔히 할 수 있기 때문이다. *SUI*는 자살을 예언하기 위한 척도가 아니라 자살관념(suicidal ideation)을 평가하기 위한 척도이므로 자살 위험에 관한 결정을 내릴 경우 다른 부가적인 정보를 참고해야 한다.

Morey(1996)는 자살 경향성 평가를 위해 *SUI*가 상승했을 때 부가적인 해석을 돕기 위해 자살잠재성 지표(*SPI*; 〈빠른 참조 9-3〉을 보라)를 제작하였다. *SPI*는 자살할 위험 요인에 관한 연구에서 일치하는 20개의 PAI 프로파일로 구성되어 있다. 이런 요인에는 심각한 정신병적 불안, 충동 조절력 부족, 무망감 및 무가치감 등이 포함된다. *SPI*를 구성하는 20개의 특성 각각에 대한 구체적인 규칙은 Morey(1996)에 기술되어 있고, *SPI* 점수는 20개 항목 중 해당하는 항목의 수다. Morey(1996)에 따르면, *SPI* 문항을 요인 분석한 결과 4개 요인으로 구분된다. 1요인은 현저한 불안 및 우울증과 관련된 부적 정서 요인(예: *DEP*, *ANX*, *ARD*), 2요인은 불안정한

빠른 참조 9-3

자살잠재성 지표(*SPI*)	
출처	Morey(1996)
측정 내용	자살 위험 요인과 관련이 있는 서로 다른 21개의 척도 및 하위 척도 정보와 관련된 PAI 프로파일의 20개 형태적 특성
기술 통계치	일반 성인 표본의 평균 3.14(SD=3.22), 임상 표본의 평균 7.74(SD=5.30)
상관	*SPI*는 *BOR*, *DEP*, *ANX* 및 기타 우울지표, 의기소침의 지표와 상관이 높다. 전체 프로파일 상승 정도와의 상관도 높다. *NIM*과의 상관도 높고, 이는 부정적 프로파일 왜곡의 영향일 수도 있다.
해석	13점 이상은 자살 경향성과 관련된 위험 요인이 많다는 것을 시사하고, 18점 이상은 극단적인 위험 요인을 시사한다.

정서, 적개심, 대인관계 문제(예: *BOR, PAR, STR*), 3요인은 충동 통제력 부족과 물질 오용(예: *ANT, ALC, DRG*), 4요인은 무관심, 무감동, 철수(낮은 *MAN*, 낮은 *WRM*)와 관련이 있었다.

*SPI*는 현재 자살 위험의 상태와 자살관념에 대한 자기보고 척도를 포함하여 다른 자살관념 지표와의 상관이 높은 편이다(Morey, 1996). 이와 마찬가지로, Wang 등(1997)은 교정 장면 수용자를 대상으로 여러 가지의 자살 위험 평가 척도와 PAI 임상 척도 및 치료고려 척도 간의 상관을 분석하였다. 다양한 PAI 프로파일 요소가 이 지표들과 상관이 높았고, 자살 위험 평가와의 상관이 가장 높은 척도는 *SUI*(r=.45), *BOR*(r=.32), *DEP*(r=.29), *SPI*(r=.28)이었다. 분석 결과 *SPI* 점수는 서로 다른 위험 범주와도 상관이 있었다.

*SPI*가 13인 경우, 달리 말하면 20개의 항목 중 13개의 항목이 해당될 경우 PAI 임상 표준화 표본 평균보다 1 표준편차 상승한 점수이고, 일반 성인 규준 평균보다 3 표준편차 상승한 값이다. 이 범위에 해당할 경우 자살 행동을 취할 위험을 악화시키는 상황에 놓여 있을 수 있고, 면밀한 평가와 점검이 필요하다. Morey(1996)는 *SPI*와의 관계는 *NIM* 점수로 매개될 수 있고, 이는 *NIM* 점수가 정상 범위에 해당하는데 *SPI*가 상승한 경우 특별히 주의해야 한다는 것을 시사한다.

위험성에 대한 평가

PAI는 다양한 임상 장면에서 공격적 성향과 분노, 적개심에 대한 평가를 실시할 때 유용한 도구가 될 수 있다. PAI로 공격성을 평가하는 가장 중요한 출발점은 *AGG*이고, *ANT*와 *BOR*도 공격성을 평가하는 데 유용하다. 예를 들면, Wang 등(1997)은 교정 시설 내 정신과 입원병동의 수용자를 대상으로 공격적 행동을 평가하는 PAI의 유용성을 연구하였다. 이들은 외현적 공격성 척도(Overt Aggression Scale, OAS; Yudofsky, Silver, Jackson, Endicott, & Williams, 1986)와 PAI 척도 및 하위 척도, 폭력잠재성 지표(*VPI*; 〈빠른 참조 9-4〉를 보라) 간의 관계를 살펴보았다. OAS 총점 및 하위 척도와 *BOR, ANT* 및 *AGG* 간에 유의미한 상관이 지적되었다. 또한 *VPI* 점수를 기준으로 낮은 *VPI*와 높은 *VPI* 집단을 분류하여 점수를 비교한 결과 낮은 *VPI* 집단의 OAS 총점이 높은 *VPI* 집단에 비해 유의미하게 낮았다. 추후 연구에서 Wang과 Diamond(1999)는 정신질환이 있는 수용자의 경우 첫 2개월 동안의 시설 내 공격성을 예측하는 데 *ANT*의 세 가지 하위 척도가 유용하다는 것을 발견하였다. Morey(1991)에 따르면, 폭력 행사 전력이 있는 수검자의 프로파일은 다른 특징이 있다. 예를 들면, 이들은 *AGG* 점수가 *SUI* 점수보다 높다. 이런 형태는 임상 장면에서는 드문 것으로, 분노가 내부보다는 외부로 향한다는 것을 시사하는 것이다. 마찬가지로 *DOM*과 *WRM* 간의 관계에서도 하향 곡선 관계를 발견할 수 있다.

빠른 참조 9-4

폭력잠재성 지표(*VPI*)	
출처	Morey(1996)
측정 내용	폭력 위험 요인과 관련이 있는 서로 다른 24개의 척도 및 하위 척도 정보와 관련된 PAI 프로파일의 20개 형태적 특성
기술 통계치	일반 성인 표본의 평균 1.58(SD=2.18), 임상 표본의 평균 4.40(SD=3.98)
상관	*VPI*는 *BOR, ANT, AGG-P*, 반사회적 행동 및 태도의 지표와 상관이 가장 높다. 프로파일 상승과의 상관이 높고 *NIM*과의 상관도 높기 때문에 부정적 프로파일 왜곡의 영향을 받을 수 있다.
해석	9점 이상은 폭력에 대한 위험 요인이 많다는 것을 시사하고, 17점 이상은 위험 요인의 형태가 극단적이라는 것을 시사한다.

이들은 적대적인 수단을 통해 관계를 통제하려고 한다. *MAN-G* 점수는 평균 이상 상승하는 경향이 있고, 이는 임상 집단에서는 쉽게 지적되지 않는 특징이다. 이 프로파일에서는 사회적 관계에서의 실패와 불편감(*BOR-N*, *SCZ-S*) 및 학대 경험(*ARD-T*)이 두드러질 수 있다.

위험 평가 과정에서 단일 척도만을 사용하는 것을 보충하기 위해 *VPI*를 제작하였다(Morey, 1996). 이 지표는 폭력에 관한 위험을 예측하는 데 사용할 수 있는 정보와 일치하는 20개의 프로파일 특징들이다. 예를 들면, 분노의 폭발적 표현, 감각 추구, 물질 남용 및 충동성 등이 포함된다. 20개 형태 각각에 대한 구체적인 규칙들이 Morey(1996)에 기술되어 있고, *SPI*와 마찬가지로 *VPI* 점수는 20개 항목 중 해당하는 항목의 개수다. Morey(1996)에 따르면, 위험성과 관련된 문제가 있는 환자 표본의 *VPI*는 전체 임상 표본뿐만 아니라 일반 성인 집단보다 상승했다. *VPI*는 MMPI의 적대감 및 판단 저하와 관련된 지표들과 상관이 있고, Hare(1985)의 자기 보고형 정신병질적 특성, 그리고 구조화된 면접을 통한 반사회적 성격장애 진단(Morey, 1996; Edens, Hart, Johnson, Johnson, & Olver, 2000)과도 상관이 있었다. Wang 등(1997)은 *VPI* 점수에 따라 수용자 집단을 구분하였고, 낮은 *VPI* 집단의 OAS 총점이 높은 VPI 집단보다 낮았다고 보고하였다.

*VPI*가 9점, 즉 *VPI* 항목 중 9개가 해당할 경우 표준화 임상 표본의 평균보다 1 표준편차 상승한 값이고, 17점은 2 표준편차 상승한 값이다. 이 범위에 해당하면 각각 폭력적 행동의 위험이 중간 정도이고 현저하다는 것을 시사한다. *AGG*가 동시에 상승하면 위험성과 관련된 과거력과 성격적 요인을 살펴봐야 하고 폭력 잠재성에 대해서도 평가해야 한다.

진단

5장에서 언급하였듯이, PAI를 사용하여 진단에 관한 가설을 설정하는 방법은 다양하다. 이러한 방법들은 대부분 프로파일의 형태를 근거로 가설을 설정한다. 여기서는 서로 다른 진단군과 관련된 척도에 대해 간략하게 살펴볼 것이다. 척도와 관련된 정보를 통합하는 구체적인 절차는 Morey(1996)에 더 상세하게 제시되어 있다.

우울증 및 관련 장애

우울장애가 의심될 경우 *DEP*는 우울증을 진단하는 가장 분명한 근거로 볼 수 있다. 방어적 수검 태도로 프로파일이 왜곡되지 않고 *DEP*가 상승하지 않을 경우 우울장애로 진단하기는 어려울 것이다. PAI의 다른 척도와의 관계를 통해 서로 다른 우울증 형태를 판별할 수 있다. 우울증이 적응 반응에 따른 정서적 요소에 해당될 경우 *STR*이 현저하게 상승할 것이고, *DEP, ANX* 및 *ARD*도 부가적으로 상승할 것이다. 이런 프로파일에도 *MAN-G*의 *T* 점수가 50일 수 있는데, 이는 환경적 방해에도 불구하고 자존감이 온전히 유지된다는 것을 시사한다. 기분부전장애처럼 보다 만성적인 경과를 보일 경우 *STR*보다 *DEP*가 더 상승한다. *SUI*와 *BOR*도 *DEP*만큼 상승하지만, 이들은 *DEP-P*가 반영하는 우울증의 생리적 증상은 보이지 않기 때문에 주요우울 삽화의 준거에는 부합되지 않다. 주요우울 삽화의 경우 *DEP*의 세 가지 하위 척도가 모두 상승하고 *SUI*도 동반 상승한다. 이들은 인지적 비효율성(*SCZ-T*)뿐만 아니라 사회적 철수와 무감동(*SCZ-S*)한 측면들이 현저하여 *SCZ*가 두 번째로 높이 상승한 척도일 수 있다. 끝으로, 심각한 우울 삽화의 경우 공통적으로 *MAN-G*와 *MAN-A*의 *T* 점수가 40 이하로 낮은 경향이 있다.

불안장애

거의 모든 임상 장애는 불안을 공유하고 있다. PAI 개별 척도 중 *ANX*와 *ARD*가 이러한 상태에 관한 결정적인 정보가 될 수 있다. *ANX*는 상이한 임상적 상태에서 뚜렷하게 나타나는 비특정적인 전반적 불안을 측정하는 척도다. 반면 *ARD*는 보다 구체적인 불안 상태와 관련한 행동에 대한 정보가 될 수 있다. 이 척도들 및 이와 관련된 다른 척도들은 특정한 불안과 관련된 상태에 대한 시사점을 제공할 수 있다. 공포증의 경우 *ARD-P*가 공포증적 회피 반응과 직접 관련이 있는 내용으로 구성되어 있고, *ANX-A* 또는 *ANX-C*가 공포증과 관련된 불편을 반영한다. 사회공포증의 경우는 *WRM*이 낮고 *SCZ-S*가 높을 것이다. 공황발작은 대체로 생리적 성격이 강하다. 따라서 *ANX-P*가 공황발작의 성격을 밝히는 데 매우 유용할 수 있는데, 이는 다양한 공황 증상에 대해 직접적으로 묻는 문항으로 구성되어 있기 때문이다. *ANX-P*가 현저하게 상승할 경우 공황장애를 시사하는 것일 수 있다. 어떤 환자는 공황발작이 생명을 위협하는 심장 상태나 간질 발작을 지적하는 것이라는 생각 때문에 두려워하기도 한다. 이런 두려움이 있을 경우 *SOM-H*가 상승하는 경우도 있다. 이들은 새롭고 예측할 수 없는 상황을 회피하기 때문에 *ANT-S*가 평균보다 낮은 경향이 있다. 강박장애 환자의 PAI 프로파일의 가장 큰 특징은 *ARD-O*가 상승하는 것이다. 하지만 강박장애는 불안이 뚜렷한 불편의 원인이기 때문에 전형적으로 *ANX*가 상승할 수 있다. 특히 *ANX-C*는 강박적인 사람의 반추적 사고와 걱정을 가장 잘 지적해 주는 척도다. 이들에게서는 *SOM*과 *DEP*가 상승할 수도 있다.

외상후 스트레스 장애(PTSD)는 외상적 스트레스 요인이 있는지를 직접적으로 질문하는 *ARD-T*가 현저하게 상승하는 것이 가장 두드러진 특징이다. 다양한 임상 집단의 *ARD-T T* 점수가 70 이상 상승하지만 PTSD 환자는 전형적으로 80 이상 상승한다. 그러나 ARD-T의 상승만 보고 PTSD라고 진단해서는 안 된다. 왜냐하면 PTSD에는 PAI의 다른 척도들로 평가할 수 있는 특징적인 증상들이 포함되어 있기 때문이다. 예를 들면, *DEP*의 세 가지 하위 척도는 자신의 경험과 관련된 고통스러운 죄책감(*DEP-C*), 외상과 관련된 고통스러운 꿈을 반복해서 꾸기 때문에 발생되는 수면 장애(*DEP-P*), 중요한 활동에 대한 흥미 감소(*DEP-A*)를 반영하기 때문에 상승할 수 있다. PTSD의 다양한 다른 특징들도 PAI에 나타난다. DSM-IV에 포함된 PTSD의 증상인 신체적 불안 반응은 *ANX-P*, 다른 사람에 대한 거리감 및 소원감은 *SCZ-S*와 낮은 *WRM*, 지나친 경계는 *PAR-H*, 초조성은 *MAN-I*에 반영된다. 주의력 결함과 외상 사건에 대한 불명확한 회상 때문에 *SCZ-T*가 상승할 수 있다. 끝으로, *AGG*가 상승할 수도 있는데, 이는 분노 폭발을 반영하는 것일 수 있고, *AGG-A*와 *AGG-P*가 *AGG-V*보다 현저하게 상승하는 것이 전형적인 형태다.

신체형 장애

신체형 장애의 공통적인 특징은 의학적 문제를 시사하는 신체적 증상이 나타나지만 의학적으로 충분히 설명할 수 없는 신체적 증상이 있는 것이다. 어떤 자기보고형 검사를 사용하더라도 신체적 호소에 대한 기능적 장애와 기질적 장애를 정확하게 감별하기는 어렵다. PAI는 일반 환자 집단에 대한 정서적 상태를 평가하는 데 유용하다. 신체적 문제는 주로

*SOM*과 스트레스에 대한 신체적 반응을 반영하는 *ANX-P*와 *DEP-P*가 부가적으로 상승한다. 구체적인 신체형 장애에 따라 프로파일의 특징이 다르다. 신체화 장애는 모호하고 다양한 신체적 증상을 호소하는 것이다. *SOM-S*를 구성하는 문항들은 신체화 장애에서 모호하고 다양한 신체적 증상의 성격을 직접 반영하므로 이 하위 척도는 신체화 장애를 진단하는 출발점이 된다. 신체화 장애는 뚜렷한 우울과 불안이 공통적으로 나타나고, 이러한 정서 때문에 *DEP-A*와 *ANX-A*가 상승할 수 있다. 신체화 장애를 가진 사람들의 증상 행동이 만성화되므로 가족이나 친구들과의 갈등이나 미움을 살 수 있다. 이런 경향 때문에 *BOR-N*이나 *NON* 또는 이 두 척도 모두가 상승할 수 있다. 전환장애의 특징인 감각-운동 기능장애는 *SOM-C*가 직접 평가한다. 증상에 대한 무관심(la belle indifference)이 있을 경우 건강에 대한 관심을 지적하는 *SOM-H*보다 *DEP-A*가 상당히 낮을 수 있다. 전환장애의 의존성은 낮은 *DOM*과 *AGG*, 중간 정도 이상 상승한 *WRM*이 반영한다.

정신병적 장애

망상, 환각, 혼란스러운 행동, 현실에 대한 심각한 왜곡이 있거나 일상적 생활 기능을 심각하게 방해하는 심한 장애 등을 포함하는 정신증적 증상은 서로 다른 다양한 장애에 동반될 수 있다. 조현병의 급성기 동안 *SCZ*의 세 가지 하위 척도가 모두 상승할 것이다. 또한 비일상적인 신념의 내용에 따라서 서로 다른 특정 척도가 상승할 수도 있다. 예를 들면, 피해망상이 있을 경우 *PAR-P*가, 신체적 망상이 있을 경우 *SOM-C*가 상승할 수 있다. 급성기가 가라앉으면 프로파일이 전반적으로 덜 상승할 것이고, 세 가지 하위 척도 중 *SCZ-P*는 정상 범위에 가까워진다. 하지만 잔류기에

*SCZ-T*와 *SCZ-S*는 상승하고, 분열성 철수를 보일 경우 *DEP* 또는 *ANX*는 상승하지 않으면서 *SCZ-S*는 상승할 수 있다. 망상장애는 망상을 가장 잘 지적하는 *SCZ-P*가 다소 상승하면서 집착하는 성격을 지적하는 다른 척도가 동시에 상승할 가능성이 높다. 예를 들면, 피해망상은 *PAR-P*가, 과대망상은 *MAN-G*가, 신체망상은 *SOM-C*나 또는 *SOM-H*가 상승할 수 있다. 망상장애를 진단하려면 *SCZ-T*와 *SCZ-S*는 정상 범위에 있어야 한다는 점이 중요하다. 왜냐하면 망상장애의 경우 정서적 반응이나 인지 기능은 손상되지 않기 때문이다.

조증의 진단적 특징을 잘 지적해 주는 척도는 *MAN*이다. 즉, 언어 압박(pressured speech), 사고 비약, 여러 활동에 지나친 관여가 있을 경우 *MAN-A*가 상승할 수 있다. 과대성과 확대가 있을 경우 *MAN-G*가 상승할 수 있다. 기분의 불안정과 생활을 방해하면 과민한 반응과 갑작스럽게 초조해지는 경향이 있을 경우 *MAN-I*가 상승할 수 있다. 충동성, 억제력의 부족, 판단력 저하 등이 있을 경우 *BOR-S*와 *ANT-A*가 상승할 수 있다. 자신이 위대한 사람이 되려는 노력을 방해하는 어떤 힘이 있다고 느끼기 때문에 때로는 *PAR-P*가 상승할 수 있다. 대인관계 척도에서 *DOM*과 *WRM*은 평균 이상 상승할 수 있고, 문제의 성격과 심각성에 대한 통찰이 부족할 경우 *RXR*의 *T* 점수가 보통 50 이상 상승한다. 근거 없이 지나치게 낙관적인 경향이 있을 경우 *DEP-C*가 낮고, 이럴 경우 때때로 *DEP*가 약간 상승할 수 있는데, 이는 현재 기분이 아니라 환자의 과거 증상을 반영하는 것이다.

성격장애

성격장애라는 광범위한 범주에 포함되는 특징들은 서로 다양하지만,

성격장애 간의 공병률을 고려할 때 공통점이 많다. 공통적인 특성 중 성격이 전반적으로 미성숙하여 타인과의 공감적 관계를 형성하지 못한다는 점이 있다. 미성숙한 성격과 가장 가까운 조작적 정의는 *BOR*로 표현될 수 있고, *BOR*이 상승할수록 수검자의 주된 증상에 성격적 문제가 관여한다고 볼 수 있을 것이다. *BOR*은 거의 대부분의 성격장애에서 상승하지만 경계선 성격장애의 가장 주된 지표다. 경계선 성격장애 프로파일의 특징은 *DEP*(*DEP-P*보다 *DEP-C*와 *DEP-A*가 더 상승)와 *SUI*가 상승하는 것이다. 경계선 성격장애로 진단될 경우 과거의 외상적 스트레스(*ARD-T*), 현저한 불안(*ANX*), 충동적인 물질 남용(*ALC*와 *DRG*), 낮은 자존감(낮은 *MAN-G*), 전반적인 부정적 평가(*NIM* 상승) 등의 부가적인 특징도 지적된다. 끝으로, 열중 및 빠른 속도로 호전될 것이라는 비현실적인 기대 때문에 *RXR*이 극단적으로 낮을 수 있다.

PAI에서 반사회적 성격과 가장 직접적으로 관련된 척도는 행동화와 관련된 *ANT-A*와 공격성과 신체적 공격에 관한 *AGG-P*다. 정신병질의 개념에는 공감의 부족, 무모함이 포함되어 있고, 이런 측면은 각각 *ANT-E*와 *ANT-S*에서 나타날 수 있다. 반사회적 성격장애는 대부분 약물 남용과 관련이 있고, 따라서 *DRG*가 상승한다. *WRM*보다 *DOM*이 상당히 상승한 대인관계 척도군의 하향 기울기는 대인관계에서 반사회적 성격장애의 냉담하고 통제하려는 경향을 지적하는 것이다. 끝으로, 신경증적 증상이 나타날 것으로 기대되는 상황에서도 지적되지 않는 특징이 있다. 따라서 반사회적 성격장애의 경우 오른쪽에 위치한 임상 척도(*BOR, ANT, ALC, DRG*)가 왼쪽에 위치한 임상 척도(*SOM, ANX, ARD, DEP*)보다 상승하는 경향이 있다.

다른 성격장애를 평가하는 특정 척도는 없지만 다양한 지표를 활용할 수 있다. 자기애적 성격장애는 고양되어 있으면서도 상처받기 쉽기 때문에 *MAN-G*, *MAN-I* 및 *ANT-E*가 상승한다. *DOM*이 평균 이상 상승하는데, 이는 자기애적 성격장애가 있는 사람이 대부분 자신이 대인관계에 관한 상황을 통제할 자격이 있다고 느끼기 때문이다. 히스테리성 성격장애의 지나치고 피상적인 감정 표현과 자기중심적인 성향은 *BOR-A*와 *ANT-E* 상승으로 반영된다. 대인관계를 중요하게 여기고 피상적인 관계라도 유지하려는 경향이 있기 때문에 *WRM*은 보통 평균 이상 상승하고, 분노와 혼란스러운 감정을 억제하려는 경향 때문에 *AGG-V*가 매우 낮다. 망상형 성격장애는 강한 의심과 불신을 가지고 있더라도 망상 수준에 이르지는 않기 때문에 전형적으로 *PAR-P*가 *PAR-R*과 *PAR-H*보다 현저하게 낮은 경향이 있다. 부가적으로 *SCZ-S*와 *AGG-A*가 상승하고 *WRM*은 보통 평균보다 낮다.

분열성 성격장애는 사회적 고립과 감정적 위축과 직접 관련이 있어서 *SCZ-S*가 상승하고 *WRM*은 매우 낮을 수 있다. *BOR-A*, *ANX* 및 *DEP*와 같이 정서적 억제를 시사하는 척도의 점수가 상대적으로 낮으므로 현저한 사회적 고립이 특징적인 다른 성격장애와 구분할 수 있다. 분열형 성격장애는 잔류형 조현병과 유사하기 때문에 분열형 성격장애를 지적하는 지표는 잔류형 지표와 비슷하다. *SCZ-S*, *SCZ-T* 및 *PAR-P*가 상승하는 반면, *SCZ-P*는 평균 이상 상승하지만 정상 범위 내에 해당한다. 이들은 사회적 관계에서 불안을 경험하고 거북하게 느끼므로 *ANX*와 *ARD-P*가 상승하는 반면 *WRM*은 낮을 것이라고 기대할 수 있다. 회피성 성격장애의 경우 *ARD-P*가 상승하는 반면 *WRM*은 상대적으로 저하된다. 회피성 성격장애에서 *DOM*과 *ANT-S*가 상당히 낮은 경향을 보이는 것은 새로운 상황과 타인의 시선을 회피하려는 경향이 있기 때문이다. 강박적 성격장애의 성격적 개념을 평가하는 척도는 *ARD-O*다. 반면 감정 표현이 위축되므로 *ANX*와 *DEP*에 반영되는 현저한 불편감은 지적되지 않을 것이고,

*ANX-C*와 *BOR-A*가 중간 정도로 상승하면 감정 표현의 위축을 시사하는 것일 수 있다. 의존성 성격장애의 가장 큰 특징으로 *DOM*이 낮고, *WRM*은 *DOM*보다 높을 수밖에 없는 것이다. 왜냐하면 의존적 성격장애의 경우 대인관계가 매우 중요하기 때문이다. 전형적으로 *MAN-G*과 *AGG-V*가 낮은 것도 자존감이 낮고, 주장성이 부족한 것을 시사하는 것이다. 끝으로, 수동-공격적 성격장애는 적대감과 원망을 나타내는 *PAR-R*의 상승과 수동-공격적 성격장애의 수동적인 성향을 지적하는 낮은 *DOM*이 수동-공격성의 지표가 될 수 있다. 이들은 대인관계가 원만하지 못해 *WRM*이 낮을 수 있다. *AGG-P*가 상승할 경우 수동-공격적 성격장애로 진단할 수 없다. 이 척도의 상승은 분노와 원망의 직접적인 표현을 지적하는 것이므로 수동-공격적 성격장애가 이런 부정적 감정을 직접 표현하는 경우는 드물다.

물질사용장애

PAI에서 물질사용장애를 진단하기 위해서는 우선 *ALC*와 *DRG*를 검토해야 한다. 일반적으로 물질 남용과 물질 의존을 구분하기 위해서는 이 두 척도의 상승 정도를 보고 판단하고, 물질 의존의 경우 물질 남용 척도의 *T* 점수가 80~85에 해당한다. *ALC*와 *DRG*의 문항들은 물질 사용과 직접 관련이 있기 때문에 이 척도들은 물질 사용을 부인하려고 시도할 경우에 취약하다. 5장에서 물질 사용의 부인에 관한 평가를 자세히 설명하였다. 물질 남용을 부인한다는 의심이 들 경우 배우자나 가족으로부터 물질 사용에 관한 정보를 수집하여 PAI 결과에 보충하는 것이 바람직하다.

또한 6장에서 기술하였듯이, 이 척도는 과거의 문제에 관한 정보도 수집하기 때문에 현재는 음주 또는 약물 문제가 없지만 과거 물질을 사용했던 사람일 경우 물질 남용 관련 척도가 상승할 수 있다. 물질 남용 진단은 과거와 관련된 정보에 상당히 의존하기 때문에 물질 남용이라고 진단하기 위해서는 과거 12개월 이내 물질과 관련된 문제가 발생되었다는 진단 기준에 부합해야 한다. *DEP*와 *STR*이 상승할 경우 최근 약물을 사용했다는 지표가 될 수 있고, *ANT* 상승도 불법 약물을 사용하고 획득하는 것과 관련된 불법 행동을 시사한다. 끝으로, *NIM*은 입원한 물질 남용 환자 표본에서 상승하는 것으로 지적되었다(예: Alterman et al., 1995; Boyle & Lennon, 1994). 해독 과정에서 검사를 실시하였을 경우 *NIM*이 상승할 수 있다. 따라서 해독하는 과정에서 PAI를 실시하였을 경우 *NIM*이 극단적으로 상승한다면 검사 결과를 신중히 평가해야 하고 해독한 후에 다시 검사를 실시하는 것이 바람직하다.

자기개념 평가

자기 자신에 대한 관점은 개인의 행동을 결정하는 데 중요한 역할을 한다. PAI는 세 가지 하위 척도를 중심으로 자기개념의 중요한 세 가지 측면을 평가한다. 자기개념의 한 측면인 **자존감**(self-esteem)은 자기 지각에 대한 평가적 요소를 반영하는 것이다. 즉, 자신이 자신과 타인으로부터 존중받을 가치가 있는가에 대한 감정이다. PAI에서 자존감을 가장 직접적으로 나타내는 척도는 *MAN-G*다. 다른 한 측면인 **자기효율감**은 개인적 유능감과 통제에 관한 지각을 반영하는 것이다(Bandura, 1977). *DEP-C*는 개인의 지각된 효율에 관한 정보를 제공하는 하위 척도다. *DEP-C*가 높을 경우 자신의 욕구를 충족하기 위해 환경을 통제하는 데 비효율적이라고 생각하는 경향이 있다. 또 다른 측면은 자기개념의 **안정성**이다. 즉, 자기

개념이 지속적으로 고정되어 있는가, 혹은 불안정하고 외적 사건에 취약한가에 관한 것이다. 예를 들면, 두 사람이 다 같이 자존감이 높다고 하더라도 자존감의 안정성에서는 차이가 있을 수 있다. 한 사람은 자존감을 저해하는 요인이 있더라도 자존감을 유지할 수 있으나, 다른 한 사람은 자아에 대한 매우 가벼운 타격에도 쉽게 자존감이 손상될 수 있다. *BOR-I*는 자존감의 안정성을 측정하는 하위 척도다. 이 척도의 점수가 높을수록 자기개념이 유동적이고 외적 사건에 취약할 수 있다.

이 세 가지 척도의 서로 다른 형태가 자기개념에 관한 서로 다른 시사점을 기술한다. *MAN-G*와 *DEP-C*는 역상관 관계가 있고, 전형적으로 무망감과 무가치감을 경험할 경우 *MAN-G*는 낮고 *DEP-C*는 높고, 자존감이 고양되어 있고, 유능감에 대해 과대평가할 경우 *MAN-G*는 높고 *DEP-C*는 낮다. 두 척도가 모두 상승할 경우 일상사를 비효율적으로 처리한다고 느끼는 반면, 이런 비효율성의 책임을 외부 세계로 전가하는 경향이 있다. 두 척도가 모두 낮을 경우 타인에게는 유능해 보이지만 스스로는 자기 불신에 차 있을 수 있다. *BOR-I*를 첨가하면 이런 자존감의 안정성에 관한 정보를 부가적으로 얻을 수 있다. 예를 들면, 세 가지 척도가 모두 상승할 경우 자기 자신에 대한 지각은 낮은 자존감과 불확실성에서부터 과장된 자기 확신과 자신의 성취에 대한 과대평가에 이르기까지 폭넓게 변할 수 있다. 반면 *MAN-G*와 *BOR-I*가 낮고 *DEP-C*가 높을 경우 자기개념이 고정적이고 부정적인 자기평가를 바탕으로 하고 있다는 것을 시사한다. 이들은 자신에 대한 가혹한 비판과 과거에 있었던 실패나 기회의 상실에 집착하는 경향이 있다. 자신을 의심하기 때문에 실패의 원인을 자신에게 귀인하고 성공을 행운이나 자신보다 유능한 사람이 도와주었기 때문이라고 생각하는 경향이 있다.

정상적인 성격 특성

PAI는 임상적 목적으로 제작되었기 때문에 대부분의 척도는 정상적인 성격 개념보다는 정신병리에 대한 평가를 위해 포함된 것이다(Morey & Glutting, 1994). 예를 들면, 대부분의 PAI 척도와 하위 척도들은 일반 성인 표본에서는 정적 기울기를 보이고, 임상 표본과 일반 성인 표본의 각 척도 평균 점수에서 상당한 차이가 있다. 그렇지만 기울기와 평균차와 같은 준거를 기준으로 정상적인 성격의 구성개념을 다룰 수 있는 척도가 있다. 예를 들면, 대인관계 척도인 *DOM*과 *WRM*은 일반 성인 표본과 임상 표본의 분포가 비슷하고, 모두 정상분포다. 게다가 표본에 관계없이 분포 간 차이가 적은 임상 척도들도 있다. 예를 들어, *MAN*(특히 *MAN-G*)과 *PAR*(*PAR-R*과 *PAR-H*)은 두 표본의 왜곡도(skewness)가 상당히 유사하다. 이는 두 가지 척도가 중요한 정상적 성격의 요소를 측정한다는 것을 시사한다. 자존감 및 대인관계적 신중함을 각각 평가할 것이다. 따라서 이 두 가지 척도의 점수 형태에 따라 부적응 또는 정신병리에 관한 함의가 아닌 정상 범위 내에서도 의미 있는 성격적 차이를 기술할 수 있다.

PAI는 정상적인 성격 특성의 측정과 관련된 상당히 큰 상관이 있다. 예를 들면, 정상적인 성격 특성을 설명하는 데 가장 보편적이고 경험적으로 검증된 도식이 성격의 5요인 모형(five factor model: FFM)이다. 일상적인 언어와 성격질문지에 대한 요인분석 결과에 근거하여 FFM은 성격이 다섯 가지 차원으로 구성되어 있다고 제안한다. 즉, 신경증(N), 외향성(E), 경험에 대한 개방성(O), 공감(A) 및 양심(C) 차원이다. NEO 성격검사 개정판(NEO Personality Inventory-Revised, NEO-PI-R; Costa & McCrae, 1992b)은 FFM 이론을 적용한 대표적인 성격검사 척도다. 다양한 연구를 통해

NEO-PI와 PAI 간의 상관이 입증되었다(Costa & McCrae, 1992a; Morey, 1991). **신경증** 또는 심리적 고통을 경험하는 경향은 *ANX*(특히 *ANX-A*), *DEP*(*DEP-A*와 *DEP-C*), *BOR*(주로 *BOR-A*와 *BOR-I*), *ARD*(*ARD-P*와 *ARD-T*)와 정적 상관이 있는 반면, *RXR*과는 부적 상관이 있다. **외향성**, 긍정적 정서를 경험하는 경향 및 사회성은 높은 *DOM*과 *WRM*, *MAN-G*와 *ANT-S* 상승, 낮은 *DEP*, *SCZ-S*와 *ARD-P*와 상관이 있다. **경험에 대한 개방성**, 지적 호기심과 상상력은 PAI에서 상대적으로 관련된 척도가 많지 않은데, 높은 *MAN*과 *ANT-S*, 낮은 *RXR*와 상관이 있다. **공감**은 신뢰와 동정심을 의미하고, 높은 *WRM*, 낮은 *PAR*과 *AGG*와 상관이 있다. 마지막으로, **양심**은 조직화가 잘되고 신중한 것을 반영하며, 높은 *ARD-O*와 *RXR*과 상관이 있다.

치료 계획

임상 장면에서 치료에 대한 적합도와 경과를 평가할 때에도 PAI를 적용할 수 있다(Morey, 1999; Morey & Henry, 1994). PAI는 치료와 관련된 의사결정을 조정하는 데 중요한 정보를 제공할 수 있다. 즉, 예후, 치료의 표적과 장애 및 대안적인 개입법 등을 결정하는 데 유용하다. 이 절에서는 치료 과정 예측, 치료 표적과 치료 전략 선정, 치료 결과 평가에 PAI를 적용하는 방법을 살펴본다.

치료 과정 예측

치료 계획과 관련된 척도는 *RXR*과 치료 과정 지표(Treatment Process

Index: *TPI*)다. 6장에서 설명한 것처럼, *RXR*은 치료 동기를 평가하는 척도이고, 서로 다른 치료 유형에 적용할 수 있도록 제작되었다. 따라서 *RXR* 척도의 점수가 낮은 것은 치료 동기가 높은 반면, 점수가 높은 것은 치료 동기가 낮다는 것을 시사한다. PAI의 *T* 점수는 일반 성인 표본을 기준으로 제작되었고, 이 표본의 경우 심리치료에 대한 동기가 일반적으로 낮기 때문에 심각한 정서적 문제가 있는 수검자의 프로파일에서 *RXR*의 평균 *T* 점수가 50이라면 치료 동기가 상당히 낮다는 것을 반영한다. 치료 장면에 있는 수검자들의 *RXR* 평균 *T* 점수는 30~40이다(Alterman et al., 1995; Boyle & Lennon, 1994; Cherepon & Prinzhorn, 1994).

치료 동기는 수검자가 치료에 참여하기를 원하는지 여부를 결정하는 데 중요하지만, 치료의 성공 여부를 결정하는 데 충분한 요소는 아니다. 서로 다른 환자들은 서로 다른 치료 접근에 다른 방식으로 반응하겠지만, 치료 형태에 관계없이 치료 과정을 어렵게 만드는 환자의 특징이 있다. Morey(1991)는 PAI 프로파일 특징으로 치료 과정을 어렵게 하는 환자의 특성을 반영하여 *TPI*(〈빠른 참조 9-5〉를 보라)를 제작하였다. *TPI*는 심리

빠른 참조 9-5

치료 과정 지표(*TPI*)	
출처	Morey(1996).
측정 내용	부정적 치료 예후와 관련된 22개의 PAI 척도, 하위 척도의 형태적 특성 12개로 구성되어 있음
기술 통계치	일반 성인의 평균 1.12(SD=1.90), 임상표본의 평균 3.86(SD=3.22)
상관	*BOR, ANT, PAR* 및 행동화 태도 및 행동의 지표와 상관이 높다. 전체 프로파일 상승 정도 및 *NIM*과의 상관도 높으므로, 부정적 왜곡에 취약한 경향이 있음
해석	7점 이상일 경우 치료 과정이 어렵고, 11~12점 이상일 경우 치료가 상당히 어렵고 비순응적일 위험이 높음

치료 문헌들에 기술된 치료 순응도 요소들에 반응하는 PAI 프로파일 특성 12개로 구성되어 있다. *TPI*의 문항은 치료 과정에 어려움이 발생될 수 있는 정도의 수준을 반영하고, 예컨대 적개심, 동기 결여, 낮은 심리적 이해, 자아동질적 방어 양식, 제한적인 사회적 지지 등을 다루는 문항들을 포함한다. 12개 특성 각각의 구체적인 특성은 Morey(1996)에 설명되어 있다. *TPI* 총점은 12개 특성 중 해당하는 것의 개수다. PAI 척도 중 *TPI*는 *BOR*, *ANT* 및 *PAR*과 상관이 높고, *ARD*(특히 *ARD-T*), *AGG*, *STR* 및 *SCZ*와의 상관도 높았다. 따라서 *TPI* 점수는 대략 상관이 높은 이 척도들의 상승 정도를 보면 추정할 수 있다. 그뿐 아니라 *TPI*는 성격적 병리, 소외감, 적대적 거리감 및 철수 등의 다른 지표와도 상관이 높았다(Morey, 1996). 임상 표준화 표본의 경우 4개 항목이 해당되었고, 따라서 4점 이하일 경우 치료 과정에 유용한 개인적 자산이 많다는 것을 시사한다. 평균 1 표준편차 높은 값, 즉 7~10점인 경우 원만한 치료 과정을 방해하는 요소들이 많다는 것을 시사하는 것이고, 2 표준편차 이상인 11~12점인 경우는 치료 과정이 상당히 어려울 수 있다는 것을 반영한다. *TPI*가 상승할수록 치료를 방해하는 요소가 매우 복잡하고 오랫동안 지속될 수 있으며, 치료 관계를 유지하기 위한 관계 형성에 상당한 노력이 필요할 수 있다.

특수한 치료 표적

PAI는 치료에서 구분할 필요가 있는 구체적인 표적을 찾아내는 데 유용하다. 이러한 치료 표적은 서로 다른 진단 범주를 구분하고, 치료의 우선순위를 정하는 데 중요하다.

충동 통제의 부족

충동 통제의 문제는 즉각적인 개입을 필요로 하는 문제다. *ALC, DRG, MAN, BOR, BOR-A, BOR-S, ANT, ANT-S* 및 *AGG*는 충동 통제의 부족과 관련이 있는 척도와 하위 척도들이다. 충동 통제의 부족을 지적하는 지표가 많을수록 문제가 심각하고 예후도 좋지 않을 가능성이 높다. 이럴 경우, 충동성에 의한 위험 요소를 진술할 수 있도록 치료를 신중히 구성해야 한다. 조증 삽화일 경우 의학적 접근을 취하거나 직접적으로 한계를 설정해야 한다. 또 다른 경우 치료를 진행하거나 중지할 조건과 같이 치료적 계약을 명확히 수립하거나 분노관리 훈련 등을 실시하기도 한다.

분노 억제

때로는 충동을 지나치게 억제해서 문제를 경험하는 환자들도 있다. 예를 들면, 분노를 적절하게 표현하지 못하여 분노를 부적응적인 방식으로 다루기도 한다. 지나친 억제는 거절이나 통제력 상실에 대한 두려움과 분노를 수용하지 못하기 때문일 수 있다. 억압된 분노는 소심한 경향과 주장성 부족(매우 낮은 *AGG*), 강박적 경직성(상승한 *ARD-O*), 신체적 증상(상승한 *SOM*)으로 표현될 수도 있다. *ARD-T*에서 나타나듯이, 학대받은 경험이 있을 경우 깊이 잠재된 분노를 가지고 있더라도 분노를 직접적으로 표현하기 어려울 수 있다. 이럴 경우 먼저 분노를 직접적으로 표현하도록 격려하는 것이 유용할 수 있다.

지나친 의존

지나친 의존은 여러 가지 이유에서 문제가 될 수 있다. 의존적일 경우 자신이 의지하는 관계에서 벗어나지 못할 수 있고, 다른 사람의 욕구 충족을 위해 자신의 욕구를 희생시킬 수 있다. 또한 이들은 다른 사람을 기쁘게 해 주려고 지나치게 노력하고 거절을 두려워할 수 있다. 애착 관계 강조(높은 *WRM*), 뚜렷한 복종(낮은 *DOM*), 경계선적 특징(상승한 *BOR*)은 때때로 병리적 수용 욕구와 관련이 있을 수 있다.

대인관계에 대한 불신

다른 사람을 신뢰할 수 있는 능력에 문제가 있을 경우 치료 초기에 상당한 어려움을 발생시킬 수 있다. *PAR*은 이러한 불신감을 가장 잘 지적하는 지표이지만, 다른 사람에 대한 최소한의 기대, 이용당할 것에 대한 두려움에 따른 자기 보호, 대인관계에서 양가감정, 거절과 관련한 많은 지표도 있다. *ARD, ARD-T, SCZ-S, BOR, BOR-N, ANT, AGG-A, NON* 등의 상승은 신뢰적인 관계 형성이 치료의 목표인 동시에 치료를 방해하는 요인일 가능성을 시사한다.

억압과 경직성

경직성, 융통성의 부족, 완벽주의, 억압 경향 등은 일상에서 문제시될 수 있을 뿐만 아니라 치료에 방해 요소로 작용될 수 있다. 이와 관련된 문제들은 예상치 못한 사건이나 일상적 생활의 변화에 적응하기 어렵게 만들고, 치료 과정에도 적용된다. 통제력 상실에 대한 두려움은 중요한 치료 시점에서 치료 중단 또는 저항을 촉발시킬 수 있다. 치료 장면의 내담자가 *ARD-O*와 *DOM*이 상승하고 *RXR*의 *T* 점수가 40 이상인 경우 이러한 문제가 나타날 수 있다.

자신감 부족과 낮은 자존감

자신감이 부족한 것으로 지적되었지만 이러한 문제가 지나치지 않고 복잡하고 다양한 증상을 동반하지 않을 경우 치료적 개입은 비교적 쉬울 수 있다. *DEP-C*와 *ARD-P*의 상승과 낮은 *AGG*, *DOM* 및 *MAN-G*는 자신감 부족과 낮은 자존감을 지적하는 것이다. 치료에서 자신감 부족을 독립된 표적으로 선정하려면 다른 척도의 상승이 없을 때 효과적이다. 자존감 문제는 보다 광범위한 임상적 양상에서 다뤄야 한다.

인지적 왜곡

인지적 왜곡에서 자기 자신, 다른 사람 및 상황에 대해 지나치게 부정적인 평가를 할 경우 인지적 치료가 초점이 된다. PAI에는 이런 표적에 대한 치료의 필요성을 지적하는 지표들이 많이 있다. 부정적 정서 영역에서 살펴보면, *ANX-C*와 *DEP-C*는 인지적 요소가 정서에 관여되어 있다는 것을 지적한다. *ANX-C*의 상승은 자신이 통제할 수 없는 사건에 대해 통제해야 한다는 생각 때문에 지나친 걱정과 긴장을 시사한다. *DEP-C*의 상승은 비현실적인 무가치감, 실패, 자기비난, 무기력 등에 관한 경험을 나타내는 것일 수 있다. *NIM*의 상승은 극단적으로 생각하고 범주화하는 경향을 시사한다. 꾀병을 부리지 않았는데도 *NIM*이 꽤 상승하면서 Rogers 판별함수가 낮을 경우 자신과 자신의 생활에 대한 심각한 부정적 평가를 시사한다. 끝으로, *PAR*, *BOR-N* 또는 *NON*은 다른 사람에 대한 견해와 기대가 왜곡되어 있는 고정된 신념 체계를 나타내는 것이다. 이럴 경우 자신의 불운은 다른 사람이 자신을 무시했기 때문이라고 생각하고 다른 사람의 성공은 운에 귀인할 수 있다.

다른 치료 계획

최근 들어 성과를 최대한으로 좋게 만들려는 노력과 정신건강 치료 자원을 최대한 활용하기 위해 내담자 유형에 따른 적합한 치료 유형을 맞추는 것의 중요성을 강조하고 있다. 특정 내담자 유형에 맞는 구체적인 치료를 지지하는 경험적 증거는 부족하지만 많은 영역에서 치료 지침이 마련되고 있고, PAI는 이러한 결정과 관련한 정보를 제공할 수 있다.

치료 강도

치료는 다양한 장면에서 자조집단처럼 덜 집중적인 형태에서부터 입원치료와 같이 집중적인 형태에 이르기까지 다양한 장면에서 실시된다. 보다 집중적인 치료를 필요로 하는 요인들이 있다. 우선 현저한 **기능적 손상**이 지적될 경우 주된 사회적 역할 책임을 수행할 수 없게 된다. 이러한 손상이 있을 경우 *MAN, PAR, PAR-P, SCZ* 및 *SCZ-P*가 상당히 상승한다. 반면 유의미한 부정적 왜곡 없이 *DEP*와 *ANX*가 상승한 경우 타협된 기능적 손상이 발생되었고, 보다 강도 높은 치료가 필요하다는 것을 시사한다. **자해 가능성**도 입원치료를 결정하는 결정적인 지표다. *SUI*와 자살잠재성 지표가 상승할 경우에는 자살 가능성에 대해 주의해야 한다. 하지만 다른 자기 파괴적 행동은 충동성과 판단력 부족에 의해 발생하는 것이다. 따라서 *MAN, BOR-S* 및 *ANT-S*가 상승할 경우 무모함, 자기 파괴적 행동의 위험이 증가될 수 있다. 마찬가지로 타인에 대한 위협도 면밀한 관찰이 필요한 요인으로, *AGG, AGG-P, ANT*, 폭력잠재성 지표는 이와 관련된 유용한 정보를 제공한다. 끝으로, **약물 의존**의 경우 해독이 필요하거나 타인에게 위협적이거나 외래치료를 통해서는 약물 사용을 통제할 수 없을 경우 입원치료를 받아야 한다. *ALC*와 *DRG*가 현저하게 상승되었을 경우, 특히 일상 기능의 심각한 손상을 반영하는 다른 지표들이 동반되었을 경우 입원치료를 해야 한다.

치료 강도와 관련된 또 다른 측면은 주요 문제들을 치료하는 데 필요한 **치료 길이**다. 정신건강 치료의 기간은 흔히 치료 자원의 유용성, 치료 유형, 환자의 순응도 등 다양한 요인에 따라 결정된다. 그렇지만 특정 문제들은 장기간의 치료를 필요로 한다. 이런 문제에 대한 전체적인 지침은 치료 과정 지표다. 치료 과정 지표는 저항이 심한 환자들의 경우 상승할 것이고, 이런 환자들은 장기간 치료를 받아야 한다. 이들의 경우 당면한 현재의 위기는 단기 치료를 통해 해결될 수 있겠지만, 반복되는 위기 양상에 대해서는 치료 효과가 지속되지 않을 것이다.

치료 형태

정신건강을 위한 가장 보편적인 형태의 치료는 개인치료이지만 개인치료와 병행해서 집단치료와 가족 및 부부에 대한 개입을 할 수 있다. PAI가 지적하는 대부분의 문제는 개인치료를 통해 해결될 수 있겠지만, 특정 프로파일 형태가 지적될 경우 다른 치료 형태가 보다 효과적일 수 있다. PAI에는 집단치료가 적합할 수 있는 사회적 비효율성을 지적하는 많은 지표가 있다. 예를 들면, 낮은 *WRM*, 높은 *SCZ-S*와 *ARD-P*는 모두 사회적 비효율과 관련된 척도다. 집단적 개입이 유용할 수 있는 문제를 지적하는 다른 지표는 현저한 불신을 지적하는 *PAR*이나 *PAR* 하위 척도의 상승, 대인관계에서의 통제 욕구를 지적하는 *DOM*의 상승, 공감의 실패를 지적하는 *ANT-E*의 상승 등이 있다. 집단치료는 흔히 치료자에 대한 저항이나 적대감으로 나타나는 권위적 인물에 관한 문제가 있을 경우 유용할 수 있다. 가족치료나 부부치료는 일차적인 문제가 가족 체계 내에 있을 경우 특히 효과적이다. 부부 문제나 가족 문제를 가장 잘 지적하는 척도는 *NON*이다. *NON*의 *T* 점수가 다른 어떤 임상 척도보다 10점 이상 높을 경우 결혼생활이나 또는 가족 내에 중요한 문제가 있다는 생각을 지적하는 것이다. *NON*의 상승을 이런 식으로 해석할 경우 가족을 포함한 대인관계에 대한 일반화된 증오감을 지적하는 *PAR*과 *BOR*의 상승에 특별한 주의를 기울여야 한다.

다른 치료 접근

치료와 관련해서 어떤 문제에 어떤 치료자가 적합하다는 것을 입증해 줄 수 있는 연구가 부족한 것이 사실이다. 그러나 PAI에는 치료와 관련이 있는 문헌과 치료를 계획하기 위한 일반적 지침이 될 수 있는 공통적인 임상적 지혜를 결부시켜 놓았다. Morey(1996)는 다양한 전략에 적합한 환자를 선택하는 조작적 정의를 제시하였다. **탐색적** 접근은 내적 갈등에 대한 인식, 이해 및 해결에 초점을 맞추고, 개인의 당면한 문제에 대해 발달적 접근을 통해 이해하고자 한다. 이런 접근은 발달상의 문제를 호소하는 경우에 적합하다. 따라서 과거 관계에서의 갈등을 경험할 경우 특히 유용하다(*ARD-T, BOR-N* 및 *BOR-I*). 하지만 탐색적 접근을 시도하기 위해서는 상당한 심리적 마음 자세(낮은 *RXR*), 신뢰하는 능력(낮은 *AGG*와 *PAR*)이 있어야 하고, 방어에 직면시킬 때 발생되는 충동을 조절할 수 있어야 한다(낮은 *BOR-S*). 대인관계적 문제 또는 사회적 결함에 국한된 문제, 특히 현재 맺고 있는 관계와 관련된 문제를 호소할 경우(높은 *SCZ-S*, 낮은 *WRM*) **대인관계적** 접근이 유용하다. **인지적** 접근은 특히 자신을 부정적으로 왜곡하는 사람에게 적절하고(높은 *DEP-C* 또는 *ANX-C*, 높은 *NIM*), 충동적인 행동화 경향이 지적될 경우에는 부적합하다(낮은 *ANT-A, AGG-P, BOR-S*). **지지치료**는 내담자가 압도되어 있거나(높은 *ANX, DEP*, 극단적으로 낮은 *RXR*), 사고 과정이 붕괴되어 있거나(높은 *SCZ-T*) 외상적 스트레스 반응에 취약할 경우(극도로 상승한 *ARD-T, STR, ANX*) 매우 중요하다. **행동적** 접근 또는 환경적 조작 절차는 공포증(*ARD-P*), 신체화(*SOM-S* 또는 *SOM-H*), 주장성(낮은 *DOM*), 충동 조절 부족(*BOR-S, ANT-A*)과 관련된 문제가 있거나 이완 훈련이 필요한 경우 적절하다. 앞서 언급했듯이, 심각한 기능 손상이 지적되거나 *NON* 상승에서 시사되듯이 지지 체계가 현저하게 부족할 경우 **가족치료** 또는 **부부치료**를 결합시킬 수 있다

다양한 PAI 척도의 상승은 **신체적 치료**의 필요성을 시사하기도 한다. 현저한 생장 징후(*DEP-P*), 운동성 지연(낮은 *MAN-A*), 사고 조절력 상실(*SCZ-T*), 강박적 반추(*ARD-O, ANX-C*)가 지적될 때 항우울제 치료를 적용할 수 있다. *ANX*와 *ARD*는 항불안제에 관한 정보를 제공해 주는 척도일 수 있다. 또한 *STR*의 현저한 상승은 생활과 관련된 거의 모든 영역에서 혼란이 있고 위기에 직면해 있다는 시사한다. 따라서 약물치료와 함께 심리사회적 치료를 결합하는 것이 효과적일 수 있다. 현저한 *PAR, PAR-P, SCZ, SCZ-P* 상승 및 *BOR*의 극단적 상승은 항정신성 약물의 필요성을 지적하는 것이다. 또한 *MAN*의 현저한 상승은 심각한 조증 삽화를 반영하는 것이므로 약물치료를 고려해야 한다.

치료 결과 평가

PAI는 치료 효율성을 평가할 수 있는 유용한 특성들이 있다. 내용 포괄성의 폭과 척도 및 하위 척도의 구조는 환자의 변화를 감지하는 데 특히 유용하다. 예를 들면, 우울증 치료에서 검사를 다시 실시하여 정서적 · 인지적 · 생리적 요소들의 상대적 변화를 구분시켜 측정하여 치료의 구체적인 효과를 밝힐 수 있다. 또한 치료 중에 검사를 재실시하면 임상가는 환자의 경과를 평가할 수 있고, 치료 계획을 새롭게 해야 하는지를 점검할 수 있다. 예를 들면, 치료 전 *RXR* 점수에서 치료에 대한 거부가 시사되었다면 치료 초기에는 잠재된 저항에 초점이 맞춰졌을 것이다. 대인관계에 근거한 치료에 참가하는 환자의 경우 대인관계 척도에 변화가 있을 것으로 예상할 수 있을 것이다. 이와 마찬가지로, 우울증을 위한 인지치료를

받을 경우 *DEP-C*에서 가장 많은 변화가 예상되고, 이런 변화에 맞춰 우울증의 신체적 · 정서적 측면도 호전될 것으로 기대할 수 있다. 예상했던 변화가 지적되지 않았다면 치료의 강도나 치료적 접근을 다시 고려해야 한다.

전반적인 수준에서 치료적 개입이 성공적일 경우 *T* 점수가 일반 성인 표본의 규준 범위인 50 정도로 변할 것이다. 물론 예외가 있을 수 있겠지만, 증상이 호전될 경우 대부분의 척도 점수가 낮아진다. 예를 들면, 임상 표본에서 *MAN-G*가 비정상적으로 낮다는 것은 자존감이 매우 낮다는 것을 지적하는 것이다. 따라서 *MAN-G*는 너무 낮지 않고 *T* 점수가 50 가까이 상승하는 것이 바람직하다. 치료가 성공적으로 진행됨에 따라서 치료 동기의 원인으로 작용하던 불편이나 대인관계에 관한 문제가 호전되면 *RXR*은 점차 증가할 것이라고 기대할 수 있다.

치료를 받지 않는 표본에서 1개월 동안 PAI 점수는 비교적 안정적이다 (Morey, 1991). 재검사를 실시하는 기간이 짧으면 신뢰도는 더 높아진다. 여러 신뢰도에 관한 연구에서 나타난 측정의 표준오차(SEM)를 사용하면 PAI 점수의 유의미한 변화를 알 수 있다. SEM은 점수의 무선적인 변화에서 기대할 수 있는 측정의 변산을 나타내는 지표다. 따라서 1SEM보다 낮은 점수의 변화는 어느 신뢰 구간에서도 유의미한 변화라고 해석할 수 없다. PAI에서 각 척도의 1SEM은 *T* 점수 3~4이고 95% 신뢰 구간의 평균은 5~6이다. 따라서 보수적인 입장을 취하더라도 2SEM(*T* 점수 6~8) 이상의 변화는 수검자에게 통계적으로 유의미한 치료적 변화를 지적하는 것이다.

PAI는 치료 기간 동안 매주 나타나는 변화를 탐지할 수 있다. 많은 연구는 대부분의 PAI 척도가 치료를 통해 호전된다는 것을 입증하였다 (Friedman, 1995; Men Exploring New Directional Strategies [MENDS], 2002;

Saper, Blank, & Chapman, 1995). Friedman(Morey, 1996 재인용)은 외래에서 정신치료를 받는 25명의 환자를 대상으로 3개월 간격을 두고 재검사를 실시하였다. 이 연구에서 PAI의 21개 척도 중에 *ICN*을 포함한 2개 척도를 제외한 나머지 척도에서 통계적으로 유의미한 변화가 있었다. 이러한 척도들이 변하는 양상은 부정적 정서가 감소됨에 따라 *ANX, DEP* 및 *ARD*가 변하고, 자존감이 향상됨에 따라 *PIM, RXR* 및 *BOR*이 변하고, 대인관계나 환경적 혼란이 감소됨에 따라 *STR*과 *BOR*이 변하게 되었다. 치료에 따른 변화를 기대할 수 없는 *INF*를 제외하고 치료 효과가 없는 것으로 나타난 유일한 척도는 *MAN*이었다. 그러나 실제로 *MAN* 하위 척도들은 변화가 있었다. *MAN-A*는 유의미한 변화가 없었으나, *MAN-G*는 증가했고 *MAN-I*는 감소했다. 이렇게 하위 척도의 변화 방향이 상반되기 때문에 상쇄시켜 효과가 없는 것처럼 나타난 것이다.

MENDS(2002)는 치료 평가 결과를 PAI로 평가한 연구 중 가장 많은 척도를 사용한 것이다. 이들은 이혼이나 별거 기간 중에 남성의 급박한 요구를 해소하기 위해 개발한 개입 방법에 관해 연구하였다. 488명을 대상으로 실시한 PAI를 개입 전후 실시하여 비교한 결과, *INF*와 *MAN*을 제외한 모든 척도가 치료 후 유의미하게 호전된 것으로 나타났다. 가장 많이 호전된 것은 역시 부정적 정서(*DEP, ANX, ARD*)의 감소, 자존감(*RXR, BOR*)의 향상, 사고의 명료화(*SCZ, BOR*), 대인관계 및 환경적 혼란의 감소(*STR, BOR, NON*) 등이었다.

Saper 등(1995)은 치료 결과에 대한 측정으로 PAI를 적용할 수 있는 흥미로운 예를 보여 주고 있다. 연구자들은 환시와 환청이 있으나 전통적인 약물치료에 전혀 반응하지 않는 환자의 치료 과정을 기술하였다. 연구자들은 외상후 스트레스 장애에 사용하는 플루페나진을 투여하면서 내파법을 이용한 상상적 노출치료를 결합하여 치료하였다. 연구자들은 PAI 척도 중 11개의 임상 척도, 2개의 치료 척도, *SUI*와 *AGG* 척도를 사용하여 치료 결과를 평가하였다. 그 결과 치료적 성공을 지적하는 척도들의 *T* 점수가 70 이하로 낮아졌고, 치료한 뒤에 많은 척도들의 점수가 낮아졌다. 이 환자의 경우 각 사건에 대한 이항 확률(binomial probability)을 검토하여 유의미성을 검증하였다. 그 결과 13개 척도 중 12개 척도의 점수가 감소하였고, 치료 전 상승했던 7개 척도의 *T* 점수가 모두 70 미만이었다. 이러한 변화가 우연히 일어날 비율은 .01 이하였다. PAI에서 이러한 변화는 정신 상태 검진과 퇴원할 때 실시한 자세한 관찰 결과로 확인할 수 있었다. 이런 결과는 PAI가 사례 연구를 포함한 치료적 변화를 평가하고 호전된 정도를 결정하는 데 유용한 도구라는 것을 지적하는 것이다.

TEST YOURSELF

1. PAS는 160문항으로 구성된 PAI 단축형 척도다. 예/아니요

2. PAS의 *p* 점수의 의미는 무엇인가?
   ㉮ 평균은 50이다.
   ㉯ PAI 척도 중 최소한 1개 척도가 상승할 가능성을 의미한다.
   ㉰ 1~10 요인 범위다.
   ㉱ 백분위 점수로 해석될 수 있다.

3. 다음 중 개념적 지표가 제작되지 않은 영역은 무엇인가?
   ㉮ 자살잠재성 ㉯ 폭력잠재성
   ㉰ 성인의 주의력 결핍 문제 ㉱ 치료 과정 문제

4. 치료 과정의 문제를 예언하기 위해 제작된 척도는 어느 것인가?
   ㉮ *RXR* ㉯ *SOM* ㉰ *NON* ㉱ *TPI*

5. PAI에서 자기개념을 이해하는 데 유용한 척도는 무엇인가?
   ㉮ *DOM, AGG, SUI* ㉯ *NIM, PIM, BOR*
   ㉰ *NON, PAR, ANT-E* ㉱ *DEP-C, MAN-G, BOR-I*

6. 정상적 성격의 5요인 중 PAI와 상관이 없는 것은 무엇인가?
   ㉮ 신경증 ㉯ 외향성 ㉰ 경험에 개방성 ㉱ 사교성

7. 대부분의 진단 집단에서 치료 전후에 큰 변화가 없는 척도는 무엇인가?

8. 서로 다른 척도의 점수들로 구성된 TPI, SPI 및 VPI와 같은 지표를 해석할 때 가장 중요하게 고려해야 할 프로파일 요소는 무엇인가?

9. PAI와 PAS를 동시에 사용할 수 없는 이유는 무엇인가?

정답 1. 아니요 2. ㉯ 3. ㉰ 4. ㉱ 5. ㉱ 6. ㉰ 7. MAN 8. NIM 상승 정도 9. PAS의 모든 문항은 PAI에 포함되어 있기 때문이다.

제 10 장

PAI 사례

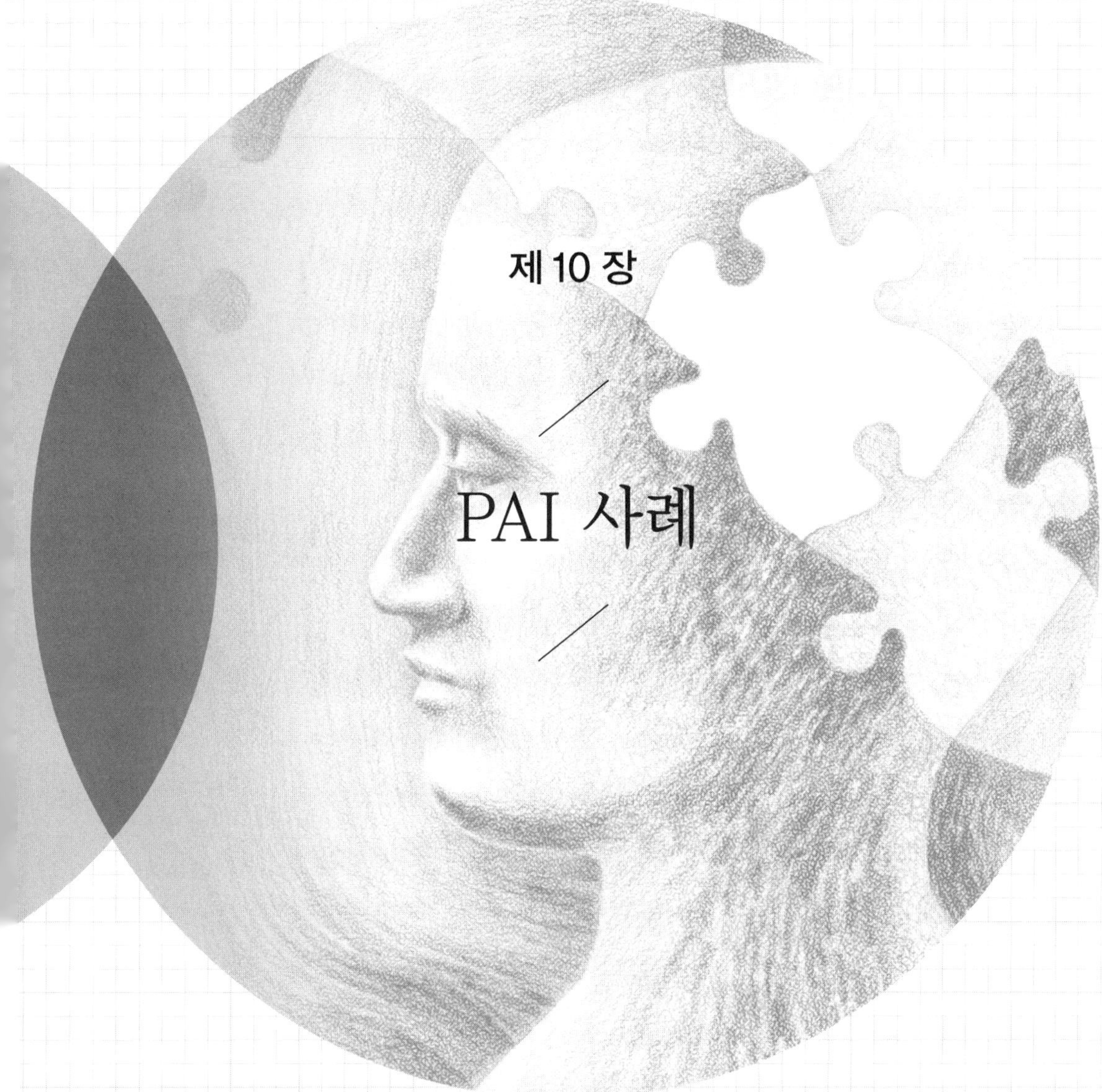

Essentials of

PAI

Assessment

제10장

PAI 사례

PAI를 사용하여 평가를 마친 다음 사례 보고서를 작성할 경우 앞선 장들에서 다룬 해석적 정보들을 통합해야 한다. 다른 정보와 별개로 PAI 프로파일을 단독으로 평가할 수도 있지만 이런 방식은 지양해야 한다. PAI를 단독으로 적용해서 임상적 결정을 내려서는 안 되고, 선별, 진단 또는 치료와 관련한 전문적 의사결정을 할 때 다양한 가설 중의 일부라는 점을 명심해야 한다.

평가 장면의 특성에 따라 보고서의 형식이 다양하지만 전형적으로 다음과 같은 형식을 따른다. 첫째, 내담자에 대한 기본적인 인구학적 정보를 포함한 배경 정보를 기술한다. 둘째, 의뢰 목적과 간략한 과거사를 작성한다. 이 부분에서 평가가 의뢰된 맥락을 구체적으로 기술해야 한다. 예를 들면, 법원에서 요구한 평가인가, 왜 평가를 의뢰하였는가, 채용 선별용 평가인가, 어떤 업무를 위한 것인가 등의 질문에 대해 설명해야 한다. 또한 내담자가 자신의 시각에서 보고한 평가 목적도 기술해야 한다. 즉, 2장에서 논의하였듯이, 내담자가 생각하는 평가의 목적을 설명하도록 하여 치료적 평가가 이뤄질 수 있도록 한다. 그런 다음 내담자가 평가 과정 중에 보여 준 외현적 행동, 정신 상태를 포함한 행동 관찰에 대해 기술한다.

셋째, 실시한 검사, 검사 결과 및 결과에 대한 해석을 한다. 우선 관련 검사와 실시 과정을 기술한다. 표준적인 임상심리학적 보고서와 공공안전 직무 관련 보고서와 같이 서로 다른 보고서를 작성해야 한다면 각각에 대해 모두 언급해야 한다. 그러고 나서 검사 결과를 해석한다. 일반적으로, 검사 결과를 나열하는 것보다는 통합하는 것이 바람직하다. 통합해서 기술할 경우 서로 다른 자료 간의 유사점과 차이점을 쉽게 기술하고 조화시킬 수 있다. 실제 장면이 다양하겠지만, 보고서에 모든 PAI 척도의 *T* 점수를 명시하는 것처럼 경험적 결과를 제시하는 것은 권하지 않는다. 왜냐하면 평가를 하는 임상가라면 자료 해석에 대한 책임이 있고, 보고서를 읽을 사람은 이러한 해석을 할 수 있는 자격을 갖추지 못했기 때문이다. 때때로 특정 척도의 상승 정도를 언급하는 것이 유용할 수 있겠지만, *T* 점수보다는 백분위 점수로 검사 결과를 기술하는 것이 훨씬 유용할 것이다. 결정 문항과 같은 특정 문항에 대한 수검자의 반응을 기술하는 것이 유용할 수도 있지만, 한 문항에 대한 반응을 근거로 해석을 해서는 안 된다.

PAI 결과를 기술할 때에는 〈빠른 참조 10-1〉에 제시한 대략적 목차에 따라 언급하는 것이 유용하다. 첫째, 검사 결과의 타당도를 기술하여 해석적 진술을 할 맥락을 결정한다. 둘째, 자료의 임상적 특징을 기술하는데, 가장 현저하면서도 임상적으로 중요한 것으로 판단되는 전반적 특징을 우선적으로 언급한다. 셋째, 내담자의 자기 지각과 주변 세계에 대한 지각 방식을 기술하고, 해당하는 것이 있을 경우 표준적 진단 부호를 사용해서 내담자와 관련된 진단적 가설을 제시한다. 마지막으로, 사례 개념화를 근거로 치료적 고려 사항과 권고 사항을 작성한다.

다음 사례는 PAI 결과를 〈빠른 참조 10-1〉에 따라 기술하는 방식을 설

빠른 참조 10-1

PAI 보고서의 목차
Ⅰ. 검사 결과의 타당도
Ⅱ. 임상적 특징과 증상
Ⅲ. 자신과 외부 세계에 대한 관점
Ⅳ. 진단적 가정
Ⅴ. 치료적 고려 사항

명하기 위해 제시한 것이다. 다양한 해석적 진술의 근거에 명확한 초점을 맞출 수 있도록 PAI 검사 결과를 다른 임상 자료과 별개로 단독으로 해석했다. 전형적인 임상 장면에서는 다른 검사 결과 및 임상 자료를 통합해서 해석해야 한다. Morey와 Henry(1994), Morey와 Quigley(2002)서도 다양한 PAI 사례를 기술하였다.

스티브의 사례

사례 기술

스티브는 42세의 백인 남성으로, 군인 병원에서 알코올 및 약물 문제로 도움을 받기 위해 입원 환자를 대상으로 하는 물질 남용 치료 프로그램에 참여했다. 스티브는 베트남전에 참전했던 전역 군인이었다. 입원 초기 진단은 복합 물질 의존이었고, 반사회적 성격장애도 잠정적으로 진단되었다. 스티브는 자신의 기능 수준이 적절하다고 기술했지만, 직장을 제대로 다닌 적이 없었고, 최근 세 번째 결혼생활이 심각하게 악화된 상태였다.

치료 초기에 스티브가 알코올이나 기타 물질들에 대한 신체적 의존이 형성된 것은 아니라는 점을 확인할 수 있었다. 그는 모임에 적극적으로 참여하지 않았다. 이런 점에 대해 질문을 하자 자신의 문제는 전투 경험 때문에 일어난 것이고, 베트남전쟁 이후부터 부적절감을 느껴 왔으며, 이런 경험에 대한 감정을 해소해 줄 수 있는 주된 방법이 알코올과 약물이라고 생각했다고 말했다. 치료진은 증상에 대한 스티브의 기술을 회의적으로 받아들였다. 왜냐하면 스티브가 전쟁에 따른 무력감 보상(combat-related disability pay)을 요구하는 것일 수 있고, 이는 반사회적 성격장애 진단에 부합하는 특징이다. 따라서 치료진은 외상후 스트레스 장애 진단의 가능성을 평가하기 위해 심리학적 평가를 의뢰하였다. 평가는 치료를 시작한 첫 주의 끝 무렵에 실시하였으나, 그는 평가 직후 보고서를 작성하기도 전에 입원치료가 아닌 외래 물질 남용 치료 프로그램에 참여하겠다며 퇴원하였다. 검사 결과 상당히 중요한 문제들이 지적되었다는 자문 심리학자의 말을 들은 치료진은 약물 사용 수준이 높지 않았기 때문에 스티브를 더 이상 입원시킬 필요가 없어서 퇴원 조치했다고 설명했다.

퇴원 1주 후 스티브는 팔목을 자해하여 자살을 시도해서 같은 병원 정신과에 입원하였다. 스티브의 아내가 떠난 것이 발단이었다. 스티브가 술에 취에 귀가하자 아내와 말다툼이 일어났고, 이때 아내가 치료를 받은 지 얼마 지나지 않았는데 같은 문제가 반복된다고 대들었다. 언쟁 과정에서 스티브는 이성을 잃고 수차례 그의 아내를 때렸고, 결국 아내가 집을 나갈 것이고 이혼할 것이라고 말했다. 그 직후 스티브는 자살 시도를 한 다음 스스로 구급차를 불렀다. 정신과 치료에서 스티브의 아내가 스티브가 술과 약물을 남용했을 때 난폭해지므로 결혼생활을 유지하는 전제조건으로 스티브에게 물질 남용 치료를 받으라고 요구한 사실이 드러났다. 또한 치료 과정 동안 스티브는 신체적 학대를 지속적으로 반복했고, 이전 결혼생활도 자신의 학대, 폭력 행동 때문에 매번 실패한 사실을 인정했다.

다음은 〈빠른 참조 10-1〉에서 기술한 PAI 결과 보고서 목록에 따라 기술한 내용이다. 스티브의 PAI 전체 척도 프로파일과 하위 척도 프로파일은 각각 [그림 10-1]과 [그림 10-2]이고, 부가적인 프로파일 지표들은 〈표 10-1〉에 제시되어 있다. 보고서에는 해석적 내용을 지지하는 척도를 부분적으로 언급하고, 부연 설명을 해 두었다.

검사 결과의 타당도

검사 결과에는 왜곡 요인들을 확인하기 위해 제작된 타당도 지표들이 있다. 예를 들면, 문항에 적절하게 반응했는지, 일관되게 반응했는지를 평가한다. 수검자의 점수는 수검자가 문항에 적절하게 반응했는지(*INF*), 비슷한 내용의 문항에 일관되게 반응했는지(*ICN*)를 반영한다.

또한 질문지에서 평가하는 증상에 대한 수검자의 반응에 영향을 주거나 왜곡시킨 반응 양상의 수준을 평가한다. 이 지표들의 점수가 정상 범위에 해당할 경우 수검자가 이성적으로 솔직하게 반응했고, 임상적 근거보다 더 부정적이거나(*NIM*, Rogers 판별함수), 더 긍정적인(*PIM*, Cashel 판별함수, 방어지수) 인상을 주기 위해 비현실적이고 부정확한 반응을 하지 않았다는 것을 지적한다. 외상적 스트레스 증상을 확인하기 위해 평가가 의뢰되었다는 점을 고려할 때 꾀병을 시사하는 점이 지적되지 않은 것은 스티브가 적절하게 반응했다는 것을 시사한다. 또한 알코올과 약물 관련 점수는 각각의 추정치와 비슷했기 때문에 물질 관련 문제를 축소 보고했을 가능성도 낮다.

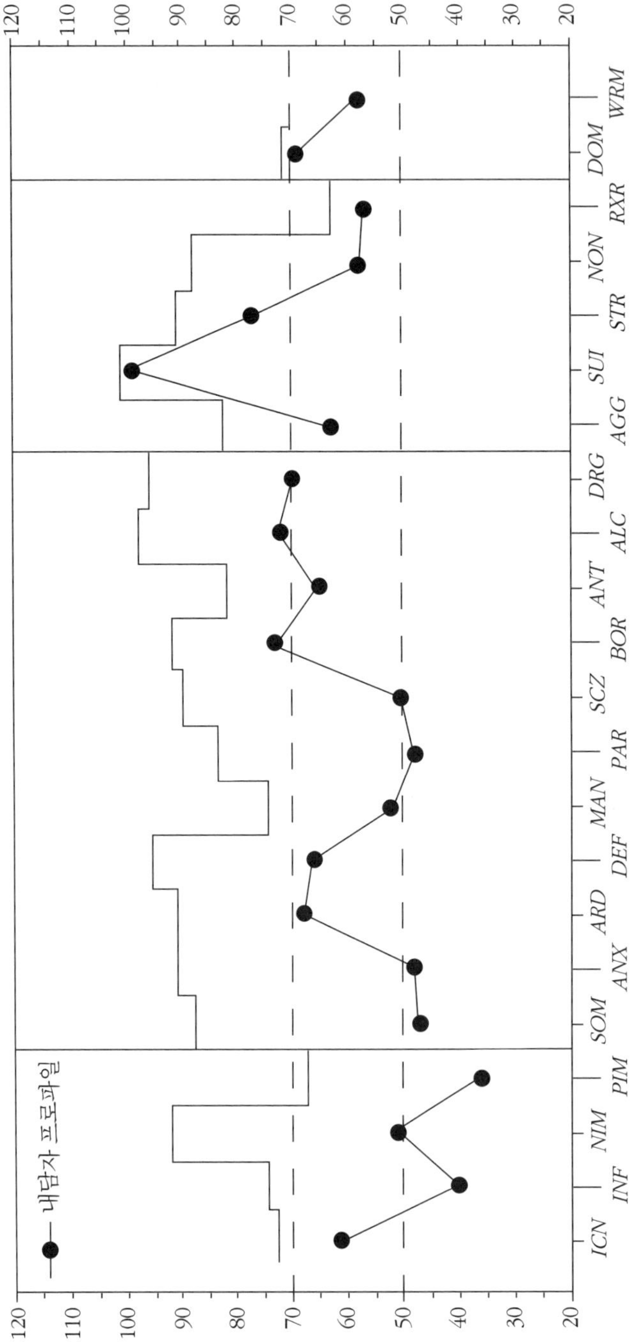

[그림 10-1] 스티브의 PAI 전체 프로파일

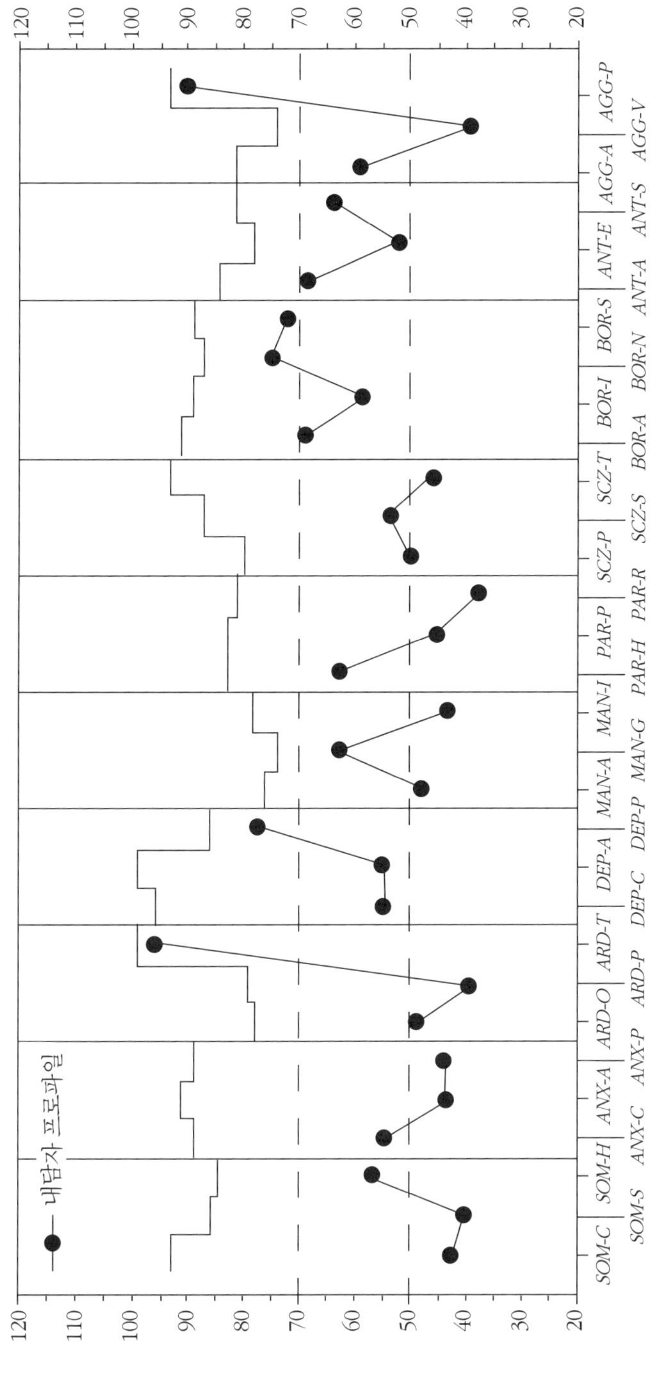

[그림 10-2] 스티브의 PAI 하위 척도 프로파일

〈표 10-1〉 스티브의 부가 지표

부가 지표	값	*T* 점수
방어지표	3	51
Cashel 판별함수	138.67	50
꾀병지표	0	44
Rogers 판별함수	-1.44	46
자살잠재성 지표	1.0	71
폭력잠재성 지표	8	79
치료 과정 지표	7	81
알코올 추정치	71	*T* 점수가 *ALC*보다 1 낮음
약물 추정치	72	*T* 점수가 *DRG*보다 2 높음

임상적 특징

스티브의 임상 프로파일 특징은 중요한 임상적 특징이 광범위하고, 세 가지 척도의 *T* 점수가 70 이상이므로 다중 진단이 가능하다는 점이다. 임상 척도에서 음주 문제의 병력이 있고, 충동적이며, 정서적으로 불안정하다는 것을 알 수 있다(*BOR-ALC* 프로파일 형태). *BOR-S*와 *SUI*의 동시 상승에서도 알 수 있듯이, 음주 문제는 일반화된 자기 파괴적인 행동 양식의 일부에 해당한다. 대인관계는 갈등이 잦고(*BOR-N*), 변덕스러운 특징이 있으며, 그나마 관계가 유지되는 친밀한 사람들조차 그의 지배적이고 적대적인(*DOM, AGG*) 상호작용 방식 때문에 긴장한다. 이러한 관계는 음주 문제(*ALC*) 때문에 더욱 악화되었을 것이다. 음주 상태에서 억제력이 상당히 미약하고(*ANT-S*), 특히 판단력이 부족할 수 있으며, 행동화 가능성(*ANT-A, AGG-P*)도 지적되었다.

또한 문제가 될 수 있는 성격적 특성도 지적되었다. 스티브는 극렬하고 변덕스러운 관계를 맺은 경험이 있고, 주변 사람으로부터 버림받거나 거절당하는 것에 대한 두려움에 집착한다(*BOR, BOR-N*). 충동적이고 낭비, 성, 물질 남용 등 자기 파괴적인 행동에 몰입할 위험이 높다(*BOR, ALC, DRG*). 이러한 충동적이고 변덕스러운 대인관계 양상은 자해 위험과 자살 행동의 위험을 상승시키고, 대인관계에서 두드러진 갈등이 있을 때 위험이 더욱 증가된다(*BOR-S, SUI*). 스티브 역시 알코올 및 약물 사용이 그의 인생에 부정적인 영향을 준다고 보고하였다. 물질 남용과 관련된 문제들도 발생되었는데, 대인관계 및 직장에서의 문제, 합병증에 의한 건강 문제가 발생될 위험이 증가한다(*ALC, DRG*).

스티브는 과거에 혼란스러운 외상적 사건들을 경험하였고, 그 사건들은 지속적으로 그에게 고통을 주고 있으며, 반복적인 불안 삽화를 만든다고 보고했다(*ARD-T*). 수면 문제(*DEP-P*), 강한 경계심과 스트레스 반응(*STR, PAR-H*), 분노 통제 문제 등 스트레스 반응의 일부에 해당하는 다양한 증상을 보고하였다.

자기개념

스티브의 자기개념은 긍정적·부정적 측면을 모두 포함하고 있다(*MAN-G*와 *DEP-C* 모두 평균 이상). 자신에 대한 태도는 일정 기간은 비관적이고 자기불신감을 경험하다가 다른 기간에는 상대적으로 자신감 및 자기만족을 느끼는 등 변덕스럽다. 변덕스러운 자존감은 현재 직면한 상황에 대한 반응에 나타났고, 일반 성인이 경험하는 것보다 훨씬 높은 수준이고(*BOR*), 대인관계적 스트레스는 자기개념(*BOR-N*)에 큰 영향을 주고 있는 것으로 나타났다. 이러한 스트레스를 경험할 때 미래에 대한 불확실감과 자기비하 상태일 가능성이 높다(*BOR*).

대인관계 및 사회적 환경

스티브의 대인관계 양상의 특징은 관심과 애정에 대한 강한 욕구라고 요약할 수 있다(높은 *DOM*, 평균 이상의 *WRM*). 강한 지배욕을 가지고 있는 것으로 보인다(*DOM*). 이런 욕구는 사회적 상호작용에서 특히 두드러지고, 이는 자신의 욕구를 충족하기 위한 것으로 보인다(*DOM, BOR-N*). 이러한 지배가 자신에게 유용하게 작용되기를 원하지만(*WRM*) 협박(*AGG-P*, 폭력잠재성 지표)이나 착취(*ANT-A*)로 주변 사람을 통제하려고 하므로 주변 사람에게 통제 행동이 좋게 보일 리 없다.

사회적 환경에 대한 반응은 그가 상당한 스트레스를 경험하고 있고, 삶의 주된 영역에서 혼란을 경험하고 있다는 것을 나타낸다(*STR*). 현재 직업 상태, 재정 상태 특히 가족 및 친지와의 관계(*BOR-N*)는 전반적인 임상 양상에서 중요한 영향을 준다. 비록 아내와 별거하기 전에 채점한 것이지만, 스티브는 스트레스를 완충시켜 줄 수 있는 지지적 관계가 있다고 보고하였다(정상 범위의 *NON*).

DSM-IV 진단적 가능성

축 I 진단적 고려 사항:

309.81 외상후 스트레스 장애
305.00 알코올 남용
313.34 간헐적 폭발성 장애
305.90 향정신성 물질 남용
300.4 기분부전장애

축 I 배제 진단:

296.20 주요우울장애, 상세 불명의 단일 삽화

축 II 진단적 고려 사항:

301.7 반사회적 성격장애

301.83 경계선 성격장애

치료 고려 사항과 제안점

스티브의 검사 결과, 치료 과정을 복잡하게 할 수 있는 중요한 임상적 양상들이 많이 지적되었다. 가장 두드러진 것은 자살 위험 수준(*SUI*)에 해당할 정도로 강한 반복적인 자살 사고를 경험한다는 것이다. 따라서 자살 잠재성을 즉각적으로 평가해야 하고 지체 없이 적절한 개입을 시도해야 한다. 자살 사고와 자살 행동 잠재성의 세부적인 내용에 대한 면밀한 추후 조사가 반드시 뒤따라야 하고, 마찬가지로 매개 요인일 수 있는 일상의 정황과 가용한 지지 체계에 대한 평가도 실시해야 한다(자살잠재성 지표).

또한 스티브는 스스로 자신이 기물 파괴 및 타인을 폭행하겠다고 위협하는 등 극단적인 분노에 취약하다고 보고했다(*AGG-P*, 폭력잠재성 지표). 이러한 분노 표출은 예상하기 어렵고, 타인을 놀라게 할 수 있다(평균 이상의 *AGG-P*, 평균 이상의 *AGG-V*). 친밀한 사람과의 갈등(*BOR-N*)과 강한 지배욕(*DOM*)을 보고하므로 잠재된 폭력적 행동에 대한 신중한 추후 조사가 이루어져야 한다. 스티브와 가장 친한 사람들은 그의 충동적인 성향과 폭력성 때문에 위협받을 가능성이 크다.

치료 장면의 내담자들이 전형적으로 보고하는 바와 같이, 스티브의 치료적 관심과 동기도 낮았다(*RXR*). 그는 전반적으로 현재의 자신에게 만족하고(*MAN-G*, 반면 *DEP*와 *ANX*는 낮았다), 생활 영역 중 많은 부분에 문제가 있다는 것을 인식했음에도 불구하고 행동이 변화되어야 한다고 느끼지는 않았다. 그의 자살관념(*SUI*)이 현저하게 상승했기 때문에 관심을 기울여야 한다. 왜냐하면 위기를 경험하는 동안 보호자에게 도움을 청하거나 알리지 않을 수 있기 때문이다(*RXR*).

프로파일에서 지적된 문제의 특성을 보면 치료 과정이 상당한 도전이 될 것이고, 치료 과정이 어렵고 진전이 없을 수도 있다(치료 과정 지표). 치료 초기 단계에서 스티브는 자신의 문제에 대해 인식하거나 토론하는 것을 꺼릴 수 있기 때문에 조기 종결의 위험이 있으므로 방어적인 저항에 유념해야 한다(*RXR*). 더구나 친밀한 관계에서 더 많은 문제를 경험할 수 있으므로 전문가와의 관계에서 신뢰 관계를 형성하는 데 어려움이 있을 수 있다(*BOR-N*, *PAR-H*).

TEST YOURSELF

1. 보고서에 PAI의 모든 척도의 *T* 점수를 기술하여 검사 결과를 이해하도록 하는 것이 유용하다. 예/아니요

2. 검사 결과 보고서 서두에 수검 태도 및 타당도에 대해 기술하면 다른 결과를 기술할 맥락을 제공할 수 있다. 예/아니요

3. PAI 결과 중 어떤 부분은 다른 검사 결과나 정보와 별개로 기술해야 한다. 예/아니요

정답 1. 아니요 2. 예 3. 아니요

참고문헌

Ackerman, S, J., Hilsenroth, M. J., Baity, M. R., & Blagys, M. D. (2000). Interaction of therapeutic process and alliance during psychological assessment. *Journal of Personality Assessment, 75,* 82-109.

Akiskal, H. S., Yerevanian, B. I., & Davis, G. C. (1985). The nosological status of borderline personality: Clinical and polysomnographic study. *American Journal of Psychiatry, 142,* 192-198.

Alcoholics Anonymous. (1937). *Alcoholics anonymous.* New York: Author.

Alterman, A. I., Zaballero, A. R., Lin, M. M., Siddiqui, N., Brown, L. S., & Rutherford, M. J. (1995). Personality Assessment Inventory (PAI) scores of lower socioeconomic African American and Latino methadone maintenance patients. *Assessment, 2,* 91-100.

Andraesen, N. C. (1985). Positive vs. negative symptoms: A critical evaluation. *Schizophrenia Bulletin, 11,* 380-389.

Angrist, B., Rotrosen, J., & Gershon, S. (1980). Differential effects of amphetamine and neuroleptics on negative vs. positive symptoms in schizophrenia. *Psychopharmacology, 72,* 17-19.

Baer, R. A., & Wetter, M. W. (1997). Effects of information about validity scales on underreporting of symptoms on the Personality Assessment Inventory. *Journal of Personality Assessment, 68,* 402–413.

Bagby, R. M., Nicholson, R, A., Bacchochi, J. R., Ryder, A. G., & Bury, A. S. (2002). The predictive capacity of the MMPI-2 and PAI validity scales and indexes to detect coached and uncoached feigning. *Journal of Personality Assessment, 78,* 69–86.

Ban, T. A. (1982). Chronic schizophrenias: A guide to Leonhard's classification. *Comprehensive Psychiatry, 23,* 155–169.

Bandura, A. (1977). Self-efficacy: Toward a unifying theory of behavioral change. *Psychological Review, 84,* 191–215.

Beck, A. T., & Emery, G. (1979). *Cognitive therapy of anxiety and phobic disorders.* New York: Guilford.

Bell-Pringle, V. J., Pate, J. L., & Brown, R. C. (1997). Assessment of borderline personality disorder using the MMPI-2 and the Personality Assessment Inventory. *Assessment, 4,* 131–139.

Belter, R. W., & Piotrowski, C. (2001). Current status of doctoral-level training in psychological testing. *Journal of Clinical Psychology, 57,* 717–726.

Boccaccini, M, T., & Brodsky, S. L. (1999). Diagnositc test usage by forensic psychologists in emotional injury cases. *Professional Psychology: Research and Practice, 30,* 253–259.

Boyle, G. J., & Lennon, T. J. (1994). Examination of the reliability and validity of the Personality Assessment Inventory. *Journal of Psychopathology and Behavior Assessment, 16,* 173–188.

Byrne, D. (1961). The repression-sensitization sclae: Rational, reliability, and validity. *Journal of Personality, 29,* 334–349.

Cashel, M. L., Rogers, R., Sewell, K., & Martin-Cannici, C. (1995). The Personality Assessment Inventory and the detection of defensiveness. *Assessment, 2,*

333-342.

Cherepon, J. A., & Prinzhorn, B. (1994). The Personality Assessment Inventory (PAI) profiles of adult female abuse surviviors. *Assessment, 1,* 393-400.

Cleckley, H. (1941). *The mask of sanity.* St. Louis, MO: Mosby.

Costa, P. T., & McCrae, R. R. (1992a). Normal personality in clinical practice: The NEO Personality Inventory. *Psychological Assessment, 4,* 5-13.

Costa, P. T., & McCrae, R. R. (1992b). *Professional mannual: Revised NEO Personality Inventory (NEO-PI-R) and NEO Five-Factor Inventory (NEO-FFI).* Odessa, FL: Psychological Assessment Resources.

Cronbach, L. J., & Meehl, P. E. (1955). Construct validity in psychological tests. *Psychological Bulletin, 52,* 281-302.

Crowne, D. P., & Marlowe, D. (1960). A new scale of social desirability independent of psychopathology. *Journal of Consulting Psychology, 24,* 349-354.

Deffenbacher, J. L. (1992). Trait anger: Theory, findings, and implications. In C. D. Spielberger & J. N. Butcher (Eds.), *Advances in personality assessment* (Vol. 9, pp. 177-201). Hillsdale, NJ: Erlbaum.

Domken, M., Scott, J., & Kelly, P. (1994). What factors predict discrepancies between self and observer ratings of depression? *Journal of Affective Disorders, 31,* 253-259.

Edens, J. F., Cruise, K. R., & Buffington-Vollum, J. K. (2001). Forensic and correctional applications of the Personality Assessment Inventory. *Behavioral Sciences and the Law, 19,* 519-543.

Edens, J. F., Hart, S. D., Johnson, D. W., Johnson, J., & Olver, M. E. (2000). Use of the PAI to assess psychopathy in offender populations. *Psychological Assessment, 12,* 132-139.

Fals-Stewart, W. (1996). The ability of individuals with psychoactive substance use disorders to escape detection by the Personality Assessment Inventory. *Psychological Assessment, 8,* 60-68.

Fals-Stewart, W., & Lucente, S. (1997). Identifying positive dissimulation substance abusing individuals on the Personality Assessment Inventory: A cross-validation study. *Journal of Personality Assessment, 68,* 455-469.

Fantoni-Salvador, P., & Rogers, R. (1997). Spanish versions of the MMPI-2 and PAI: An investigation of concurrent validity with Hispanic patients. *Assessment, 4,* 29-39.

Finger, M. S., & Ones, D. S. (1999). Psychometric equivalence of the computer and booklet forms of the MMPI: A meta-analysis. *Psychological Assessment, 11,* 58-66.

Finn, S. E, & Tonsager, M. E. (1992). Therapeutic effects of providing MMPI-2 test feedback to college students awaiting therapy. *Psychological Assessment, 4,* 278-287.

Finn, S. E., & Tonsager, M. E. (1997). Information-gathering and therapeutic models of assessment: Complementary paradigms. *Psychological Assessment, 9,* 374-385.

Finn, S. P. (1996). *Mannual for using the MMPI-2 as a therapeutic intervention.* Minneapolis: University of Minnesota Press.

Fischer, C. T. (1994). *Individualizing Psycholigical assessment.* Hillsdale, NJ: Erlbaum.

Friedman, P. H. (1995). *Change in psychotherapy: Foundation for Well-Being research bulletin 106.* Plymouth Meeting, PA: Foundation for Well Being.

Gaies, L. A. (1993). Malingering of depression on the Personality Assessment Inventory. (Doctoral dissertation, University of South Florida, 1993). *Disseration Abstracts International, 55,* 6711.

Grinker, R. R., Werble, B., & Drye, R. C. (1968). *The borderlin syndrome.* New York: Basic Books.

Goodwin, F. K., & Jamison, K. R. (1990). *Manic-depressive illness.* New York: Oxford University Press.

Haley, R. W., Kurt, T. L., & Hom, J. (1997). Is there a Gulf War syndrome? Searching for syndromes by factor analysis of symptoms. *Journal of the America Medical Association, 277,* 215-222.

Hare, R. D. (1985). Comparison of procedures for the assessment of psychopathy. *Journal of Consulting and Clinical Psychology, 53,* 7-16.

Hare, R. D., Harpur, T. J., Hakstian, A, R., Forth, Hart, & Newman. (1990). The revised Psychopathy Checklist: Reliability and factor structure. *Psychological Assessment, 2,* 338-341.

Hart, S. D., Cox, D. N., & Hare, R. D. (1995). *Psychopathy Checklist: Screening version.* Toronto, Ontario, Cancada: Multi-Health Systems.

Hart, S. D., & Hare, R. D. (1989). Discriminant validity of the Psychopathy Checklist in a forensic psychiatric population. *Psychological Assessment, 1,* 211-218.

Hart, S. D., Kropp, P. R., & Hare, R. D. (1988). Performance of male psychopaths following conditional release from prison. *Journal of Consulting and Clinical Psychology, 56,* 227-232.

Helmes, E. (1993). A modern instrument for evaluating psychopathology: The Personality Assessment Inventory professional manual. *Journal of Personality Assessment, 61,* 414-417.

Herman, J. L., Perry, J. C., & Van der Kolk, B. A. (1989). Childhood trauma in borderline personality disorder. *American Journal of Psychiatry, 146,* 490-495.

Hurt, S. W., & Clarkin, J. F. (1990). Borderline personaltiy disorder: Prototypic typology and the development of treatment manuals. *Psychiatric Annals, 20,* 13-18.

Jackson, D. N. (1971). The dynamics of structured personality tests. *Psychological Review, 78,* 229-248.

Jellineck, E. M. (1960). *The disease concept of alcoholism.* New Haven, CT: College and University Press.

Kernberg, O. F. (1975). *Borderline conditions and pathological narcissism.* New York: Jason Aronson.

Koksal, F., & Power, K. G. (1990). Four systems anxiety questionnaire (FSAQ): A self-report measure of somatic, cognitive, behavioral, and feeling components. *Journal of Personality Assessment, 54,* 534-545.

Lang, P. J. (1971). The application of psychophysiological methods. In S. Garfield & A. Bergin (Eds.), *Handbook of psychotherapy and behavior change* (pp. 75-125). New York: Wiley.

Leary, T. (1957). *Interpersonal diagnosis of personality.* New York: Ronald.

Loevinger, J. (1957). Objective tests as instruments of psychological theory. *Psychological Reports, 3,* 635-694.

Loranger, A. W., Susman, V. L., Oldham, J. M., & Russakoff, L. M. (1987). The Personality Disorder Examination: A preliminary report. *Journal of Personality Disorders, 1,* 1-13.

Meehl, P. E., & Rosen, A. (1955). Antecedent probability and the efficiency of psychometric signs, patterns, or cutting scores. *Psychological Bulletin, 52,* 194-216.

Men Exploring New Directional Strategies. (2002). *Assessment outcomes of MENDS clients.* Brisbane, Australia: Author.

Moran, P. W., & Lambert, M. J. (1983). A review of current assessment tools for monitoring change in depression. In M. J. Lambert, E. R. Christensen, & S. S. Dejulio (Eds.), *The measurement of psychotherapy outcome in research and evaluation* (pp. 263-303). New York: Wiley.

Morey, L. C. (1989, August). *Borderlin personality: Search for core elements of the concept.* Paper presented at the meetings of the American Psychological Association, New Orleans, LA.

Morey, L. C. (1991). *The personality Assessment Inventory professional manual.* Odessa, FL: Psychological Assessment Resources.

Morey, L. C. (1995). Critical issues in construct validation. *Journal of Psychopathology and Behavioral Assessment, 17,* 393-402.

Morey, L. C. (1996). *An interpretive guide to the Personality Assessment Inventory.* Odessa, FL: Psychological Assessment Resources.

Morey, L. C. (1997). *The Personality Assessment Screener: Professional manual.* Odessa, FL: Psychological Assessment Resources.

Morey, L. C. (1999). The Personality Assessment Inventory. In M. Maruish (Ed.), *Psychological testing: Treatment planning and outcome assessment* (2nd ed.). Hillsdale, NJ: Erlbaum.

Morey, L. C. (2000). *PAI software portfolio manual.* Odessa, FL: Psychological Assessment Resources.

Morey, L. C., & Glutting, J. H. (1994). The Personality Assessment Inventory: Correlates with normal and abnormal personality. In S. Strack & M. Lorr (Eds.), *Differentiating normal and abnormal personality* (pp. 402-420). New York: Springer.

Morey, L. C., Henry, W. (1994). Personality Assessment Inventory. In M. Maruish (Ed.), *The use of Psychological testing for treatment planning and outcome assessment* (pp. 185-216). Hillsdale, NJ: Erlbaum.

Morey, L. C., & Lanier, V. W. (1998). Operating characteristics for six response distortion indicators for the Personality Assessment Inventory. *Assement, 5,* 203-214.

Morey, L. C., & Quigley, B. D. (2002). The use of the Personality Assessment Inventory (PAI) to assess offenders. *International Journal of Offender Therapy and Comparativ Criminology, 46,* 333-349.

Newman, M., & Greenway, P. (1997). Therapeutic effects of providing MMPI-2 test feedback to clients at a university counselign service: A collaborative approach. *Psychological Assessment, 9,* 122-131.

Osborne, D. (1994, April). *Use of the personality Assessment Inventory with a medical population.* Paper presented at the meetings of the Rocky Mountain Psychological Association, Denver, CO.

Peebles, J., & Moore, R. J. (1998). Detecting socially desirable responding with the Personality Assessment Inventory: The Positive Impression Management scale and the Defensiveness index. *Journal of Clinical Psychology, 54,* 621-628.

Piotrowski, C., & Belter, R. W. (1999). Internship training in psychological assessment: Has managed care had an impact? *Assessment, 6,* 381-389.

Riley, W. T., & Treiber, F. A. (1989). The validity of multidimensional self-report anger and hostility measures. *Journal of Clinical Psychology, 45,* 397-404.

Roberts, M .D., Thompson, J. A., & Johnson, M. (2000). *PAI law enforcement, corrections, and public safety selection report module.* Odessa, FL: Psychological Assessment Resources.

Rogers, R., Bagby, R. M., & Dickens, S. E. (1992). *Structured Interview of Reported Symptoms: Professional manual.* Odessa, FL: Psychological Assessment Resources.

Rogers, R., Flores, J., Ustad, K., & Sewell, K. W. (1995). Initial validation of the Personality Assessment Inventory-Spanich Version with clients from Mexican American communities. *Journal of Personality Assessment, 64,* 340-348.

Rogers, R., Ornduff, S. R., & Sewell, K. (1993). Feigning specific disorders: A study of the Personality Assessment Inventory (PAI). *Journal of Personality Assessment, 60,* 554-560.

Rogers, R., Sewell, K. W., Morey, L. C., & Ustad, K. L. (1996). Detection of feigned mental disorders on the Personality Assessment Inventory: A discriminant analysis. *Journal of Personality Assessment, 67,* 629-640.

Rogers, R., Ustad, K. L., & Salekin, R. T. (1998). Convergent validity of the personality assessment inventory: A study of emergency referrals in a correctional setting. *Assessment, 5,* 3-12.

Rush, A. J., Hiser, W., & Giles, D. E. (1987). A comparison of self-reported versus clinician-rated symptoms in depression. *Journal of Clinical Psychiatry, 48,* 246-248.

Salekin, R. T., Rogers, R., & Sewell, K. W. (1997). Construct validity of psychopathy in a female offender sample: A multitrait-multimethod evaluation. *Journal of Abnormal Psychology, 106,* 576-585.

Salekin, R. T., Rogers, R., Ustad, K. L., & Sewell, K. W. (1998). Psychopathy and recidivism among female inmates. *Law & Human Behavior, 22,* 109-128.

Saper, Z., Blank, M. K., & Chapman, L. (1995). Imposive therapy as an adjunctive treatment in a psychotic disorder: A case report. *Journal of Behavior Therapy and Experimental Psychiatry, 26,* 157-160.

Schinka, J. A., & Borum, R. (1993). Readability of adult psychopathology inventories. *Psychological Assessment, 5,* 384-386.

Schlosser, B. (1992). Computer assisted practice. *The Independent Practitioner, 12,* 12-15.

Schneidman, E. S. (1985). *Definitions of suicide.* New York: Wiley.

Scragg, P., Bor, R., & Mendham, M. C. (2000). Feigning post-traumatic stress disorder on the PAI. *Clinical Psychology and Psychotherapy, 7,* 155-160.

Serin, R., Peters, R. D., & Barbaree, H. E. (1990). Predictors of psychopathy and release outcome in a criminal population. *Psychological Assessment, 2,* 419-422.

Trull, T. J. (1995). Borderline peronality disorder features in nonclinical young adults: 1. Identification and validation. *Psychological Assessment, 7,* 33-41.

Trull, T. J., Useda, J. D., Conforti, K., & Doan, B. T. (1997). Borderline personality disorder features in nonclinical young adults: 2. Two-year outcome. *Journal of Abnormal Psychology, 106,* 307-314.

Wang, E. W., & Diamond, P. M. (1999). Empirically identifying factors related to violence risk in corrections. *Behavioral Sciences & the Law, 17,* 377-389.

Wang, E. W., Rogers, R., Giles, C. L., Diamond, P. M., Herrington-Wang, L. E., & Taylor, E. R. (1997). A pilot study of the Personality Assessment Inventory (PAI) in corrections: Assessment of malingering, suicide risk, and aggression in male inmates. *Behavioral Sciences & the Law, 15,* 469-482.

Yudofsky, S. C., Silver, J. M., Jackson, W., Endicott, J., & Williams, D. (1986). The Overt Aggression Scale for the objective rating of verbal and Physical aggression. *American Journal of Psychiatry, 143,* 35-39.

Zajonc, R. B. (1980). Feeling and thinking: Preferences need no inferences. *American Psychologist, 35,* 151-175.

인용한 출판물 목록

Ackerman, S. J., Hilsenroth, M. J., Baity, M. R., & Blagys, M. D. (2000). Interaction of therapeutic process and alliance during psychological assessment. *Journal of Personality Assessment, 75,* 82-109.

이 논문은 치료 장면에서 PAI의 잠재적 유용성을 강조하였다. 치료적 동맹과 PAI를 포함하는 협력적인 치료적 평가 모델을 활용하는 치료의 평가 단계 회기 간의 상호작용을 검토하였다. 두 환자 집단에게 각각 치료적 평가 모델(*n*=38)과 전통적 정보수집 모델(*n*=90)을 적용했다. 치료적 평가 모델을 적용한 집단은 의학적 치료를 위해 심리치료를 중단한 경우가 적었다. 평가 과정 동안 형성한 치료적 동맹은 심리치료 초기의 동맹과 관계가 있는 것으로 밝혀졌다.

Cashel, M. L., Rogers, R., Sewell, K., & Martin-Cannici, C. (1995). The Personality Assessment Inventory and the detection of defensiveness. *Assessment, 2,* 333-342.

이 논문은 Cashel 판별함수의 근거와 공식의 개발 과정에 대해 기술했다. PAI의 타당도 척도를 사용하여 남성 수용자(*n*=45), 남자 학부생(*n*=38)의 방어 반응을 탐지하였다. 이들에게 표준 지시 조건과 긍정왜곡 조건하에서 PAI를 실시하고, 일정한 보상을 주었다. 연구 결과 실시요강에 제시되어 있는 것과 동일한 *PIM*의 분할 점수가 최적의 점수로 검증되었다. Cashel 판별함수는 위계적 회귀분석 실시 결과 표준 조건과 왜곡 조건에 대한 탐지 적중률이 84.1%였다. Morey(1996)의 교차 타당화 연구에서도 유사한 결과를 확인할 수 있었다.

Eden, J. F., Cruise, K. R., & Buffington-Vollum, J. K. (2001). Forensic and correctional applications of the Personality Assessment Inventory. *Behavioral Sciences and the Law, 19*, 519-543.

법정과 교정 분야는 PAI를 가장 많이 사용하는 분야 중 하나다. 이 논문은 PAI의 심리측정적 속성을 기술한다. 특히 일반적인 교정 표본에 관한 임상적 정보를 제공하는 유용성뿐만 아니라 법정에서의 의사결정과 관련한 요인을 평가하는 능력을 종합적으로 개관하였다.

Fals-Stewart, W. (1996). The ability of individuals with psychoactive substance use disorders to escape detection by the Personality Assessment Inventory. *Psychological Assessment, 8*, 60-68.

Fals-Stewart, W., & Lucente, S. (1997). Identifying positive dissimulation substance-abusing individuals on the Personality Assessment Inventory: A cross-validation study. *Journal Personality Assessment, 68*, 455-469.

Fals-Stewart는 약물 남용으로 치료받는 환자를 대상으로 물질 남용 부인을 탐지하는 PAI의 기능을 검토하였다. 표준지시 조건(*n*=59)은 ① 방어 반응 조건(*n*=59), ② 사법 기관으로부터 향정신성 약물 남용이 의심되어 평가가 의뢰되어 약물 사용을 숨겨야 할 이유가 충분한 수검자(n=59), ③ 비임상 통제 집단(n=59)보다 PAI에서 알코올 및 약물 사용과 관련이 있는 척도가 유의미하게 상승하였다. *PIM*으로 문제가 있는 수검자의 80% 이상을 탐지할 수 있어도 판별함수의 변별력이 더 높았다. 1997년에 이뤄진 연구에서 판별함수의 변별력은 낮은 반면 *PIM*은 1996년의 연구과 비슷했다.

Morey, L. C. (1996). *An interpretive guide to the Personality Assessment Inventory.* Odessa, FL: Psychological Assessment Resources.
이 책은 PAI의 해석을 위한 종합적인 지침서다. 이론적인 해석과 방어지표, 꾀병지표, 치료 과정 지표, 자살과 공격성 잠재 지표, 물질 남용을 추정하는 절차 등을 설명한다.

Morey, L. C., & Lanier, V. W. (1998). Operating characteristics for six response distortion indicators for the Personality Assessment Inventory. *Assessment, 5,* 203-214.
이 논문은 ROC 분석(receiver operating characteristic curve analysis)을 적용하여 PAI의 다양한 왜곡 지표를 검토하였다. 대학생에게 긍정 왜곡 지시, 꾀병, 표준지시 조건에서 PAI에 응답하도록 한 후 6개의 서로 다른 왜곡 반응 지표의 특성을 평가하였다. 꾀병 프로토콜과 실제 임상환자를 비교하고, 긍정 왜곡 프로토콜과 표준지시 프로토콜을 비교하였다. 6개의 지표 모두 실제 반응과 가장 반응을 변별할 수 있었다. Rogers 판별함수는 특히 꾀병을 효과적으로 변별한다. Cashel 판별함수의 타당도는 유의미했지만, 긍정인상 관리 지표보다 덜 효과적이었고, 오히려 꾀병 지표로는 효과적이었다,

Piotrowski, C.(2000). How popular is the Personality Assessment Inventory in practice and training? *Psychological Reports, 86,* 65-66.
Piotrowski는 최근 조사 자료를 검토하여 임상 실제와 임상 훈련에서 객관적 성격검사 중 가장 많이 사용하는 검사가 PAI라고 결론 내렸다. 앞으로 PAI가 대중화될 수 있는 관건은 대안적 검사를 능가하는 임상적 유용성이 지속해서 향상되어야 하고, 전반적인 성격 평가와 관련한 건강 관리 정책의 부정적 효과를 고려해야 한다.

Rogers, R., Sewell, K., Morey, L. C., & Ustad, K. L. (1996). Detection of feigned mental disorders on the Personality Assessment Inventory: A discriminant analysis. *Journal of Personality Assessment, 67*, 629-640.

이 논문은 Rogers 판별함수의 개발 과정에 대해 기술했다. PAI가 조현병, 주요우울증, 범불안장애를 가장한 프로파일을 탐지할 수 있는 효율성을 알아보았다. PAI 타당도 척도를 적용하여 관련 지식이 없는 학생(*n*=166)과 일주일의 준비 기간을 거친 박사 과정생(n=80)이 조현병(*n*=45), 주요우울장애(*n*=136), 범불안장애(*n*=40)를 가장한 프로파일을 탐지하였다. 타당도 척도가 유효했지만 세련된 수검자보다 순진한 가장 수검자를 더 잘 탐지하였다. 적중률이 80%인 판별함수를 교차타당화한 결과 특정 장애를 가장하거나 수검자의 사전지식에 관계없이 적중률이 유사하였다.

Rogers, R., Ustad., & K. L., & Salekin, R. T. (1998). Convergent validity of the Personality Assessment Inventory: A study of emergency referrals in a correctional setting. *Assessment, 5*, 3-12.

이 논문은 교정시설에서 의뢰된 80명의 응급환자가 실시한 다양한 척도와 행동 및 PAI와의 수렴타당도를 검토하였다. 타당도 지표로 SADS(Schedule of Affective Disorders and Schizophrenia), SIRD(Structured Interview of Reported Symptoms), SPS(Suicide Probability Scale)가 포함되어 있다. 전체적으로, 연구 결과 가장된 프로파일을 선별하고, 공통적인 장애와 임상적 상관을 형성하며, 잠재된 자살관념을 평가하는 데 수렴타당도가 적절했다.

Wang, E. W., Rogers, R., Giles, C. L., Diamond, P. M., Herrington-Wang, L. E., & Taylor, E. R. (1997). A pilot study of the Personality Assessment Inventory(PAI) in corrections: Assessment of malingering, suicide risk, and aggression in male inmates. *Behavioral Sciences & the Law, 15*, 469-482.

PAI의 다양한 보충지표의 타당성을 지지하기 위한 연구이다. Wang 등은 교정장면의 정신병원에서 문제 행동을 평가하는 PAI의 유용성을 검토하였다. PAI

지표를 SIRS의 꾀병, 자살 위협과 몸짓, OAS(Overt Aggression Scale)에서 공격성 평정도와 비교하였다. 연구 결과는 전체적으로 위와 같은 문제 행동을 평가하는 PAI의 유용성을 지지하였다.

찾아보기

저자에 대해

Leslie C. Morey

Morey 박사는 Texas A&M 대학교 심리학과 교수다. 그는 Florida 대학교에서 임상심리학으로 박사학위를 받고 Vanderbilt 대학교, Harvard 대학교 의과대학, Yale 대학교 의과대학 및 Tulsa 대학교에서 교수로 재직했다. 100편이 넘는 연구논문, 저서 및 정신장애 평가와 진단에 관한 글을 출간해 온 그는 성격평가질문지(PAI), 성격평가선별도구(PAS) 및 『성격평가질문지 해석지침(*Interpretive Guide to the PAI*)』의 저자다. 지금도 그는 학술지인 『*Assessment*』 심사와 관련된 일을 하고 있으며, PAI 워크숍과 수많은 트레이닝 세미나를 개최하여 전문가를 양성하고 있다.

역자에 대해

오상우 원광대학교 의과대학 정신건강의학과 교수

홍상황 진주교육대학교 교육학과 교수

박은영 법무부 대전 보호관찰소 책임관

PAI
평가의 핵심
Essentials of PAI Assessment

2014년 1월 9일 1판 1쇄 발행
2024년 8월 20일 1판 4쇄 발행

지은이 • Leslie C. Morey
옮긴이 • 오상우 · 홍상황 · 박은영
펴낸이 • 김 진 환
펴낸곳 • (주) 학지사
04031 서울특별시 마포구 양화로 15길 20 마인드윌드빌딩 5층
대표전화 • 02) 330-5114 팩스 • 02) 324-2345
등록번호 • 제313-2006-000265호
홈페이지 • http://www.hakjisa.co.kr
인스타그램 • https://www.instagram.com/hakjisabook/

ISBN 978-89-997-0256-3 93180

정가 20,000원

역자와의 협약으로 인지는 생략합니다.
파본은 구입처에서 교환하여 드립니다.